中国式现代化实践丛书

The Case of Nanhai

迈向城乡融合文明新形态

南海案例

刘守英 / 等著

中国人民大学出版社
·北京·

目 录

摘 要 / 1
序 言 / 3

导 论

第一节 从乡土中国到城乡中国 / 8
　　一、乡土中国的基本特征 / 9
　　二、从乡土中国到城乡中国 / 12
　　三、城乡中国的特征 / 17
　　四、城乡融合阶段的到来 / 23

第二节 从乡土文明到城乡融合文明：南海乡土生出的现代化 / 24
　　一、乡土文明中孕育的现代性 / 25
　　二、乡土文明下再造工业文明 / 28
　　三、在工业化时期进入城市文明 / 30
　　四、进入城乡融合文明新形态 / 33

第三节 南海城乡融合实验的价值 / 35
　　一、构建城乡融合文明新形态 / 36
　　二、中国式现代化城乡融合文明范例 / 37

第一章　南海进入城乡融合阶段

第一节　城乡融合是城乡转型的一个阶段 / 46

一、告别城乡二分范式 / 46

二、城乡融合背景下的城乡连续体范式 / 52

三、城乡融合阶段的主要特征 / 56

第二节　构筑城乡融合新形态 / 64

一、人口：持续净流入态势下城乡双向融合 / 64

二、空间：全域重塑与土地连片利用 / 71

三、产业：城乡产业共生共荣 / 76

四、治理：以数字治理助推城乡治理融合 / 81

第三节　城乡融合仍在进行时 / 87

第二章　南海的结构现代化进程

第一节　从草根工业到产业高级化 / 90

一、集体土地上的工业化 / 92

二、园区工业化 / 103

三、产业高级化 / 117

第二节　从半城市化到城乡融合 / 127

一、从中心城区开发到融入粤港澳大湾区 / 128

二、从候鸟迁徙到安居乐业 / 132

三、土地城市化与城乡空间"碎片化" / 136

四、专业镇经济的崛起 / 142

五、城镇化的动力机制 / 147

第三节 岭南鱼米之乡的农业现代化 / 160

  一、农业现代化起步 / 162

  二、21 世纪以来的探索 / 166

  三、迈向南海农业现代化 / 179

第三章 南海土地制度的演进及其独特性

第一节 从包产到户到乡村工业化（20 世纪 80 年代）/ 189

  一、农地家庭经营的意义 / 190

  二、农村集体建设用地入市推动乡村工业化 / 191

第二节 集体土地股份制改革（1994—2007 年）/ 192

  一、从"包产到户"到"土地股份制改革" / 192

  二、开放集体土地权利的工业化 / 195

第三节 "三旧"改造与南海"二次"城市化的土地制度创新（2007—2015 年）/ 196

  一、南海"三旧"改造提出的背景和历程 / 196

  二、南海"三旧"改造中的土地制度创新 / 203

  三、南海"三旧"改造推动城乡融合 / 206

  四、"三旧"改造的完善空间 / 210

第四节 "三块地"改革与集体经营性建设用地入市（2015—2019 年）/ 211

  一、南海"三块地"试点改革 / 211

  二、南海农村集体经营性建设用地入市创新 / 213

  三、"三块地"试点与集体经营性建设用地入市 / 215

  四、集体经营性建设用地入市与城乡融合 / 219

第五节　城乡融合实验区与全域土地综合整治
　　　　（2019年至今）/ 221
　　一、国有土地与集体土地同权同价 / 221
　　二、建立城乡统一的土地市场 / 223
　　三、建立城乡统一的收益分配体系 / 226
　　四、"三券"制度与全域土地综合整治 / 227
　　五、全域土地综合整治改革促进城乡融合 / 231

第四章　国家、集体和农民产权关系演变：一个理论分析

第一节　农民与农村的产权增长是南海模式的本质 / 236
　　一、集体土地长出了丰富的产业与城市形态 / 236
　　二、新业态的增长反映了乡村产权的多样性 / 238
　　三、产权强度对于长期繁荣的重要性 / 238
　　四、诺斯悖论：为什么国家提供产权保护？/ 240
　　五、南海政府的产权制度创新 / 240
　　六、产权博弈及制度规则演化 / 242
第二节　南海城乡产权博弈与土地产权制度演化 / 243
　　一、承包制、社队企业与乡镇企业改制 / 243
　　二、股份合作制改革与产权博弈推动的集体内部产权结构变迁 / 245
　　三、留用地及征地制度改革与产权博弈 / 260
　　四、"三旧"改造与还权赋能实施 / 263
　　五、集体经营性建设用地入市与分割销售 / 268

六、"毛地"入市与集体建设用地入市及"三旧"改造的
融合创新 / 271

七、政经分开与乡村治理 / 272

第三节 南海之谜：从强制型制度变迁到创新型
制度变迁 / 274

一、城市产权繁荣与农村产权贫瘠 / 274

二、南海城乡权利分布特征 / 277

三、南海乡村产权繁荣之谜 / 278

第五章 迈向城乡融合的土地制度改革

第一节 城乡融合和土地制度改革"双困局" / 283

一、城乡融合困局 / 283

二、土地制度改革困局 / 295

第二节 土地综合整治和土地制度改革并行 / 302

一、全域土地综合整治与土地碎片化 / 302

二、消除城乡土地利益鸿沟 / 312

第三节 土地制度改革与城乡融合新形态 / 326

一、城乡融合与土地制度改革 / 327

二、同地同权、市场配置与利益均衡 / 328

第六章 构建城乡融合文明新形态的路径

第一节 中国式现代化视野下的城乡融合路径 / 331

一、赋予农民城市权利 / 331

二、人、地、业、村乡村系统重构 / 334

三、农业产业革命 / 339

四、城乡融合制度创新 / 343

第二节　建成城乡融合的南海样板 / 346

一、城乡权利平等与城乡共同富裕 / 346

二、重构人、地、业、村乡村有机系统 / 350

三、以要素重组升级为核心的农业产业革命 / 355

四、构建城乡融合发展政策体系 / 360

参考文献 / 364

摘 要

党的二十大提出了"中国式现代化"的目标愿景和主要特征。从乡土社会的现代化转型来看，中国式现代化应该是一种城乡融合的文明新形态，即城市和乡村共生共荣、各美其美。南海作为广东省城乡融合发展改革创新实验区，既有深厚的历史积淀和发展基础，也有内在的制度创新动力，更有统筹全区、分步推进的顶层设计安排。本书主要从城乡融合的视角，以土地制度创新如何促进县域现代化为主要问题线索，对南海45年的改革开放发展史做一个回顾与分析。

本书包括七部分内容。其中，导论介绍中国从传统乡土文明到城乡融合的现代文明过渡的一般规律；第一章从国际理论、国内县域比较和南海发展现状三方面界定南海当前已进入城乡融合的发展新阶段；第二章介绍南海现代化的独特道路，回顾改革开放以来南海工业化、城市化、农业现代化的发展历程及其独特性；第三章介绍改革开放45年来南海土地制度的演进历程及其制度安排的独特性;第四章介绍南海模式的秘密,解释南海独特的土地制度如何促成了其独特的城乡融合发展模式;第五章介绍当前南海土地制度改革面临的困局与改革目标;第六章介绍南海迈向城乡融合文明新形态的主要方向、路径和政策建议。

序 言

中国必须走城乡融合发展之路，中国式现代化必须建立在城乡融合文明形态基础之上。

从乡土中国到城乡中国，中国的现代化进程经历了漫长而复杂的历程，然而中国距离真正的城乡融合仍存在差距。在发达国家，城乡融合往往是城市化发展的一个阶段，是现代文明的一部分。城乡融合使得城市与乡村之间的界限逐渐模糊，促进了城乡之间资源、人才、信息等要素的双向流动。在一个城乡融合的文明形态中，乡村不再被视为城市的附庸，而是与城市形成共生共荣的关系。中国作为一个有着古老农耕文明的发展中大国，应在城乡平等、保障农民权益的前提下，塑造具有中国特色的城乡融合文明新形态。

构建城乡融合文明新形态是中国式现代化的内在要求，也是全面建设社会主义现代化强国的重要任务。一方面，城乡融合文明新形态的构建可以防止落入单一城市化模式的陷阱。城乡要素互补对流使城市和乡村能够相互支持、协调发展，有助于建立更为包容、更有韧性的现代城乡文明体系，为留村的人们提供更为体面的环境和生活。另一方面，如果乡村衰败、农业不强、农民权利难以实现，中国式现代化的根基将不牢固。一个衰败的乡村无法承担治理有序、文化传承、生态涵养等功能，更无法承载数亿乡村居民对现代化生活的期盼。中国式现代化的可持续推进有赖于一个城乡融合的文明基础。

中国式现代化离不开县域作为载体。南海在中国的县域版图中占有重要地位，这种地位不仅是经济体量排名靠前，而且是最有条件率先实现县域现代化的样本，以及最适合观察城乡融合文明新形态的县域样本。在历史传承上，南海作为"岭南首府首县"同时是商贸中心、鱼米之乡、广府文化的起源地，乡村社会至今一直保持着繁荣兴盛；在发展战略上，南海以乡村工业化为起点，避免单向城市化道路，把构建平等互利的城乡格局作为发展目标；在制度安排上，南海率先推动国有与集体土地权利平等，农民分享集体土地增值收益的渠道一直畅通；在经济结构上，南海区、镇、村各级经济同步发展，制造业和现代农业齐头并进，城乡收入比优于国内大部分发达县、市、区；在空间形态上，南海的城、镇、村各自都有发展空间，产业、乡村、生态、居住等空间布局均衡。回顾南海改革开放45年来的发展历程，可以发现，南海闯出了一条城乡融合的现代化之路，南海的城市在乡村面前不强势，城乡发展的均衡、城乡关系的和谐、城乡权利的平等成为"南海模式"的关键特征。正是因为南海的现代化不是以消灭和削弱乡村为导向的，今天南海的乡村不仅拥有富裕的物质基础、城乡一体的现代化基础设施和公共服务，更有走进田间地头才能感触到的村庄内生的骄傲、自信和体面。后者正是当前中国面临现代化转型的村庄所奢求的。

当前，中国的城乡融合到了一个关键阶段，南海的城乡转型也到了一个关键的转折点。能否坚持城乡融合领域的改革探索，为南海发展保驾护航，为南海现代化提供持久动力和制度支撑，是对南海的一场考验。南海要真正率先实现县域全面现代化，必须在一些制约城乡融合的关键问题上取得突破：在土地制度上，要推动土地制度从权利博弈转向利益均衡，完善城乡统一的土地市场体系，探索村级工业园改造的合适路径，为制造业当家提供空间支撑；在乡村振兴上，要推动村庄开放，畅通人、地、钱、技术、管理、信息等要素下乡进村，在保持村庄传统文化、风貌、社会关系的前提下兼容和吸纳现代要素，从而实现村庄复兴；在农业现代化上，要摒弃第一产业的传统思维，坚持大农业观、大食物观，在水产养殖和预制菜、特色农产品规模化种养、现代种业、农文旅融合等优势领域构建农业全产业链，大幅提高农业的市场竞争力和盈利能力；在权利保障上，要尊重和保护农民的城市权利，进一步破除城乡二元结构，构建一个能够全面覆盖住房、教育、医疗、社会保障等方面的公共服务体系，为户籍居民、集体成员、外来人员提供无区别、均等化的基本保障；在文化融合上，探索现代化条件下岭南传统文明传承发展的路径，探索古村落、桑园围以及醒狮、龙舟、功夫、粤剧等文化遗产的活化形式，打造和提升基于南海本土文化的价值体系。

南海人从不缺少"敢为天下先"的首创精神与制度改革的基因。改革开放以来，南海人正是凭着一股敢闯敢干的勇气干劲和务实作风创造了今天南海的辉煌。面对未来，南海人同样具有紧迫感和危机意识。近年来南海提出"建设现代化活力新南海"，正是为了破解城乡发展不均衡、城乡关系不协调的最大难题，构建城乡融合文明新形态的探索和努力。值得庆幸的是，南海抓住了广东省城乡融合发展改革创新实验区建设的历史契机，大胆推进全域土地综合整治、制造业"数字领航"、种业振兴计划、"七湖三湾一站一园"建设、

"水上南海"战略等重大任务，取得了不俗的成果。"百千万工程"启动以来，南海明确一体推进"百千万工程"和广东省城乡融合发展实验区建设，两者目标一致、任务相近，不搞"两张皮"。南海人在坚持城乡融合发展上的长期主义难能可贵！

作为一项以城乡融合为主题的研究，本书既是对20世纪90年代以来我们持续跟踪研究南海发展变迁的一个回顾与总结，也是以南海为案例对中国式现代化进程中城乡转型问题的理论思考。从制度变迁的角度来看，南海的土地制度改革完成了从产权攫取到产权保护再到产权创新的历史性转变，彻底激活了集体、企业、个人等主体，释放了巨大的改革动力。从城乡关系的角度来看，南海重视农民的基本权利，发挥了乡村在经济、治理、文化、生态等方面的主体性、能动性，推动城乡要素对流进而实现乡村有机系统的重构，避免了乡村衰败的命运。这是我们对"南海做对了什么"的基本回答。

本书各章写作分工如下：导言（刘守英）、第一章（王瑞民、刘守英）、第二章（廖炳光）、第三章（黄志基、廖炳光）、第四章（路乾）、第五章（黄志基）、第六章（刘守英）。部分章节参考了著者已发表的论文成果，包括《从乡土中国到城乡中国》（《管理世界》2018年第10期）、《城乡融合理论：阶段、特征与启示》（《经济学动态》2022年第3期）、《城乡转型的政治经济学》（《政治经济学评论》2020年第1期）、《中国农民的城市权利》（《比较》2018年第1辑总第94辑）、《农业要素组合与农业供给侧结构性改革》（《社会科学战线》2021年第10期）、《乡土生出的现代化》（《清华社会科学》2019年第1期）、《代际革命与农民的城市权利》（《学术月刊》2019年第7期）、《我国乡村振兴战略的实施与制度供给》（《政治经济学评论》2018年第4期）、《权利开放与农民的共同富裕》（《学术月刊》2023

年第8期)、《实现农业现代化：共同性与独特性》(《光明日报》2023年4月18日第11版)、《中国乡村系统的历史演进与乡城转型》(《中国乡村发现》2023年第1期)，以及近年来在部分论坛和媒体上的发言等。在此对王一鸽、龙婷玉、曹亚鹏、熊雪锋、纪竞垚、王宝锦、李昊泽等论文合作者，以及关心支持我们在南海调研工作的同志们一并表示感谢！

从20世纪80年代初识南海，到新世纪以来深入南海田间地头的持续跟踪调研，我们的南海研究得到了历届南海区党委政府和领导们的大力支持。林浩坤、刘海、李贻伟、梁维东、黄志豪、闫昊波、郑灿儒、顾耀辉、王勇、李伟成、何享业、陈绍文等区领导，谢晓云、庄少伟、丁坚、路骏峰以及区委办（区府办）、区委改革办、区委农村工作部、区城乡统筹办、自然资源分局、区农业农村局等部门相关同志，为我们长期深入研究南海土地制度改革与城乡融合发展提供了无私的帮助。中国人民大学出版社编辑团队为本书顺利出版提供了坚实保障。在此一并向上述友人和关心支持南海发展的朋友们表示感谢！愿南海现代化的美好蓝图早日实现！

刘守英

导 论[①]

现代化是人类文明的一场转换，是从农业文明向工业文明、城市文明的转换。文明发展的未来在现代化的城市，文明繁衍的根基在传统村庄。中国式现代化是赓续古老文明的现代化[②]，是中华传统文明在现代性条件下的再造、新生，必须找出一条城市文明与乡村文明共融共生的现代化道路。

第一节 从乡土中国到城乡中国

从近百年人地关系与乡村制度变革来看，中国已经从以农为本、以土为生、以村而治、根植于土的"乡土中国"，进入乡土变故土、

---

① 本章执笔人：刘守英，中国人民大学经济学院教授。
② 习近平总书记指出："我国农耕文明源远流长、博大精深，是中华优秀传统文化的根""我国拥有灿烂悠久的农耕文明，必须确保其根脉生生不息，做到乡村社会形态完整有效，文化基因、美好品德传承弘扬，农耕文明和城市文明交相辉映，物质文明和精神文明协调发展，广大农民自信自强、振奋昂扬，精神力量充盈。"习近平.加快建设农业强国 推进农业农村现代化.求是，2023（6）：4-17.

告别过密化农业、乡村变故乡、城乡互动的"城乡中国"。在城乡中国阶段，一方面是农民的高度异质化及其与乡村的经济社会关系发生分野，农二代引发代际革命，农业走向劳动集约和多功能化；另一方面是要素在城乡间配置活跃，城乡分工与融合增强，乡村在分化的同时也迈向业态、产业、功能多样化。

从乡村变局观中国转型，两个维度是至为关键的：一个是农民与土地的关系，另一个是农民与村庄的关系。第一个维度是乡土中国的"根"，乡村的经济活动基本围绕农民与土地的关系展开；第二个维度是乡土中国的"魂"，乡村的基本秩序围绕农民与村庄的关系展开。以此视角来看，中国已经发生的转型是历史性的，且具有不可逆性，即已由过去以农为本、以土为生、以村而治、根植于土的"乡土中国"，转变为乡土变故土、告别过密化农业、乡村变故乡、城乡互动的"城乡中国"。

一、乡土中国的基本特征

乡土中国的特征可以从农民与土地、农民与村庄的关系梳理出来。一方面，在以农立国、结构稳态的传统中国社会，乡村的经济活动和经济制度不断强化土地产出的地权结构、以家庭为单位的小农经济、农业为主与农副业及家庭手工业为补充的农作方式等，人口和劳动力依赖于土，也牢牢地束缚于土。另一方面，传统的小规模人力农作方式、不断细碎分割的土地配置、以家户为基础的关系联结等使得村庄不仅是一个地理空间，更是一系列维系乡土社会农民与家户之间秩序的制度装置（institutional settings）。

（一）以农为本：被土地束缚的传统中国

乡土中国的根基是农本立国。一是农业始终在传统经济中占绝对比重。到1890年时，农业占中国国内生产总值的68%以上，农业部门使用了全部劳动力的 4/5①。二是传统农业陷入"过密化",即依靠大量而密集的劳动力投入以提高单位土地生产率,同时劳动生产率却不断下降,表现为一种"没有发展的增长"②。三是土地束缚下传统社会结构、城乡关系无法完成现代化转型。传统城市的主要功能是行政与军事,与西方中世纪的城邦相比,城市也没有发展出一套独立于农业文明的"城市文明"。城市市民只要是不在村地主,依旧处于与乡村社会类似的宗族与村落组织网络之中③,没有完成市民化。因此,传统中国的城市依然是乡土中国的组成部分。

(二)以地为生:小农经济与土地制度支撑的前现代增长

以小农经济为主的农业经营制度和土地制度是支撑前现代时期中国巨大人口规模和帝国秩序的制度基础。

1. 小农经济的超强韧性与生命力

这种韧性与生命力主要表现为:一是小农经济以家庭为基本单位,一个小农家庭构成一个相对完整和独立的生产、投资和决策单位。家庭制度的特性使其有效地承担起农业经济活动的生产、组织、分工与合作。二是小农经营。地主的经营范围始终被限制在较小规模内,地主扩大经营规模会倾向于采取土地租赁而非雇佣劳动经营方式,由此形成"小家庭农场对大规模(资本主义)耕作的排斥"④。三是农工互补。在传统的乡村生活中,乡土工业一直作为农业的兼

---

① 安格斯·麦迪森. 中国经济的长期表现:公元 960—2030 年. 上海:上海人民出版社,2008.
② Perkins, Dwight H., *Agricultural Development in China, 1368-1968*, Chicago: Aldine, 1969. 黄宗智. 长江三角洲小农家庭与乡村发展. 北京:中华书局,2000.
③ 施坚雅. 中华帝国晚期的城市. 北京:中华书局,2000.
④ 黄宗智. 发展还是内卷?十八世纪英国与中国:评彭慕兰《大分岔:欧洲,中国及现代世界经济的发展》. 历史研究,2002 (04):149-176. 黄宗智. 华北的小农经济与社会变迁. 北京:中华书局,1986. 黄宗智. "家庭农场"是中国农业的发展出路吗?. 开放时代,2014 (02):175-194. 黄宗智. 中国革命中的农村阶级斗争//黄宗智. 中国乡村研究:第二辑. 北京:商务印书馆,2003.

业和补充①，剩余劳动力通过从事乡土工业，使那些土地不足的农家得以靠手工业所得的额外收入生存。

2. 界定产权且可实施的地权结构

一是土地私有产权促进了土地的有效利用与配置。中国是世界上最早出现土地私有制的国家，自战国时期就已承认人民拥有私田并允许自由买卖，这一制度有利于农业的发展。二是国家正式制度对土地产权的保障。中国是世界上最早进行土地登记和依法保护产权的国家，土地的登记与调查具有保障帝国收入的目的，同时也起到了保护产权的效果。三是耕作权为大的产权结构。乡土中国发达的土地市场孕育了产权交易的多种形式，比如"永佃制"以及田底-田面权基础上的"一田两主""一田三主"等多种形式的所有权和耕作权分离的产权安排，并受到非正式规则的约束和保护。以田面权为中心的地权结构事实上奠定了小农经营稳定可预期的制度基础。②

（三）以村而治：维系乡土秩序的村庄制度

在乡土中国，村庄无论从其地理空间、社会关系还是组织规则而言，都是无法忽视的基础性社会建制。村庄作为一种制度装置，是维系村庄秩序的各种制度、规则与关系的总和，承担着宗教、经济、维护地方秩序与道德、地方防卫等重要功能。③村庄制度事实上奠定了乡土社会的一整套规则、价值乃至公私秩序的基础。首先，村庄在地理空间与社会文化上的双重性，使其在清晰和稳定的地理或地域内形成经济活动和社会交往的封闭性和独立性，且作为独立

---

① 许倬云. 汉代农业：早期中国农业经济的形成. 南京：江苏人民出版社，1998.
② 傅衣凌. 清代永安农村赔田约的研究//傅衣凌. 明清农村社会经济. 北京：生活·读书·新知三联书店，1961. 梁治平. 清代习惯法：社会与国家. 北京：中国政法大学出版社，1996. 赵冈. 永佃制研究. 北京：中国农业出版社，2005. 吴滔. 清代江南的一田两主制和主佃关系的新格局：以苏州地区为中心. 近代史研究，2004（05）：137-163. 戴建国. 宋代的民田典卖与"一田两主制". 历史研究，2011（06）：99-117.
③ 萧公权. 中国乡村：论十九世纪的帝国控制. 北京：中国人民大学出版社，2014.

的文化单元和社会单元而存在。其次，村庄制度在某种意义上承担着超越差序格局、处理公私关系与合作的功能。最后，村庄制度维系着传统社会"双轨政治"下的礼治秩序与乡村治理。

（四）根植于土：历史积淀的文化伦理

在乡土中国，以农立国的理念所导致的结构松动受阻、人地关系紧张所形成和强化的家本位小农经济、以地为生的地权结构和以村而治的乡村治理，共同造就了一种"人不离土"的经济形态以及与之相对应的特定文化与价值观念。土地的功能在乡土社会非常复杂，它不仅意味着安全感与特殊情感的寄托，不能够轻易断卖土地也是共识，惯例上的土地交易总是以本乡族、本宗族内的成员优先。

乡土社会强调"落脚于土"与"叶落归根"。个人生命之树枝叶繁茂与否，有赖于根。对个体来说，这根便是他从小获得生长和教养的社会。对落脚于土的重视又强化了"安土重迁"的观念，使乡村的人往往不轻易离开乡土或"故土"，即便离开了，也通常努力希求归来。"人不离土"的观念进一步生发为"由土中来、归于土中去""落叶归根"的信仰与价值观念。正如费孝通所言，"人和土地在乡土社会中有着强烈的情感联系，即一种桑梓情谊"；"正是这种人地关系的力量支撑着这历久未衰的中国文化"。[①]

二、从乡土中国到城乡中国

自近代以来，中国开始由传统的农业国向现代意义上的工业化国家转型。百余年间，中国先后历经了近代工业化、国家工业化、乡村工业化以及参与全球化的沿海为主的工业化阶段，长期被缚于土的乡土中国农民也历经了计划国家工业化时期的"绑缚"于土、

---

① 费孝通.中国士绅：城乡关系论集.北京：外语教学与研究出版社，2011.

乡村工业化时期的"粘连"于土、沿海工业化初期进城又返乡的农一代的"依恋"于土，进而到农二代时期的离土、进城、不回村、"乡土"成"故土"的新阶段。由农一代到农二代的这场代际革命，标志着中国开始由延续数千年的"乡土中国"形态向现代意义的"城乡中国"形态的历史性转变，也使得传统的村庄制度发生转型，出现了大规模的分化加剧、衰而未亡与复活并存的格局。

（一）近代工业化：无关乡土的结构萌芽期

19 世纪 60 年代的洋务运动开启了近代中国的工业化进程。到 1890 年时，中国的现代制造业与运输业仅占当年 GDP 的 0.5%，19 世纪末整个中国城市人口的比重与 1820 年相比亦变化不大，工业化对内地乡村人口、村庄形态冲击有限。近代工业化真正开端于 1890—1933 年期间：国民政府开始为经济发展构建制度架构和制订国家发展计划，增加教育、农业技术推广服务等方面的投资；工厂数量、规模、产业工人数量迅速增长；以制造业、矿业、电力、运输和通信业为主的现代产业部门在经济中的份额迅速提升。一方面，近代商业化与现代工业发展对传统部门和乡村带来了积极影响；另一方面，在西方冲击与本国工业化发展严重不足的情形下，商业化与工业发展导致了近代中国的乡村陷入更严重的"内卷化"陷阱，乡土社会的分化与不平等加剧，进而影响到乡村治理并威胁政治社会秩序。由于近代中国的工业化和农业现代化程度都太过有限，小农经济基础上的乡土中国不仅没有受到撼动，反而在内外交困中陷入无序。

（二）国家工业化：农民绑缚于土的结构转变

中华人民共和国成立不久，中国共产党就开启了以实现工业化为核心的现代化进程，农业充当了为工业化提供原始积累的角色，通过提供低价农产品以保障城市的低价食品供应、低工资和低成本。

这一时期的结构转变主要依靠三项制度的支撑,即农产品的统购统销,集体化与人民公社制度,城乡户籍制度。

这一阶段的国家工业化推动了经济结构的转变,建立起了一个较为完整的现代工业体系。国家工业化时期的农业发展主要依靠不断提高集体土地上的农民劳动的"过密化"投入,以及20世纪60年代以后农业技术进步和现代要素的投入,以维持农业为国民消费和国家工业化提供剩余的能力。乡村的人地比率以及传统农业所面临的"内卷化"在这一时期不仅没有得到改善,反而更为恶化。

农民与村庄的关系在这一时期出现了"改天换地"的转变。1949年以后,随着国家权力全面渗透乡村,国家在集体化时期事实上成为经济要素第一位的决策者、支配者和受益者,依靠国家权力建构的"集体"组织承担着贯彻和执行国家意志的功能,成为一个担负基本经济职能和一定政治控制功能的地方组织。这一时期的乡村治理本质上是一个"传统村庄+集体"的结合体。集体化制度下的村庄在很大程度上依旧延续了传统社会的制度文化规范,正式权力/精英与非正式权力/精英合作等模式基本延续了传统乡土社会的规范与秩序形态。

总的来看,在国家工业化时期,人民公社体制与户籍制度作为维系城乡二元结构的两项关键制度,结合集体化村庄制度,将农民牢牢"绑缚"于集体土地之上,限制其在城乡之间的自由流动和迁徙,剥夺了农民参与工业化的机会。割裂的城乡二元结构也造成中国的城镇化严重滞后于工业化,使得这一时期的城乡关系深陷牺牲乡村、发展城市和工业的困境。[1] 国家工业化时期虽然有结构转变,但整个中国并未真正摆脱费孝通意义上的"乡土中国",它作为现代

---

[1] 周一星,曹广忠. 改革开放20年来的中国城市化进程. 城市规划,1999(12):8-13.

中国的第一个结构转变阶段，仍然是一个"不松动乡土的结构转变"。

(三) 乡村工业化：农民的自主参与与分业不离土

1978年改革开放以后，乡镇企业异军突起，中国进入乡村工业化阶段。这一时期国家对乡村经济权利的开放推动了城乡结构的转型：一是以"双层经营体制"为核心的农地制度改革赋予农民耕地实际使用权和剩余索取权；二是在非农用地方面采取"三允许"政策，即允许农民在集体土地上办企业、允许农民利用自己的土地建城镇，以及允许农民的集体土地直接进入市场，为乡村工业化提供制度保障[①]；三是鼓励农民进行农业内部结构调整、发展农村商品经济、兴办乡镇企业，增大农村发展空间，解决农村剩余劳动力转移出路。

这一时期城乡关系的转型表现为：一是乡镇企业为农民提供了参与结构转变、参与工业化的机会，不再像前一时期那样被排除在工业化进程之外，农民收入迅速增加带动城乡差距快速缩小。二是农民流动表现为"分业未离土"，乡镇企业更多地延续了传统经济中"分工""分业"的传统，农业发展走的是"家庭式小农经营＋现代要素投入＋非农产业兼业"的混合模式，并未突破传统意义上的"家庭式小农经营"。三是农民未能真正地"离土"，反而更深刻地"粘连"于土地之上。"本乡本土型"的乡村工业化和农村剩余劳动力就地转移模式，并未对人地关系的紧张有实质性缓解，仍有约1/3到1/2的农村劳动力处于隐性失业状态。[②] 四是农民与村庄的关系出现了松动，在家庭经营复归、人民公社制度解体并转向基层村民自

---

① 纪竞垚,刘守英. 代际革命与农民的城市权利. 学术月刊, 2019, 51 (07): 43-55.
② 黄宗智. 中国的隐性农业革命. 北京：法律出版社, 2010.

治，且集体力量渐趋弱化与瓦解的情况下，传统村庄制度与规则续存并部分转向复兴，表现为农村基层组织与宗族组织之间出现了互动等。

从根本上讲，乡村工业化的基本特征是"分业（工）未离土"，尽管农民与土地的关系有所松动，但没有真正脱离"乡土中国"阶段。

（四）沿海工业化：农一代的离土出村与回村返农

20世纪90年代中期以后，中国的工业化和城镇化发生了历史性跃迁，珠三角、长三角、环渤海区域等出口导向的沿海工业带迅速崛起，内地工业化衰败，带来农村劳动力迁移模式的重大改变，农民开始真正"离土""出村"，城乡之间的大门被撞开。

这一时期城乡关系转型表现为：一是内地农民开始大规模跨省份、跨地区流动，进入沿海地区打工[①]，形成规模庞大的农民工群体。二是农一代存在城市权利的缺失与市民化不足问题。农民落脚城市的公共政策缺位与制度性歧视，使得进城农民工很难获取城市住房（包括租房）、子女教育、社会保障等各方面的公平对待。[②] 农一代不是向融入城市的市民化方向发展，而是形成了数量庞大的"两栖人口"或所谓的"候鸟式迁移"，他们季节性往返于东部地区和内地农村之间。[③] 三是农一代与农业、土地和村庄仍有很深的关联。农一代原本就是务农者，即便外出打工以后也会季节性回村种地，内心对土地有割舍不掉的感情，村庄从来都是他们的归宿。四是农民与村庄的关系在正式制度安排上出现了显著变化。农村税费

---

① 刘守英. 中国土地制度改革：上半程及下半程. 国际经济评论, 2017 (05)：29-56.
② 吴维平, 王汉生. 寄居大都市：京沪两地流动人口住房现状分析. 社会学研究, 2002, 17 (03)：92-110.
③ Zhao, Y., "Labor migration and earnings differences: the case of rural China", *Economic Development and Cultural Change*, 1999, 47 (04)：767-782. Zhao, Y., "Rural-to-urban labor migration in China: the past and the present" // L. West and Y. Zhao, *Rural Labor Flows in China*, 2000：15-33.

改革后国家与农民的关系由取到予，村庄形态上村庄合并、村改居等成为全国性态势，村干部行政化对村民自治造成了一定程度的空间挤压，村庄在非正式制度方面尚未出现根本性变化。

总之，沿海工业化阶段尽管发生了农民的"离土""出村"，但是由于城乡二元体制的藩篱以及农一代与土地和村庄的特殊关系，高速工业化和快速城镇化实现了国民经济结构的根本变革，但没有根本改变农民"依恋于土"，"乡土中国"下农民与土地的黏性在经济上有所变化，但在制度、社会和文化上并没有发生根本变化。

三、城乡中国的特征

中国的城乡关系在2003—2010年期间出现了革命性的跃迁，进入"城乡中国"阶段。农民与土地的关系、农民与村庄的关系发生了根本变化。农二代在工作和居住方式上的城镇化，以及他们出村之前与土地和农业的生疏关系，使得他们中的大多数选择了不回村、不返农，由此带来人地关系、农地制度、农业经营制度、农业发展方式、村庄的演化与分化等方面的重大转变。由农民的代际革命引起的这些新趋势使得结构转型下的城乡特征发生了本质性变化。

（一）乡土变故土：农二代引发的代际革命

近10年来，20世纪八九十年代出生的80后、90后农二代开始成为进城务工的主力军。他们在经济社会等方面的行为特征出现了一系列显著的代际性变化。

一是在经济特征上明显体现出期望更好地融入城市经济的倾向。较之农一代，农二代对工作类型与职业的重视超过单纯的现金收入，诸如扩大阅历、积累经验、提高个人素质、学习专业技能，甚至期望工作本身要"有趣"等，都成为职业选择的参考因素。农二代尤其是90后农民工自身的人力资本水平高于农一代，他们的平均受教育年限更高，人力资本和社会资本积累主要在城市完成，同时他们与农业经济活动的关系疏远，务农经验远远少于农一代。

二是在社会特征上体现出很强的入城不回村倾向。在迁移模式上，农二代更多选择跨省份流动、前往东部地区以及大中城市务工经商，对在城家庭生活的重视以及对加强子女教育、增强社会流动的期望提高，举家迁移比重上升，改善子女教育是农民工选择家庭迁移的首要动机。[1] 进城农民工的购房比例在不断提高，他们更重视下一代教育，以期增强代际社会流动性。

三是在文化价值观方面普遍对城市价值更为认同。越年轻世代的农民工，其汇款比例越低、消费开支比例越高，反映出农二代与城市居民的消费差距在缩小。农二代生活方式的转变更加城镇化，他们在休闲娱乐方式上越来越多元化，并乐于通过商场、公园等城市公共设施进行休闲娱乐活动。

值得注意的是，农二代对城市的融入意愿显著高于农一代，但同时，他们所感知到的不被城市接纳的排斥预期也显著高于农一代。作为可能是中国历史上最大规模的一批离开村庄的人群，他们的"出村不回村"正在令乡土中国日益变为回不去的"故土"——乡村制度、传统乡土社会的人际关系，以及以"礼治秩序"为代表的传统文化价值规范都在这一场村庄转型中面临严重的冲击与挑战。[2]

从根本上说，农二代的经济和社会行为表明农民对乡土的观念正在改变。他们与土地、与乡村的关系正在发生重大变化，并将对未来的农业、村庄以及整个乡村现代化走向产生根本影响。从经济行为特征来看，农二代更明显地表现出留城、务工、离土、离农的

---

[1] 钱文荣，黄祖辉．转型时期的中国农民工：长江三角洲十六城市农民工市民化问题调查．北京：中国社会科学出版社，2007．

[2] 韩少功．观察中国乡村的两个坐标．天涯，2018（01）：4-10．

趋势，这既与他们出村进城时就不熟悉农业、与土地的情感淡漠有关，也与他们的工作方式以及人力资本和社会资本积累在城市完成有关；他们不再依恋土地，而是更适应和依赖城市经济，农民与土地的关系已发生从经济依赖性下降到土地观念改变等重大转变。

（二）告别过密化农业：农业转型与农作制度变迁

结构转变不仅带来人地关系变化，而且带来农业相对要素价格变化，引致农业发展模式的历史性转折，即从延续千年的依靠过密化劳动力投入提高土地生产率的传统农业模式转向通过增加资本和机械化投入提高劳动生产率的现代农业模式。经过快速的结构变革，中国的第一产业在三次产业中的产值和就业份额出现历史性下降，"两个比重"到2016年分别降至8.6%和27.7%。2000—2012年间，农业劳动生产率年均增长5.46%，快于同期土地生产率增速。进入21世纪以后，长期依靠高劳动投入提高土地单产的中国传统农业发展模式正在衰减，提高劳动生产率的现代农业发展模式正在兴起。伴随农业的这一历史转型，农作方式、农地权利安排、农地流转市场、农业经营模式、农业功能都在发生重大变化。

一是农作方式上农业机械化进程加快，农户家庭基本采取了减少劳动力投入、增加机械和资本投入的策略。各类农业机械的使用量从2000年以后都开始迅速增长，基本保持了年均6%左右的稳定快速增长。[1] 二是土地流转与土地租赁市场发展。土地流转成为农业经营者扩展经营规模的重要方式，形成以转包和出租为主，股份合作、互换和转让等其他形式并存的流转格局。到2015年时，农户承包地流转率为33.29%，流转承包地规模已达到4.47亿亩。三是农

---

[1] S. Liu, R. Wang and G. Shi, "Historical transformation of China's agriculture: productivity changes and other key features", *China & World Economy*, 2018, 26 (01): 42-65.

户发生分化。传统乡土中国那种"以土为生"的均质化小农已发生改变,纯农业户和农业兼业户占比降低,非农业兼业户和非农业户比例则有所上升,东部地区非农业户占比更高、增速更快、资本形成更快。四是农业经营主体多样化,除家庭经营外,专业合作社、农业企业以及其他类型的经营主体迅速增多,农户以外农业经营主体流转农地占比接近一半。五是农业本身的功能与形态也发生了变化。"城乡中国"阶段的农业已经开始从过去功能定位单一的粮食农业拓展到健康农业、特色农业、生态农业、休闲农业等强调农业多功能性、复合型发展的模式。

(三) 乡村成故乡:村庄分化与治理挑战

进入城乡中国阶段,不仅农民与土地的黏度发生了变化,而且农民与村庄的黏度也发生了变化。一方面,在城镇化进程的不同影响下,村庄数量大幅减少,分布发生变化,村庄分化加剧,一部分村庄出现活化机遇,但多数村庄呈现人走村衰的面貌。另一方面,村庄的治理方式与村庄作为文化规范等非正式制度的规范发生改变,村庄作为一种制度装置的内涵处于变革之中。如前所述,由于出村农民的代际差异,20 世纪 50 年代、60 年代乃至 70 年代出生的农一代主要是寄钱回村、建房成家,村庄未见破败,但 80 后、90 后的农二代,人出村后不回村,资本也留在城市,他们进城买房,家庭未来的落脚地也不再是农村。这种人走资本不回的趋势给多数村庄所带来的可能将会是进一步的衰落。

一是村庄数量大幅减少,村落半径有扩大需求。1985 年时全国行政村数量为 94.1 万个,到 2016 年时减少到 52.6 万个,减少了 44%;全国自然村数量从 1990 年的 377 万个降到 2016 年的 261 万个,减少了 30%。二是村庄的分化趋势强化。一部分"城中村"或"超级村"未来会融入城市成为城市的一部分;另一部分村庄可能发展成为城乡之间的过渡地带，或者说"驿站"，这些地区也会成为整个城乡中国的人口、资本和土地等要素最活跃的区域；传统农村的村庄中一部分能够凭借独特的历史和文化记忆或独特、优质、健康的产品走向复兴，另一部分在相当长一段时期内将处于"衰而未亡"状态，面临破败和消亡的结局。三是村庄制度装置的维系与演进。部分村庄通过鼓励村庄精英成为集体合作的领导者，遵循公平原则制定可行的激励、惩罚和监督措施，仍有可能通过合作完成村庄的公共品提供。[①] 凝聚农民关系的基本制度装置也不会迅速"消亡"，可能会延续很长时间。四是乡村公私秩序会面临重构。传统乡土中国那种以人情维系的"熟人社会""差序格局""礼治秩序"等为统合规则的乡村社会将面临不可逆的重大变化，使得村庄的治理结构和治理规则必将发生重大变迁。

（四）城乡互动与融合：新型城乡关系的到来

中国的城镇化进程已经过半，长期困扰转型的城乡关系也出现了改变，一些新的特征已经显现，且在城乡中国阶段越来越明显。

一是城镇化模式从单向城镇化转向城乡互动。要素流动和互动活跃，人口在城乡之间对流，资本在城市寻求获利的同时资本下乡加快，土地在城乡之间的配置和资本化加快，将成为城乡中国的基本特征。城乡互动阶段的到来，为矫正中国传统发展战略导致的城乡二元结构与体制创造了机会。实现城乡融合发展，关键是消除城乡之间的体制性障碍，实现城乡要素平等交换与合理配置和基本公共服务均等化。

二是大城市、城镇与乡村的分工更加明确与合理化。在城乡中

---

① 黄茜，周怀峰，陈晔．空心化村庄的合作何以可能？：基于湖南 HL 村的个案研究．南方农村，2015，31（01）：57-63．

国阶段，大城市因为其集聚、效率、创新、知识、产业、就业的优势，成为城乡人口就业和创造收入机会的场所，并形成一定规模的城市圈或城市带；乡村的分化将进一步加剧，部分乡村将在城乡互动中复活与振兴；在城乡之间，将有部分县或镇承担城市产业转移等功能，并发展成为城乡之间的驿站或过渡地带。

三是城市文明与乡村文明的共融共生。中国在上一轮的快速城镇化推进中，也出现了对城乡两个文明的误解，暗含着城市文明就是先进的，乡村文明就是落后的，两个文明的此长彼消就能实现中国的现代化。在城镇化过半以后，我们才发现，不平等的城乡关系不仅没有消灭乡村文明，城市文明也出现了大量病兆。在"城市病"困扰城里人的经济活动和社会生活后，他们开始主动到乡下去寻找另一种文明的慰藉，农家乐、民宿、乡村旅游、对土特产需求上升等等，实质上是城市文明对乡村文明的呼唤。直到现在人们才越来越意识到，城市文明与乡村文明只是两种不同的文明形态，不存在谁优谁劣，而是相互需要、互为补充的关系。在城乡中国阶段，城市文明与乡村文明的共存与呼应是基本特征，实现两种文明的共同发展不仅是为了乡村，也是为了城市。

对于分化和加速变革的乡村，一方面要看到，当前乡村如此大面积的、急速的衰败，根源于中国长期以来城乡二元化、城乡不平等的发展理念，使得乡村没有足够的发展权利，毕竟纵观整个人类社会经济政治演变，绝不是以乡村的衰败作为代价的。因此，面对大部分乡村衰而未亡的状态，应该通过基本的公共服务和社会保障，降低乡村"衰"的程度。另一方面，村庄需要适度的集聚。由于农业发展方式变化带来的耕作半径变化，原来以自然村落为主的村庄面临公共服务成本的提高，公共服务可以通过适度拉大半径，从原来以自然村落为半径的村落，转向未来适度拉大半径的村庄的集聚。

对于村落居民而言，这意味着仅仅是离开自然村落，但未离开原有村庄，也不会因此感到陌生。最后，对于在城乡互动与融合的过程中，借助于历史文化资源、地方特色产品与工艺，以及实现未来农业现代化的村庄，是可以复兴的。当然，乡村与城市的互动与融合也必然意味着乡村要对城里人适度开放。

四、城乡融合阶段的到来

经过近百年的转型与变迁，尤其是改革开放45年的结构变革，中国已经从乡土中国转型为城乡中国。

一方面，中国的农民高度分化，不同类型的农民与乡村的经济和社会关系发生分野。伴随农民的离土出村，他们与土地和村庄的黏度松解，尤其是当农二代成为迁移的主力后，他们不仅离土出村，而且不返农、不回村，在大城市、县城和乡镇就业成为其归宿，乡土成故土、乡村变故乡，农业在告别过密化的同时也在多功能化。因此，中国的结构形态已经告别费孝通意义的乡土中国。

另一方面，城镇化从单向转向城乡互动，生产要素在城乡之间的配置活跃，城乡之间的分工与互联互通增强，乡村在分化的同时业态、产业、功能多样化，城乡两个文明彼此需要与共生共荣，这种新型的城乡关系构成城乡中国的基本特征，与作为成熟形态的城市中国相比，呈现出了独特的阶段性特征。因此，城乡中国将成为中国今后相当长时期的一个阶段。

在城乡中国阶段，首先要矫正单纯城镇化导向公共政策以及"城镇化＝现代化"的认知误区。世界各国和中国的发展经验都证明：城镇化不是现代化的唯一目标和单一标准，城镇化推进不能带来乡村问题顺其自然的解决，单一导向的城市化战略只会加剧乡村危机和城乡割裂。城乡中国阶段必须树立城乡平等发展观，允许城市与乡村良性互动，生产要素在城乡有效配置，才能实现城乡两个文明的共生、共融、共荣。

城乡中国的提出也是为了避免完全回归"乡土中国"的认知来解决城乡中国阶段的问题。由于中国长期处于乡土中国形态，加上在相当时长时期内的结构转变更加固化了乡土中国，因此，乡土中国的治理思维和公共政策产生了巨大的路径依赖，自觉或不自觉地以乡土中国时期的认识和措施来应对城乡中国阶段的问题，导致决策思维与政策应对滞后于结构变革的需求[①]，影响城乡中国的演化与向城市中国的转变。

将城乡中国作为一种范式和结构形态，最关键的是以消除城乡二元体制来实现城乡融合发展。中国目前的城乡繁荣与乡村破败本身是城乡二元体制的结果。将本应作为结果的城市中国作为进程中的政策安排，导致城乡规划、土地、融资、产业、公共品提供等的二元分割，造成乡村产业窄化、农民发展机会缺失、乡村陷入衰败、城乡关系紧张对立。

中国已经向乡土中国告别、已处于城乡中国阶段，还需要经过相当长时期的努力，历经结构进一步深化和二元体制的障碍解除，实现中国的结构现代化和伟大转型。

第二节 从乡土文明到城乡融合文明：
南海乡土生出的现代化

近代以来的工业化、城市化进程，将人类文明从乡村文明带入

---

① 在城乡中国阶段，均质化的小农已高度分化，长期依赖过密劳动投入的土地密集型农业已转向依赖资本投入的劳动集约型农业，承载乡土社会的村庄呈现分化，维系熟人社会的制度出现蜕变。乡村剧变使这个古老大国的经济和社会形态发生了根本转变。

城市文明。对于发达国家和后发国家，城市文明都成为现代文明的象征和归宿。中国改革开放45年来，南海已从传统的乡土文明过渡到了城乡融合文明新形态：从最初的乡土文明中启动集体工业化，再造了工业文明；在工业化时期逐步加大投入补足城市发展短板，进入了城市文明；在城市文明阶段，南海进一步促进城乡土地平权、畅通城乡要素双向流动，构建城乡融合文明新形态。南海的现代化历程既符合人类社会发展的一般规律，又体现了中华民族传统农耕文明与现代城市文明融合产生的独特性、文明延续性。

一、乡土文明中孕育的现代性

南海区历史源远流长，是珠江文明的发祥地之一、岭南文化的典型代表、广府文化的核心区域。自隋朝置县起，南海一直处于岭南的政治、经济、文化的中心地带，素有广东"首府首县"之称。近代以来，南海一方面成为近代民族工业发源地之一[①]，诞生了中国第一家民族资本经营的机器缫丝厂等；另一方面涌现出康有为、陈启沅、詹天佑、黄飞鸿、邹伯奇、何香凝、陈香梅等一大批引领时代风潮的杰出人物。岭南传统文化和现代文明的交融，是近代以来南海历史变迁的主线。

中华人民共和国成立后，南海大兴水利，将桑基鱼塘的耕养模式精细化，巩固了岭南鱼米之乡的地位。到1978年，南海农业产值约占GDP份额的一半，农业从业人员占就业人口的比重超过70%，但也存在农业过密化、劳动力过剩、集体经济效率低下等集体化经济的通病。与其他县域相比，尽管南海当时也是一个乡村文明主导

---

① 清末以来，南海为中国近代工业的发展做出了突出的贡献。丹灶良登人陈澹浦及其后人开办的机器制造厂生产了中国第一台机器缫丝机和柴油机。西樵简村人陈启沅在家乡创办的继昌隆缫丝厂是我国第一家民族资本经营的机器缫丝厂。

的地区，但却有着基于历史积淀和文明传统的地缘独特性。

第一，富庶的农耕文明基础。南海有光热条件优越的自然优势，历史上西江干流流经的桑园围是"粤东粮命之区""蚕桑千里沃壤"，是珠江三角洲著名的鱼米之乡。1949年中华人民共和国成立后，南海又补齐了水利设施短板，"桑基鱼塘"模式的潜力不断被挖掘，使得南海粮食耕种、水产养殖的精细化水平以及农产品亩均产值都遥遥领先。中华人民共和国成立后南海县一直是广东省主要商品粮和商品塘鱼基地之一，也是主要农副产品出口基地之一。1980年南海粮食总产量达到39.5万吨的历史峰值，是珠三角地区的农业大县。此外，南海的蔬菜、瓜果、禽蛋等农副产品产量也都相当可观。

第二，发达的家庭手工业基础。历史上南海的"桑基鱼塘"模式本身就是种植、养殖、家庭手工业的有机结合。南海手工业自古比较发达，缫丝、纺织、陶瓷、冶铸等行业"兴于唐、盛于明、誉满天下"。近代以来，南海成为中国民营丝织业的发源地，20世纪初就汇聚了一大批陶瓷工坊、缫丝工场、广缎作坊等。中华人民共和国成立后南海工业生产逐渐恢复和发展了传统的缫丝、纺织、烟花、爆竹、火柴、皮革、玻璃、卷烟、藤制品、蔗糖、米酒等产品，并由手工操作转为机械化生产，规模不断扩大。煤炭、化工、建材、机械、轻工等行业也随着建设的需要建立和发展起来，并吸收了相当一部分家庭富余劳动力从事藤器、铁具、缫丝、纺织等家庭手工制品生产。南海乡镇企业的根源可以追溯到1958年的社队工业，主要生产五金制品、小型农机具、红砖、油漆、化工、塑料、机床、机制纸等产品。总的来说，1978年以前南海的工业主要是为城市大工业配套的协作性工业以及为地方服务的支农工业和副食品加工工业，规模较小。1978年，南海县GDP为3.94亿元，其中第二产业为2.01亿元；工农业总产值为12.37亿元，其中工业总产值为6.88

亿元（1990年价格）；全社会劳动力有42.67万人，其中第一产业就业28.31万人。由此可以看出，1978年改革开放之初，南海仍然是一个以农业为主，但具备一定工业基础的县域经济体。改革开放后，南海农民洗脚上田创办的第一批制造业企业就是源于集体化时期的家庭小作坊，直至发展壮大为闻名海内外的陶瓷、铝制品、布匹、内衣、五金等产业集群，让不少南海农民发家致富。

第三，繁荣的市场和市镇文明。明清以来，南海地区依托发达的工场手工业（铁器、陶瓷）和临近广州商都的优势，形成了繁荣的商品经济传统[①]和强大的市镇文明。在清代，官窑、盐步、金沙、沙头等一批圩镇逐水成圩，因村成市，临近广州形成了全长约20公里的省佛通衢，曾经有大大小小的桥梁16座、渡口8个，沿线商贸文明兴旺发达，70个圩集市场星罗棋布。在繁荣的市场和发达的制造业基础上形成了行会自治传统，在传统社会中孕育了早期的市民精神。这一传统对改革开放后南海民间与政府的互动模式产生了深远影响。

第四，对外开放与交流的历史积淀。南海人"下南洋"最早可追溯到元朝，清代中叶以来，南海人在海外的足迹逐渐从东南亚扩散到美洲，进而遍布全球。改革开放初期，南海比邻香港的优势为其带来了资金、企业家才能、国际市场、品牌塑造的强大支持，对乡村工业化启动发挥了关键作用。目前，南海区拥有海外侨胞和港澳台同胞40多万人，南海乡贤投资兴办各类企业超过1 500家，支持公益事业累计超11.8亿元。

[①] 17世纪初至19世纪末，随着佛山镇的崛起，珠三角迎来了著名的广佛周期。佛山史专家罗一星认为，这是广佛并驾齐驱、共据岭南市场中心地位的300年，千年商都广州与帝国铁都佛山成为最高层级的中心市场，引领着当时的城市发展，而连接两大中心市场的省佛通衢，也迎来了发展的高光时刻。参见孙景锋. 传统圩镇复兴记. 南方日报，2023-05-26.

第五，延续不断的岭南文化基因。宋代以来，西江边桑园围文化带文风鼎盛，人才士绅辈出，围内南海人耕读传家、大兴文教、桑渔并举、工商兼业，乡贤热衷建设地方、教化乡土，家族、宗族、祠堂、公田、族田、族谱、祭祖等是公共生活的主要载体和形式。近代以来，南海乡贤热衷慈善事业，弘扬乐善文化。1883年，由沙头当地五位商人、中医等发动同胞投资兴建了万安医院（后改名万安善院），保留至今，已成为南海乡贤倡导的乐善文化的象征。此外，龙舟、舞狮、粤剧、洪拳等民间文化延续至今仍广受欢迎，强化了人们对岭南文化的高度认同。

总之，改革开放前夕的南海并非一个纯农业社会，而是在传统的乡村文明中孕育了现代工业文明和城市文明兴起的火种。

二、乡土文明下再造工业文明

1978年改革开放伊始，南海就吹响了乡村工业化的号角。"六个轮子一起转"（县、公社、大队、生产队、个体、联合体）为南海自下而上的工业化提供了充足的动力，而自发的"农转非"、土地股份制等保障了土地要素的供应。在第一批港商投资的带动下，南海抓住了发达国家制造业转移的时代机遇，快速成为制造业投资的沃土。南海大地上村镇工业园如雨后春笋般勃然兴起，源源不断地吸引和聚集起资本、技术、设备、劳动力等要素，在陶瓷、家具、铝型材等领域牢牢占据国内外市场份额，第一次打出了"南海制造"的区域品牌。

20世纪最后20年的这场工业革命使得南海从一个乡土社会快速迈入工业化社会，经济、社会、文化、空间、人民生活、城乡关系等方方面面都经历了剧烈的变迁。

工业化首先冲击的是村庄，最直接的影响就是乡村财富的快速积累。到 2005 年，南海村组两级集体经济资产已达 183.14 亿元，村民每年分红收入达 1 523 元。一方面，工业化使得南海率先告别贫困，并奠定了南海乡村从经济富足、生活富裕到传统文化复兴的物质基础。另一方面，集体财富的增加也强化了集体经济组织的成员权制度安排：集体土地股份制以经济社（村民小组）一级为基本单元，呈现出福利性、排他性、封闭性等特征。与"一大二公"和"取消退出权"的人民公社制度时期相比，工业化时期的农民反而不愿意放弃集体成员身份。

工业化的第二个影响是人口结构的调整。乡村工业化首先放空了本地农村剩余劳动力蓄水池，到 1985 年前后南海非农就业比重已超过七成，农村劳动力基本实现了充分就业。1992 年以后，南海制造业加速发展，用地需求巨大，沿海与内地工资落差增大，吸引了大量外来人员进厂务工，到 20 世纪末南海 200 万常住人口已出现本地和外地人口数量"倒挂"问题。工业化不仅使得大部分南海农民弃农从商或转为产业工人，也使得南海成为第一代外来农民工安居乐业的"他乡"。

工业化的第三个影响就是城乡空间格局的变迁。伴随着工业园区的扩张、人口的增长与结构变换，人们的居住方式变化及其需求也促成了城乡空间格局的变迁。镇村工业园和区级工业园占地增多，大量农用地转为工业用地，导致土地的开发强度超过 60%。同时，大量在镇村工业园就业的外来人口聚居于"城中村"、城乡接合部，激发了本地农民扩大宅基地以及加盖、加建出租屋等动力。拥挤得不见天日的"握手楼""火柴盒"成为南海城乡接合部的典型标志，村庄内部的公共空间所剩无几。此后，一部分农民凭借着丰厚的集体分红和出租屋租金收入，从世代居住的村庄迁往镇上或桂城等中心城区的商品房小区。在多种发展动力和用地模式的冲击下，南海的城乡空间日益"碎片化",城市、村庄、工业、农业和生态各类空间相互穿插交融,治理难度巨大。

最后,工业化的冲击还在于文化层面。在园区和工厂内部,工业化意味着标准化的流水线、计件制或计时制,以及生产和管理的标准化、高效化,由此造就了一大批技术娴熟、纪律性强的产业工人队伍和高素质的管理人员队伍,这也是南海工业化最宝贵的财富。作为南海工业化的主力军,他们与计划经济体制下的国营企业、人民公社、生产队等的劳动生产率、投入产出效率、激励机制不可同日而语。在组织层面,南海的民营企业大胆吸收国内外最先进、最前沿的管理制度和管理经验,建立和完善现代公司治理结构。通过这场"管理革命",利润、绩效、效率、投入-产出回报、市场、销售等等市场观念彻底深入人心。企业界的"管理革命"甚至影响到了政府的治理结构。南海高新区和各产业园区普遍新建了不同于传统政府组织模式的开发区制度,引入更贴近企业需求、更符合招商引资规律的"扁平化"管理模式,奠定了南海一流营商环境的观念和制度基础。经历了市场导向的工业化的洗礼,南海从官方到民间、从城市到乡村,逐渐形成了重商亲商、尊重企业家、尊重创业、尊重劳动的社会价值,成为投资和干事创业的热土。

三、在工业化时期进入城市文明

21世纪以来,南海在经历了20多年的快速工业化进程之后,城镇化进程也开始提速,逐渐改变了"城镇化落后于工业化"的状况。

南海进入城市文明的第一个标志就是人口城镇化率的提升。2004年,佛山市全面取消农村户籍,标志着南海破除城乡二元体制迈出了坚实的一步。随着外来人口逐渐增长和向城中村聚居,南海的常住人口城镇化水平也一路提升,到2015年"七普"以后基本稳定在95％以上，已完全达到发达国家的城镇化水平。

人口城镇化的更深的内涵在于人口的市民化，人们的生活水平、生活方式和思维的现代化，居民可享受城市提供的现代化的基础设施和公共服务。21世纪以来，南海区人均预期寿命从2005年的74岁增长到2020年的83岁，卫生技术人员数量从2000年的4 240人增加到2022年的20 809人，卫生机构数从2020年的179家增加到2023年的1 246家；2020年底，南海区15岁及以上常住人口的平均受教育年限达到10.43年，常住人口中拥有大专及以上文化程度的人口占总人口的比重为15.79％，每10万人中拥有大学文化程度的人数达到15 792人；2022年底，全区有文化馆1间，镇文化站7个，综合性文化服务中心290间，博物馆10间，公共图书馆（含读书驿站）266个，藏书量370.55万册，数字影院60间；生活垃圾无害化处理率100％，城市生活污水集中处理率98.1％。更重要的是，城市居民人均可支配收入①从12 125元增长到66 340元。2022年城乡居民收入比为1.45，不仅低于全国、全省、佛山市平均水平，也低于共同富裕示范省浙江所辖的杭州（1.71）、宁波（1.69）。这一系列现代化指标的提升，反映了进入城市文明阶段后，南海民众的物质生活水平实打实地提升了。

现代化的城市面貌是南海进入城市文明的又一标志。20世纪90年代以来，南海的各个中心镇开始建设环境优美的商品房小区，以及市政道路、绿化带、景观公园等等，城市的规划水平、交通便捷度、绿化美化程度等不断提升。进入21世纪后，南海举全区之力打造千灯湖公园核心片区以及临近的广东金融高新区CBD，吸引金融企业、高端管理者和专业人才入驻，打造一流的商品房小区、商贸

---

① 2000年无城市居民可支配收入统计项目，用"职工人均收入"指标替代，数据见《南海统计年鉴（2021）》。

配套和居住环境。千灯湖片区作为新区，无论是在人口和产业集聚度还是影响力、辐射力上，都远远超过了佛山新城，也巩固了桂城作为南海中心城区的地位。近年来，南海一方面向北拓展千灯湖片区，打造南海艺术中心片区（"南海之眼"），另一方面布局建设三山新城和佛北新城（博爱新城），希望通过复制"千灯湖模式"形成多中心的城市化布局。值得注意的是，在日新月异的城市面貌升级的背后，南海的城市化动力机制，一方面来自自下而上的、以乡村工业化为基础的镇域城镇化，表现为产业化的村庄人口和外来人口向镇域、城中村聚集，以及相应的住房、商贸、服务的聚集和镇域用地的扩张；另一方面则来自市区政府主导的"土地-财政-金融"三位一体的城镇化，集中表现在千灯湖CBD等中心城区开发中，政府走的是一个"征地（或旧改）-出让-土地抵押融资-城市新区开发"的循环模式。

城市文明的兴起还伴随着市民生活方式的现代化。除了"住房革命"，"消费革命"是最能代表现代城市文明生活方式的主要趋势之一。2000—2022年，南海区社会零售品消费总额从125.6万元增长到1 221.75亿元。城镇居民人均消费性支出从2013年的30 855元增长到2022年的40 589元，增速快于人均GDP增速。2022年南海"夜经济"兴起，全年居民人均消费支出为4.02万元，是全国平均水平的1.6倍，仅略低于上海（4.6万元）、北京（4.27万元）。商品和服务供给的多样化、高端化是南海城市化升级的一个重要体现。同时，城市也是一个文化中心。建设现代化活力新南海的一个主要方向就是"以文兴城"，吸引更多的科学家、艺术家、企业家以及年轻人成为"新南海人"，把南海打造成为活力之城、梦想之都。为此，南海在大沥河西片区专门规划打造"南海艺术中心"（南海之眼），再加上桥下空间、文体公园、城市绿道等共建配套一应俱全，徒步比赛、夕阳音乐会、里水文艺节等公共文化活动不断丰富，以新兴服务业态为载体的海逸小镇兴起等，群众不断增长的文化需求正在逐渐得到满足，南海市民的生活方式更加休闲化、娱乐化，幸福指数更高。

最后，城市文明的兴起也带来了城市组织形态和治理方式的变迁。市民化是一个"陌生人社会"代替"熟人社会"的过程。随着人们生活和工作空间的分离、单位制的消解和社会的"去组织化"，非人格化的人际关系逐步占据主导地位，个体逐渐"原子化"，使得整个城市社区邻里空间发生了重构。南海和其他快速城市化地区一样，也在经历这一过程。南海区292个村（社区）中有156个是"村改居"而来，全区商品房小区接近1300个，这些小区就是市民的日常生活空间。社区成为社会治理的主要载体，政府通过社区建设一方面为市民提供基础性公共服务，另一方面打破邻里之间"原子化"的状态，重塑社区自治共同体。社区组织和治理模式的变化发生在三个方面：一是社区组织规模和结构的扩张，例如狮山镇某些社区管辖常住人口可达10万人，社区居委会工作人员也达到了上百人、内设机构10多个；二是公共服务资源下沉到社区，南海已经基本实现了社区文体中心、养老机构、社工机构的普及；三是居民自治程度的提升，近年来在强化基层党建引领的导向下，社区志愿者组织和活动获得了更多资源支持和鼓励，人员规模、组织化程度显著提升。

四、进入城乡融合文明新形态

城乡融合既是发达国家在高度城市化后的一般趋势，也是实现中国式现代化的必经阶段。从中央整体部署看，中国共产党的第二个百年奋斗目标是全面建成社会主义现代化强国，其中如果只有工业化、城市化，没有农业农村现代化，就没有整个国家的现代化。而实现中国式现代化的关键是解决发展的不平衡不充分问题，无论从国情、省情还是南海区情来看，发展的不平衡主要体现在城乡发展的不平衡上，发展的不充分主要是乡村发展的不充分。

纵观南海 45 年改革开放历史，南海的发展过程一直是有乡有城，以城带乡、以乡促城，一直保持着稳定和谐双赢的工农城乡关系，乡村跟城市一直处于不断融合的状态。南海并没有因为城市的发展把城乡差距拉开，把乡村农民的收入跟城市市民的收入拉开。

第一，南海的乡村发展有很好的基础。它的发展底子在乡村，它的工业化率先在乡村发生，土地价值的提升也是率先在乡村发生，并且南海的乡村工业化一直在往前推进，乡村产业不但没有凋敝，反而实现了多样化发展。更重要的是，农民通过集体土地股份制带来的股份分红分享了工业化和城市化过程中的集体土地的增值收益。集体资产提供的分红收益和福利为村民生活保障起到了托底作用。

第二，南海没有走上大城市和中心城区一枝独秀的城市化道路。镇域的多中心、差异化发展起到了连城带乡的衔接作用，也是南海城乡融合的基本特征。21 世纪以来，南海在打造千灯湖 CBD 等中心城区开发建设上无疑取得了巨大成果，对比其他新城，以千灯湖片区为核心的桂城中心城区同步推动了城市面貌更新、人口和产业聚集、城市高品质生活营造。在千灯湖片区强势崛起的同时，南海其他镇街也在相互比拼，提高城市化质量：既有大沥"南海之眼"艺术中心、狮山佛北新城、三山新城等功能定位各具特色的新区脱颖而出，也有沙头、官窑、盐步、松岗等传统圩镇依托土地制度改革、产业升级、基础设施改造逐步复兴。如果说千灯湖是南海的消费中心，那么狮山（广东唯二"千亿镇"之一）是产业中心，西樵、九江是文旅休闲中心，未来的大沥则是艺术中心。

第三，南海的城乡之间形成了全面融合和相互支撑的格局。在人口结构上，城、镇、村人口分布相对均衡，没有出现"大城市病"，外来人员中一部分落户定居，还有一部分相对聚居于城中村、城乡接合部，与南海本地村民相邻而居，与西方城市移民社区空间"区隔"特征相比呈现了良好的社会融入状态。在产业布局上，东部街镇产业相对聚集，村级工业园发达。西部的西樵、丹灶、九江近年来在新型储能、氢能源、无纺布、家具等产业领域后起直追，并且在发展特色文旅、水产养殖、预制菜等一二三融合产业方面更具先天优势，对乡村的辐射、带动作用也更强。在文化上，乡村更是文化的高地。西樵大地艺术节、九江龙舟赛和夕阳音乐节、里水"梦里水乡"文化节、丹灶"竹编文化节"等都源于乡村，"水上南海"的建设也主要依托乡村区域，乡村越来越成为城镇居民向往的休憩之地和精神家园。南海的城乡之间形成的正是这样一种相互支撑而非对立和此消彼长的关系。

城乡融合本身作为一种文明形态，是城市文明和乡村文明的融合，而这两者的融合过程，实际上是城乡产业、文化和人改造提升的过程。对比其他县域，南海最有条件走城乡融合道路，也最有条件为中国式现代化的实现提供以县区域为基本单元的城乡融合样板。进入城乡融合阶段后，南海要考虑的不是继续提高城市化水平，而是在城市化发展到一定阶段以后，怎么推动城市跟乡村加速融合发展，要以城、镇、村、业来构建南海的空间形态、制度形态和文化形态，要以城、镇、村、业之间的全面融合来达到城市文明和乡村文明的共荣共生。

第三节　南海城乡融合实验的价值

改革开放45年来，南海的发展道路不断地从低级向高级延展，是最典型的中国道路,即乡村包围城市。在中国快速城市化进程中,南海独树一帜,与以城市为增长极的地方不同,南海在实现现代文明中探索出了一条独特的城乡融合之路。在中国城乡结构面临整体转型之际,南海的城乡融合探索实践及主要经验对构建中国式现代化城乡融合文明范式意义重大。

一、构建城乡融合文明新形态

中国的历史经验和现实国情使得人们越来越意识到,简单按照城市的逻辑重构乡村系统(例如以工农"剪刀差"为工业化提供原始积累,以单向城市化的思维推进"农民上楼"等)只会加剧乡村贫困、衰败和弱势,乡村的现代化不是推动工业化、城市化就可以自然实现的。无论是从中国悠久的乡村文明演进的历史出发,还是依据马克思主义关于乡村共同体和城乡关系的经典理论,中国的乡村都是一个有其独特性和内在逻辑的乡村系统。城市文明与乡村文明只是两种不同的文明形态,不存在谁优谁劣,而是相互需要、互为补充的关系。在城乡中国阶段,城市文明与乡村文明的共存与呼应是基本特征,实现两种文明的共通发展不仅是为了乡村,也是为了城市。

中国式现代化应该是一种城乡融合的文明新形态,即城市和乡村共生共荣、各美其美,中国式现代化必须坚持赓续而不是摒弃传统农耕文明。必须站在历史和全局高度,从传统农耕文明传承、中国基本国情与现代性的一般规律之间的辩证关系出发,注重乡村系统在历史上形成的内在逻辑和有机联系,从文明新形态的高度来认识城乡融合,坚持在中国式现代化实践中探索城乡融合文明新范式。

从中央整体部署看,推动城乡融合发展是实现中国式现代化的应有之义。党的二十大报告指出:"坚持农业农村优先发展,坚持城乡融合发展，畅通城乡要素流动。"中国共产党的第二个百年奋斗目标是全面建成社会主义现代化强国，其中如果只有工业化、城市化，没有农业农村现代化，就没有整个国家的现代化。而实现中国式现代化的关键是解决发展的不平衡不充分问题。从全国来看，发展的不平衡不充分主要体现在城乡发展的不平衡和不充分上，其中，最大的不平衡是城乡发展的不平衡，最大的不充分是乡村发展的不充分。

二、中国式现代化城乡融合文明范例

现阶段，我国城乡融合的核心任务是城市和乡村在统一的国土空间规划下，形成工农互促、城乡互补、全面融合、共同繁荣的新型工农城乡关系，打通城乡要素自由流动的制度性通道，努力缩小城乡发展差距和居民生活水平差距。这也是南海城乡融合实验区改革探索的主要方向。

（一）南海城乡融合发展的三个阶段

1978年至今，南海城乡关系的演进历程可分为三个阶段：

第一阶段：乡村工业化阶段。首先，南海城乡发展的起点在乡村，以乡村集体土地的工业化带动城乡关系的变化。我们通常说的"六个轮子一起转"的轴心不在城市，而是在乡村地区，在村一级镇一级。其次，由于工业化在乡村发生，它是以集体土地的工业化开启南海工业化的进程的，工业化主要在集体土地上发生。最后，在乡村工业化的过程中，乡村农民分享了工业化的成果，没有出现其他地方出现的城乡差距过大的情况。与其他地方不同，南海城乡关系非常独特的地方就在于南海乡村的富裕。

第二阶段：快速城市化阶段。南海的城乡关系不断在递进。乡村工业化到了一定阶段后，南海面临的是城市化不足的问题，通过城市的提升、园区的改造等，改变过去城市发展不足的局面，形成城乡之间的相对平衡。与其他地方不同，南海城市的发展并没有牺牲乡村的发展；相反，南海借助了乡村的力量来带动城市发展，因此，南海城市的发展并不是在剥夺乡村，这跟其他地方很不一样。

第三阶段：城乡融合阶段。现在南海城乡关系进入第三个阶段，就是城市和乡村如何有机融合，形成城乡融合的新局面。所以这是笔者要强调的第二点：我们一定要认清南海城乡关系的独特性，只有认清了独特性，才能在此基础上思考城乡融合的实现路径。

由此可见，南海的城乡融合之路，不是首先通过城市高度集聚，然后人口向城市迁移、经济活动在城市集聚实现现代化。发达国家历史上走的是从城市化到"逆城市化"的道路，中国一二线城市走的则是特大城市虹吸周围乡村资源要素、导致乡村凋敝的发展道路。与之相反，南海最初是率先推行以土地为中心的农村股份合作制，后来演变成在集体土地上推进工业化。在集体工业化进程中，农民以土地股份制参与分享集体土地增值收益，分享到了工业化的成果，实现了乡村的富裕。当乡村工业化发展到一定阶段时，出现了城市化不足的问题。通过建设千灯湖等城市提升工程和引进高质量的产业、进行工业园区改造等，南海慢慢将城市形态撑起来，形成城乡之间的相对平衡。

（二）南海城乡融合实验区探索对全国具有重要借鉴意义

党的十九大以来，我们反思中国单向城市化模式以及城乡发展不平衡问题，提出城乡融合发展战略。城乡融合是整个城乡关系演变中非常重要的一个阶段。这个阶段主要表现为生产要素、经济活动、人口、功能、规划、公共服务等方面在城乡重新配置，在整个城乡关系的发展阶段中，必须要有"城乡融合"阶段。

南海城乡发展的起点在乡村，南海的乡村跟城市一直处于不断融合的状态，这是南海现代化路径的独特性。南海城乡关系的独特性体现在两个方面：第一，南海的乡村发展有很好的基础。它的发展底子在乡村，它的工业化率先在乡村发生，土地价值的提升也是率先在乡村发生，并且南海的乡村工业化一直在往前推进，乡村产业不但没有凋敝，反而实现了多样化发展。农民通过集体土地股份制带来的股份分红分享了土地增值收益。第二，南海并没有因为城市的发展把城乡差距拉开，把乡村农民的收入跟城市市民的收入拉开。南海的发展过程一直是有乡有城，以城带乡、以乡促城，无论在空间、产业还是文化上都形成了有城有乡有工有农的基本格局。

从发展形态上看，南海区城乡空间形态是融合连续的，而非区隔断裂的。一是整个南海的产业空间、农业空间、城镇空间和生态空间是高度融合的，不像其他地区产业只在园区和城市的地区。南海的各类功能区块（农业、城镇、工业和生态）也是高度聚集的。二是用地的融合，国有建设用地和集体建设用地两种所有制用地也是高度融合的。很多人说南海就是靠集体土地、违规占地，最后导致了大量的历史问题、乡村问题。用地融合是一种城乡融合形态，背后是两种所有制用地的平等。三是城乡空间形态的融合连续，镇是产城融合的载体和空间，成为城乡融合的接点。整个南海从城到镇到村之间形成了功能的区隔和空间的融合。从南海的现代化历程来看，城乡融合不是不能做到，而是可以按照城乡融合形态来构筑城、镇、村的形态。

从现代化进程来看，从乡土到城市，把城市文明当成文明归宿的中国城市化过程，最后是把乡村消灭掉，出现乡村衰败。现在反思乡村发展，发现城乡融合是很重要的一种发展形态。南海在乡土社会中创造了工业文明和城市文明，南海现代化路径的独特性刚好提供了一个反思乡村发展轨迹的案例。南海不仅最有条件走城乡融合道路，也最有条件为构建中国式现代化城乡融合文明新形态提供县域样本。

当前，南海作为广东省城乡融合发展改革创新实验区，既有深厚的历史积淀和发展基础，也有内在的制度创新动力，更有统筹全区、分布推进的顶层设计安排。南海城乡融合的实验，实际上是在探索城乡发展过程中城乡融合的这个阶段如何符合城乡融合的基本规律，来推动南海的发展。以南海为案例研究城乡融合问题，对南海下一步的发展乃至中国下一步的城乡发展都非常重要。本书研究的主题就是：南海以乡村文明为起点，在现代化发展中以土地制度创新破解城乡二元体制、促进城乡要素对流，推动城乡共生共荣、和谐发展。

本书主体主要包括七部分内容（见图1）。

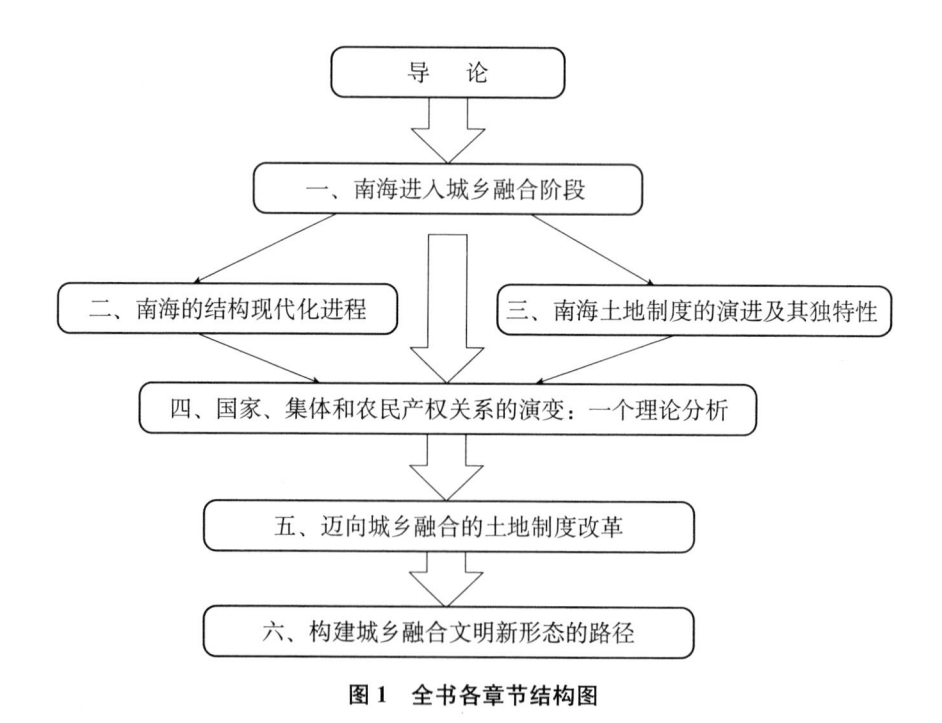

```
                  ┌─────────┐
                  │  导  论  │
                  └────┬────┘
                       ↓
          ┌─────────────────────────┐
          │ 一、南海进入城乡融合阶段 │
          └─────┬──────────────┬────┘
                ↓              ↓
    ┌───────────────────┐  ┌─────────────────────────┐
    │ 二、南海的结构现代化进程 │  │ 三、南海土地制度的演进及其独特性 │
    └─────────┬─────────┘  └──────────┬──────────────┘
              ↓                       ↓
       ┌──────────────────────────────────────┐
       │ 四、国家、集体和农民产权关系的演变：一个理论分析 │
       └──────────────────┬───────────────────┘
                          ↓
             ┌────────────────────────────┐
             │ 五、迈向城乡融合的土地制度改革 │
             └──────────────┬─────────────┘
                            ↓
             ┌────────────────────────────┐
             │ 六、构建城乡融合文明新形态的路径 │
             └────────────────────────────┘
```

图1　全书各章节结构图

导论介绍人类社会和中国从传统乡土文明到城乡融合的现代文明过渡的一般规律；中国从乡土中国到城乡中国的演进，以及南海城乡结构转型的历史进程；南海悠久的岭南文明历史传统、桑基鱼塘的农业模式、发达的乡村手工业和市镇经济基础、改革开放以来乡村工业化的积累等，使得南海乡村文明程度更高、发展基础更好。

第一章从国际理论、国内县域比较和南海发展现状三方面界定南海当前已进入城乡融合的发展新阶段。南海对比国内其他县域城乡关系更和谐、城乡发展差距更小，最有条件打造成为中国式现代化城乡融合文明形态的县域样本。

第二章介绍改革开放以来南海现代化的独特道路，回顾南海工业化、城市化、农业现代化的发展历程及其独特性。在现代化过程中，南海乡村的经济、社会、文化等全面复兴，人、地、村、业的乡村有机系统培育出强大的内生活力，形成有城有乡有工有农的发展格局，这是南海现代化的最大特色。

第三章介绍改革开放45年来南海土地制度的演进历程及其制度安排的独特性。土地是南海经济社会发展的"发动机"，也是集体和村民凭借致富的"金母鸡"。本章主要介绍1978年以来南海土地制度改革创新的主要历程和事实，指出南海改革开放45年来形成了独特的土地制度安排，在促进了城市化、工业化的同时，确保了集体和村民分享土地增值收益的红利。

第四章介绍南海模式的秘密，解释南海独特的土地制度如何促成了其独特的城乡融合的发展模式。南海现代化模式成功的关键是施行了一套从产权保护到产权创新的土地制度，形成了权利开放的体系，村民可以凭借完整的地权参与分享工业化城市化红利，也保障了区域经济的高速增长。土地制度的独特性是南海发展模式独特性的根源。

第五章介绍当前南海土地制度改革面临的困局与改革路径。面向未来，南海要继续坚定推进土地制度改革，调整城乡用地结构布局，推进国有土地和集体土地的同权，构建从以权属为主转向以利益平衡为主的土地利益分配格局，构建统一的建设用地市场等。南海正在推进的全域土地综合整治不是简单的技术上的土地整理，而是涉及城乡空间布局、产业发展模式转型、利益分配调整、乡村有机系统维系、人居环境改善等全方位、持久性的综合改革。改革的目的是构建起能够支撑南海未来城乡融合文明形态的土地制度安排。

第六章介绍南海迈向城乡融合文明新形态的主要方向、路径和政策建议。南海最终要实现的城乡融合文明形态必须是城市要强、乡村也要强，在现代化进程中保持乡村有机系统的整体性和内生活力。

第一章
南海进入城乡融合阶段[①]

改革开放以来,南海始终勇立涛头,是"先行一步"的改革弄潮儿。建立在集体土地上的农村工业化开启了南海模式1.0时代,实现了从"农村南海"向工业社会的转型;2002年撤市并区后[②],园区工业化助推了"城市南海"的跨越式发展,城市功能、要素和产业集聚能力显著提升,开启了南海模式2.0时代。

2010年,南海常住人口城镇化率达到71%,迈过70%的门槛,进入城镇化后期阶段(见专栏1-1),城乡空间、产业、治理、人口等方面均呈现出新的特征,双向互动日益频繁,融合共生成为新常态,概言之,从"城市南海"迈入城乡融合阶段,开启南海模式3.0时代。2021年,南海常住人口城镇化率超过95%,城乡融合仍在紧锣密鼓地推进,有望成为中国式现代化的城乡融合样板。

---

① 本章执笔人:王瑞民,国务院发展研究中心市场经济研究所副研究员;刘守英,中国人民大学经济学院教授。
② 2002年12月8日,撤销南海市,设立南海区,2003年1月8日,南海区正式挂牌成立。

专栏 1-1　　城市化的三个阶段

在漫长的农业社会中，绝大部分人口从事农业，生活在农村。城市依附于农村腹地，主要承担行政、宗教、防御及贸易中心的职能，城市人口仅占总人口的极小比例。18世纪的工业革命及其后的工业化，拉开了现代意义上的城市化进程序幕，成为人类社会最伟大的历史变迁。

美国城市学者诺瑟姆（Ray M. Northam）将城市化历程归纳为一条稍被拉平的S形曲线，于1979年提出了"城市化过程曲线"[①]（见专栏图1）。其以城市化率30%和城市化率70%作为两个关键节点，将城市化历程划分为三个阶段，即城市水平较低、发展较慢的初期阶段（城市化率在30%以下），人口向城市迅速聚集的中期加速阶段（城市化率在30%到70%之间）和进入高度城市化以后城镇人口比重的增长又趋缓慢甚至停滞的后期阶段（城市化率达到70%以上）。

通常而言，在城市化的三个不同阶段，城市化动力、产业结构

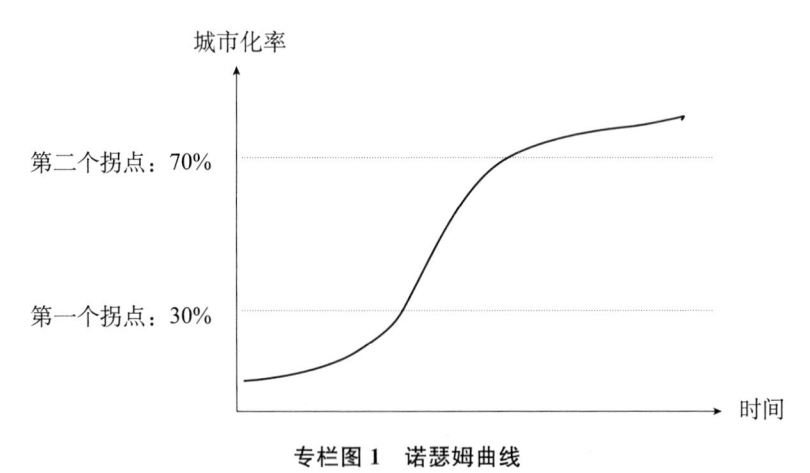

专栏图1　诺瑟姆曲线

---

① 实际上，早在1974年，联合国《城乡人口预测方法》就提出了类似的城市化增长曲线。

以及出现的相应问题也各不相同,如专栏表1所示。城市化进入初期阶段后,工业化不断加速,工业成为经济发展的主要动力,工业占整个经济的比重快速上升,而服务业比重的上升则相对缓慢,甚至徘徊不前。直至城市化加速阶段后半程（城市化率达到50%以上）,随着城市人口聚集程度、分工专业化程度和生产方式复杂化程度的提高,城市居民对各类服务的消费需求、工业部门对服务活动的中间需求不断增加,直接促进了服务业进入快速发展阶段,服务业增加值比重进入持续上升轨道,并逐渐占据经济发展主导地位,城市化进入后期阶段。

专栏表1　城市化三个阶段的特征与问题

城市化阶段		城市化水平与速度	城市化动力	产业结构	问题/趋势
初期阶段		10%～30%,人口缓慢向城市集聚	轻工业发展	农业为主、轻工业为辅	基础设施匮乏,城市人口死亡率甚至超过农村
中期阶段	工业化主导的加速期	30%～50%,人口加速向城市集聚	重化工业发展	重化工业主导	交通拥挤、住房紧张、环境恶化,出现郊区化趋势
	服务业和新兴产业主导的时期	50%～70%,城市人口继续较快增长,但增速有所放缓	生产性服务业和生活服务业	逐渐转向服务业和新兴产业主导	城市基础设施与卫生条件等开始改善,可能出现原有主导产业衰退带来的发展动力不足问题
后期阶段		70%以上,城市人口比重缓慢增长乃至基本稳定	信息化与全球化	服务业、高科技产业主导	—

资料来源:国务院发展研究中心市场经济研究所课题组.新一轮技术革命与中国城市化2020—2050:影响、前景与战略.北京:中国发展出版社,2021.

第一节　城乡融合是城乡转型的一个阶段

城乡融合是城乡转型的一个阶段，其基本特征为：人口在城乡间双向流动的人口融合，土地利用混合性和多样性的空间融合，乡村经济非农化以及城乡产业结构趋同化的经济融合，城乡居民认知和观念差异缩小的价值融合。城乡融合带来城乡研究从城乡二分范式向城乡连续体范式的转变，它将社会视为城乡连续体，通过经济、社会的多维指标对城乡连续体进行划分，以城乡连续体作为分析城乡问题的基本单位，更加强调城乡的联系与融合。

一、告别城乡二分范式

一个几乎无可争议的共识是：城市和乡村之间存在根本差异。[1] 具体表现为：乡村社会的主要职业是耕作，城市社会主要从事制造业、机械业、贸易、商业等非农职业；乡村社会与自然界直接关联，城市世界被钢筋和水泥包围；乡村的社区主要是农场和村社，城市的社区规模更大，且是陌生人社会；乡村社会的人口密度远远低于城市社会；与城市人口群体相比，农村社区的人口更加同质；农村的分化和分层程度要低于城市；人口流动从乡村迁移到城市；在乡村个人关系和相对持久的关系占主导地位，人与人之间的关系比较简单和真诚，城市中个人和群体的互动范围广泛，人与人之间的关系更复杂、也更程式化。[2]

---

[1] Bell, M. M., "The fruit of difference: the rural-urban continuum as a system of identity", *Rural Sociology*, 1992, 57 (01): 65–82.

[2] Sorokin, P. & C. C. Zimmerman, *Principles of Rural-Urban Sociology*, Henry Holt and Company, 1920.

城乡之间的这种明显差异的观念几乎成为经济学、社会学理论的预设。[1] 他们以城乡差异为基础形成城乡二分范式（rural-urban dichotomy）。这一范式将社会划分为城市和乡村两大类，强调城乡的差异和对立以及分类范畴的绝对性，以绝对的标准来衡量城市和乡村。[2] 其主流思想是：城市与乡村在文明形态中代表着相互对立的两极，二者之间存在本质的差别，城与乡各有其独特的利益、组织结构和生活方式，二者的生活方式互为影响，但又决不平等相配。[3] 其将农村的经济活动等同于农业，将城市的经济活动等同于非农业。[4] 城乡二分范式也广泛影响发展实践。在具体实施中，将城市和乡村作为独立的发展实体，政策制定往往按照各自的空间和部门划分，每个实体都制定相互独立的投资和发展规划，城市规划者只专注城市发展，很少涉及农业或农村发展；农村发展规划者却忽视了城市的作用，将农村地区限定为仅包括村庄及其农业用地区域。[5]

城乡二分范式下形成了以城市化为目标的城市主义和充满浪漫主义情怀的乡村主义两种极化的发展观。在以城市化为目标的城市主义下，城市与乡村是对立的，隐含的假设是城镇优于乡村[6]，城市化代表着进步，是人类向文明进化的一个里程碑，城市生活被视为

---

[1] Moore, M., "Political economy and the rural-urban divide, 1767 – 1981", *The Journal of Development Studies*, 1984, 20 (03): 5 – 27.

[2] Spaulding, I. A., "Serendipity and the rural-urban continuum", *Rural Sociology*, 1951, 16 (01): 29.

[3] 沃思. 城市社区研究书目提要//帕克, 伯吉斯, 麦肯齐. 城市社会学：芝加哥学派城市研究文集. 北京：华夏出版社, 1987.

[4] Moore, M., "Political economy and the rural-urban divide, 1767 – 1981", *The Journal of Development Studies*, 1984, 20 (03): 5 – 27.

[5] Tacoli, C., "Bridging the divide: rural-urban interactions and livelihood strategies", 1998 – IIED, 1998, 43 (06): 98 – 101.

[6] Rajagopalan, C., "The rural-urban continuum: a critical evaluation", *Sociological Bulletin*, 1961, 10 (01): 61 – 74.

导致了国家权威和基于复杂社会系统的复杂经济体的产生[1]，现代工业主义和交通运输发展使城市获得了一种超然的地位，几乎所有的社会基础（家庭、学校、教会、权力等）都从城市角度来审视。[2] 这种从城市角度观察社会、发展目标以城市化为主的"城市主义"，认为城市化是一种不可逆的发展趋势，一个国家的发展与转型必须要经历从农业社会过渡到城市社会的过程，从农村到城市的移民是唯一路径，城市治理是现代国家的主要场域。[3] 与城市主义针锋相对的是乡村主义，其反对城市化进程。乡村主义源于城市化进程中出现的一系列社会问题。工业革命期间和之后，城市化快速发展，大量农村人口涌入城市，超过了城市有效管理的承受能力，由此产生了严重的社会、经济和健康问题，催生了反城市化思想。他们将城市化视为破坏性的进程，认为其会导致拥挤不堪、贫民窟以及社会凝聚力崩塌等，必须保护农村免受城市扩张和城市生活方式的侵袭，停止城镇扩展，将建筑限制在明确定义的区域内，在这些区域内进行必要的居民重新安置。[4] 这种理念在城市规划领域体现得淋漓尽致，城市规划者试图用理想化的乡村形象来塑造城镇。[5] 规划运动的奠基者帕特里克·盖迪斯（Patrick Geddes）、雷蒙德·恩温（Raymond Unwin）和帕特里克·阿伯克隆比（Patrick Abercrombie）都曾致力于将城镇与乡村巧妙地分开，使得城市边界内的乡村不受城市扩张的影

---

[1] LeGates, R. T. & F. Stout, *The City Reader*, Routledge, 1996.
[2] Benet, F., "Sociology uncertain: the ideology of the rural-urban continuum", *Comparative Studies in Society & History*, 1963, 6 (01): 1-23.
[3][4] Davoudi, S. & D. Stead, "Urban-rural relationships: an introduction and brief history", *Built Environment*, 2002, 28 (04): 269-277.
[5] Glass, R., "Urban sociology in great britain: a trend report", *Current Sociology*, 1955, 4 (04): 5-19. Golding, S. A. & R. L. Winkler, "Tracking urbanization and exurbs: migration across the rural-urban continuum, 1990-2016", *Population Research and Policy Review*, 2020, 39 (05): 835-859.

响，显著塑造了战后规划体系的正统观念特别是城市遏制原则。[1]

20世纪后半叶，尽管城市与乡村的关系逐渐缓和，但"新城市主义"和"新乡村主义"的分立仍然存在。新城市主义强调在发展城市的同时，注意保护农田和环境敏感地区。[2]虽然新城市主义者对待乡村的态度有所缓和，但核心依然是提倡考虑大型工业部门，鼓励城市生活方式。[3]新乡村主义强调任何正在开发中的农村地区必须植根于周围农业环境的经济、生态和文化系统，土地的主要用途应限于与区域野生动物和栖息地管理区相结合的小规模农业小区内[4]，提倡遵循以农业为基础的发展方法，促进中小型农业发展，承认农村生活方式，保护农业生态系统，认为农民不仅是积极的生产者，也是宝贵遗产的保护者。[5]

随着城市化进程不断向城市以外延展，城市和农村腹地越来越紧密地交织在一起，城乡之间已经发生了各种融合，难以对城市和乡村地区进行明确的界定[6]，城乡二分范式的合理性受到广泛质疑。[7]

首先，难以找到统一的标准精准地定义城市和乡村。传统理论关于城市和乡村研究的前提假设是城市和乡村的分离与对立，寻找

---

[1] Davoudi, S. & D. Stead, "Urban-rural relationships: an introduction and brief history", *Built Environment*, 2002, 28 (04): 269-277.

[2] Ellis, C., "The New Urbanism: critiques and rebuttals", *Journal of Urban Design*, 2002, 7 (03): 261-291.

[3] Azadi, H., et al., "Food systems: New-Ruralism versus New-Urbanism", *Journal of the Science of Food and Agriculture*, 2012, 92 (11): 2224-2226.

[4] Newman, G. & J. Saginor, "Priorities for advancing the concept of New Ruralism", *Sustainability*, 2016, 8 (03): 269.

[5] Azadi, H., et al., "Food systems: New-Ruralism versus New-Urbanism", *Journal of the Science of Food and Agriculture*, 2012, 92 (11): 2224-2226.

[6] Pagliacci, F., "Measuring EU urban-rural continuum through fuzzy logic", *Tijdschrift voor economische en sociale geografie*, 2017, 108.

[7] Spaulding, I. A., "Serendipity and the rural-urban continuum", *Rural Sociology*, 1951, 16 (01): 29.

城市和乡村的科学定义是这一研究的重点和难点。随着城乡融合的发展，区分城市和乡村更加困难。"在联合国有数据的 228 个经济体中，大约有一半使用行政管理定义（例如居住在首都），51 个使用人口的大小和密度定义城市和乡村，39 个使用功能特征（例如经济活动），22 个没有定义城市，8 个定义全部地区为城市地区或没有城市人口"。[1] 达尔利（Dahly）和阿代尔（Adair）关于城乡差异的调查进一步证实了城乡二分法的这种缺陷，他们所研究的 33 个调查区域的城市和农村社区的城市化得分表现出较大程度的重叠，并且类别之间存在明显的异质性，虽然在城市化规模极端情况下的二分法具有相当的准确性，但中间部分的 13 个地区（占样本的 40%）无法明确划分城市或者乡村；而且城乡二分法难以及时发现城乡的变化，一些乡村已经发生了巨大变化，但依然被认定为乡村。[2]

其次，城乡二分法倾向于最大限度地减少农村内部或城市内部存在的显著差异。在城乡二分分析范式下，乡村的特点是如此一致，乡村里每个人接触的人相对于城市更少，人际关系也更为简单，个人关系和相对持久的关系占主导地位，城市则截然相反。但是，城市与乡村的特点也可能出现在乡村内部，城市化水平较高的乡村与落后的乡村的差异与城乡之间的差异有相似之处。城乡二分法忽视了城市内部或乡村内部的这种差异性。[3] 因为没有考虑到城市内部和农村内部的差异，城乡二分范式对人口、社会经济和其他特征的城

---

[1] Vlahov, D. & S. Gale, "Urbanization, urbanicity, and health", *Journal of Urban Health*, 2002, 79 (01): S1 - S12.

[2] Dahly, D. L. & L. S. Adair, "Quantifying the urban environment: a scale measure of urbanicity outperforms the urban-rural dichotomy", *Social Science & Medicine*, 2007, 64 (07): 1407 - 1419.

[3] Gross, N., "Sociological variation in contemporary rural life", *Rural Sociology*, 1948, 13 (03): 256.

乡差异的研究价值是有限的。①

最后，城乡二分法下的两种极化发展观造成了不良后果。城市主义和乡村主义将城市和乡村视为独立的单元，忽视城市与乡村的整体性与连续性，每个单元各自为战，往往造成政策效果大打折扣。"城市主义"要求社会治理和政策制定以满足城市需要为目标，乡村处于从属和被动的地位。在农业农村时代，农村通过提供食物支持城市增长以及通过提供廉价劳动力支持工业增长；在工业乡村时代，农业又被赋予促进社会经济稳定的角色，农业产业化政策是针对其非选择性和对租金的不平衡支持（表现为高土地价值）的无奈之举，而不是对农民的良性行为的支持，诱发了农民和农村社会的老龄化。② 以城市为中心的方法忽略或淡化了与农村健康和福祉密不可分的主题的重要性，包括自然资源开发、粮食系统、气候变化和环境，以及排他性定居或隔离模式等。③ "城市偏见"是当代发展中国家缓慢增长和不平等增长的驱动力④，是不发达国家经济持续增长和减贫的首要障碍。"乡村主义"看到了乡村生活的美好恬静，却忽视了乡村的贫困和歧视问题。农村居民不仅得不到政府的保护，而且一些联邦政策还在农村地区制造或增加了问题。作为一个少数群体，农村居民很少受到立法机构和法院的关注，几乎在每个领域都受到歧

---

① Yuan, D. Y., "The rural-urban continuum: a case study of Taiwan", *Rural Sociology*, 1964, 29 (03): 247.

② Sotte, F., et al., "The evolution of rurality in the experience of the 'Third Italy'", workshop European governance and the problems of peripheral countries (WWWforEurope Project), Vienna: WIFO, 2012.

③ Lichter, D. T. & J. P. Ziliak, "The rural-urban interface: new patterns of spatial interdependence and inequality in America", *The ANNALS of the American Academy of Political and Social Science*, 2017, 672 (01): 6-25.

④ Lipton, M., "Urban bias revisited", *The Journal of Development Studies*, 1984, 20 (03): 139-166. London, B. & D. A. Smith, "Urban bias, dependence, and economic stagnation in noncore nations", *American Sociological Review*, 1988, 454-463.

视。① 而且，外来人口的增加导致了乡村本地房价的上涨，使当地社区无法负担，对当地服务的需求减少，过去为当地人提供就业机会的活动受到威胁。寻找工作机会的当地年轻人往往会迁出农村，导致农村地区的人口结构失衡。这些过程的长期结果是农村社区变得越来越难以维持社会经济和环境。② 虽然许多富裕的城市居民因为乡村美丽的风景而选择居住在乡村地区，通勤到城市工作，但是城乡移民往往具有高度的社会选择性，特别是通过争夺短缺住房的竞争，导致农村逐渐趋于绅士化。③ 城乡二分法对新现象分析的乏力、城市主义和乡村主义两种发展观的冲突与对立，都揭示了城乡发展问题的复杂性，也提出了用新范式看待和分析城乡发展的需求。

二、城乡融合背景下的城乡连续体范式

随着西方发达国家的城乡转型进入城乡融合阶段，社会科学研究者开始尝试用新的范式来分析这种新的形态，他们运用经济、社会的多维指标将其刻画为城乡连续体，并以此作为分析的基本单位，对城乡融合下的各种经济社会问题进行分析。城乡连续体范式抛开简单地将社会划分为城市和乡村两大类的传统范式，揭示城乡融合阶段的特征与发展规律，为认识城乡转型提供了新的视角。

城乡连续体范式认为，一个经济体在进入城乡融合阶段以后，城市社会和乡村社会的互动增强，经济和社会特征不断相互渗透，城市和乡村的区别不仅在于某一地区的居民人口，而且在于人口数量、密度和具有明显异质性的人类交往的模式。随着城乡的不断融

---

① Bassett, D. L., "Ruralism", *Iowa Law Review*, 2003, 88 (02), 273 - 342.
② Davoudi, S. & D. Stead, "Urban-rural relationships: an introduction and brief history", *Built Environment*, 2002, 28 (04): 269 - 277.
③ Phillips, M., "Rural gentrification and the processes of class colonisation", *Journal of Rural Studies*, 1993, 9 (02): 123 - 140.

合，无法按照人口、政治、经济和文化的特征将社会精确地划分为城市社会和乡村社会。"城市"和"乡村"应被视为城乡连续体上的点，而非二分法下的两个独立分割的社会。城乡连续体范式将社会定义为一个城乡融合的连续体，与城乡二分范式存在明显的区别：一是城乡二分范式过于强调城乡之间的对比，而城乡连续体范式则着重理解具有不同程度的城市和乡村特征的地区的发展；二是城乡连续体范式反对城市的主导地位，强调城乡的相互依存性。城乡连续体范式将城市和乡村纳入统一的分析框架，在关注城市、乡村内部差异性的同时，更加强调城乡之间的联系和融合[1]，它不对城市或乡村进行截然对立的划分和单独分析，而是试图理解城乡连续体上不同等级区域出现的经济、政治和社会现象及其存因。代表性的研究有，范·布朗（von Braun）将城乡连续体概念与区域网络理论结合起来，分析城乡连续体上的要素流动。要素在城乡连续体上的流动主要受信息成本、运输成本或政策成本等各种成本的影响。随着这些成本的降低，空间整合将增进，引起农村和城市地区之间的贸易增加，从而提高城乡联系水平。[2]

城乡连续体范式最核心的问题是对城乡连续体范畴的界定。关于城乡连续体的最常用定义由邓肯（Duncan）提出。邓肯认为，在城市和乡村之间不是简单的城乡二分，而是存在一个连续的层次，人类社区沿着这个城乡连续体进行排列，在行为模式上表现出一致的变化。[3] 在完全农村地区和完全城市化地区之间存在一个以连续等

---

[1] Lichter, D. T. & D. L. Brown, "Rural America in an urban society: changing spatial and social boundaries", *Annual Review of Sociology*, 2011, 37 (01): 565 - 592.

[2] Von Braun, J., "Rural-urban linkages for growth, employment, and poverty reduction", International Food Policy Research Institute, Washington, DC, USA. Ethiopian Economic Association Fifth International Conference on the Ethiopian Economy, 2007.

[3] Rajagopalan, C., "The rural-urban continuum: a critical evaluation", *Sociological Bulletin*, 1961, 10 (01): 61 - 74.

级呈现的连续体，所有人类社区都可以根据经验被放置在连续体的某个点上。[①] 城乡连续体的乡村一极按照雷德菲尔德（Redfield）的定义，是"小，孤立，没有文化，同质，具有强烈的群体团结感；生活方式被常规化为文化的连贯系统；行为是传统的，自发的，非批判的和个人的；没有出于智力目的进行实验和反思的立法或习惯；在亲属关系方面，其关系和机构是经验型的，家族是行动的单元；神圣胜过世俗；经济依赖于地位而不是市场"[②]；城市一极由沃思（Wirth）所定义，是"相对较大、密集且永久的异质个体聚居地"。[③] 在城乡连续体范式之前，雷德菲尔德和沃思所定义的城乡社会代表了城乡差异的全部，如今它们仅仅是城乡连续体上的两个端点，完全城市化地区和完全乡村地区之间的部分，就成为城市特征和乡村特征融合的区域，难以用城市或乡村两种标准来进行明确的界定。如何对城乡融合社会进行科学的划分，一直是研究的难点和重点。经济合作与发展组织（OECD）用人口密度对这种形态进行划分，美国统计部门的划分标准则综合考虑了人口密度和地理位置，其他学者的划分标准还包括土地利用、经济发展、社会心理等多项指标。

城乡融合下的城乡连续体范式具有重要的政策含义。首先，城乡连续体范式与城乡融合阶段具有更高的适配性。由于这一范式认识到大部分地区兼具城市特征和乡村特征，区别在于各类特征程度上的差异，这样就避免了城乡二分范式针对城市或乡村地区涉及的

---

① Yuan, D. Y., "The rural-urban continuum: a case study of Taiwan", *Rural Sociology*, 1964, 29 (03): 247.

② Redfield, R., "The folk society", *American Journal of Sociology*, 1947, 52 (04): 293–308.

③ Wirth, L., "Urbanism as a way of life", *American Journal of Sociology*, 1938, 44 (01): 1–24.

政策走向中心城市或偏狭村庄的两个极端[①]，其次，城乡连续体范式修正了以城市化为导向的发展战略。费希尔和韦伯（Fisher and Weber，2004）对美国城乡连续体资产贫困的研究表明，在其他条件相同的情况下，生活在中心大都市县和非大都市地区的居民都将面临更高的资产贫困风险。[②] 雷奎纳（Requena，2016）利用城乡连续体范式对欧洲29个国家生活幸福感的研究表明，在较富裕的国家，生活在农村比生活在城市能创造更高水平的主观幸福感，从不太富裕的国家所特有的城乡二元对立向富裕国家连续统一体过渡的国家，主观幸福感会增加。[③] 蒂德等（Thiede et al.，2020）对1970—2016年美国城乡连续体收入不平等的研究表明，大都市区内中心县收入不平等的急剧增加与边缘县的缓慢增长形成鲜明对比。[④] 这些研究的结果都表明，城市发展并不一定优于乡村地区，单纯依靠城市化不能解决发展中的所有问题。最后，以城乡连续体范式为依据的乡村发展政策不仅仅是农业发展政策，而且是关于整个乡村的综合发展政策。以OECD为例，OECD的农村发展政策强调，支持城市和农村地区之间的相互依存和合作，利用农村和城市地区之间的空间连续性和功能关系为公共投资和方案设计提供信息，实施联合战略促进双赢的城乡伙伴关系，以实现综合发展。[⑤]

[①] Pateman, T., "Rural and urban areas: comparing lives using rural/urban classifications", *Regional Trends*, 2011, 43（01）: 11-86.

[②] Fisher, M. & B. A. Weber, "Does economic vulnerability depend on place of residence? asset poverty across the rural-urban continuum", Oregon State University, Rural Poverty Research Center (RPRC), 2004.

[③] Requena, F., "Rural-urban living and level of economic development as factors in subjective well-being", *Social Indicators Research*, 2016, 128（02）: 693-708.

[④] Thiede, B. C., et al., "Income inequality across the rural-urban continuum in the United States, 1970-2016", *Rural Sociology*, 2020, 85（04）: 899-937.

[⑤] OECD, "Declaration on policies for building better futures for regions, cities and rural areas", OECD, 2019.

三、城乡融合阶段的主要特征

从传统乡村社会向现代城市社会转型的过程常被概括为城市化过程。按照诺瑟姆曲线描述的城市化进程，城乡转型被划分为三个阶段，分别是：城市化起步阶段，城市化率低于30%，经济活动以农业为主；城市化加速阶段，城市化率从30%增长到50%～70%，农业在国民经济中的比重大幅度下降，社会经济活动以第二产业和第三产业为主；城市化成熟阶段，城市化率超过70%，并在达到80%左右时趋于稳定。在城市化成熟阶段，西方国家出现了郊区化、逆城市化和远郊化的现象，即人口和经济活动向城市外围郊区、远郊、小城镇和乡村迁移的现象。郊区化、逆城市化和远郊化的阶段实际上就是城乡融合的阶段，本质上是城市化达到一定水平以后，人口、资本等要素在城乡之间重新配置，城乡经济、社会结构表现出与快速城市化阶段明显不同的特征，即城乡融合。

首先是人口和经济活动由单向集聚于城市转变为城乡双向扩散。在郊区化阶段，人口、企业和工作场所不断从更密集的地方向更不密集的地方移动，从中心向偏远的地方移动。郊区化不仅包括人口从城市中心向郊区或远郊乡村迁移，也伴随着经济活动向城市外围郊区乡村的扩散，即人口和经济的双重外溢。郊区化之后的逆城市化和再城市化表现为人口和经济活动向更偏远的小城市和远郊的扩散，远郊化不是郊区扩张的延续，而是非大都市（乡村地区）的增长。逆城市化和远郊化的出现，再次证明了城乡转型不是一个单向的过程。虽然近年来出现了再城市化的现象，但没有证据证明郊区在人口增长方面会输给中心城市，却有证据证明部分国家在城市中心人口复苏的同时，郊区的人口并未减少，郊区的人口增长仍然高于城市。① 所谓的"再城市化"现象并没有成为发达经济体城市体系的显著特征,关于这一兴起于20世纪80年代的中心城市复兴会在多大程度上引起西方城市形式的根本变化,还未有定论。②

其次,城市之外的郊区、小城镇和乡村的发展。在郊区化、逆城市化和远郊化阶段,随着要素在城乡之间的互动,中心城区以外的郊区、小城镇和乡村获得了发展。二战以后,欧洲国家的农村地区经历了三次重大的发展转变,二战后到20世纪五六十年代,在大多数欧洲国家,以农业生产为主要经济活动是农村地区与城市地区的主要区别;20世纪70—90年代,欧洲部分"农业乡村"被"工业乡村"所取代,农业产业化是当时农业政策的主要目标;21世纪以后,技术进步减少了农村地区的传统弊病,出现了农业部门以外的人居住在农村地区的新倾向,农村地区出现了一系列新的特征:农业和工业让位于服务业、社会设施和自然设施的融合、农村地区和城市地区的融合、本地市场和全球市场的融合。③ 乡村不仅是食物的重要生产地,同时也是提供公共品的重要场所。美国许多农村地区如海洋和山区度假区、退休社区、文化或历史遗址、国家公园和休闲区等已经成为消费的场所,农村商品和服务主要面向与城市和大城市有密切联系的人群,而且消费比例非常之高。以便利设施为基础的农村经济吸引了移民,这些移民提高了人力资本,为振兴当地社区组织和公民文化提供了助力。④

---

① Rerat, P., "The new demographic growth of cities: the case of reurbanisation in Switzerland", *Urban Studies*, 2012, 49 (05): 1107-1125.

② Champion, T., "Urbanization, suburbanization, counterurbanization and reurbanization"//Ronan Paddison (ed.), *Handbook of Urban Studies*, SAGE, 2001.

③ Sotte, F., et al., "The evolution of rurality in the experience of the 'Third Italy'", workshop European governance and the problems of peripheral countries (WWWforEurope Project), Vienna: WIFO, 2012.

④ Brown, D. L. & N. Glasgow, *Rural Retirement Migration*, Springer Science & Business Media, 2008.

再次，郊区、小城镇和远郊乡村发展的结果是城乡边界模糊，实现从城乡分割的社会向城乡连续体的转变。OECD（1979）指出，城市地区的经济增长和实际扩张的影响并不局限于城市边界内，而是能够延伸到城市周围更广阔的区域，形成保留农村特点的"城市边缘区"。[1] 在"城市边缘区"或"郊区"，交通系统的变革使越来越多的人住在远离城市的地方，却仍然与城市保持密切联系，人口和经济活动不断扩散到郊区，城市与乡村的边界变得难以区分。郊区处于城市和乡村之间，不再是传统的农村，它履行了打破城市中心和农村腹地对立关系的重要功能。正如城市和郊区的分界线越来越模糊一样，郊区和远处的农村也很难划清界限，城市、郊区与乡村逐渐融为一体。[2] 这种"郊区化"超越了区分城市与农村或大都市与非大都市地区的传统地理分类方案，郊区是一种"混合空间，其中农村和城市的价值、文化和景观已经融合"。[3]

最后，城乡居民的观念和认知差异逐渐缩小。涉及政府经济活动、劳工事务、国家关系、各种公共问题以及个人信仰和满意度问题的民意调查结果显示，农村人口的回答与其他社会群体的回答是重叠的。[4] 在政治观念上，城乡连续体上各定居点的居民也表现出连续性，虽有城乡差异，但这种政治观念的城乡差异的"临界点"实际上发生在小型都市圈的郊区，那里的居民在保守意识形态和对政

---

[1] Iaquinta, D. L. & A. W. Drescher, "Defining the peri-urban: rural-urban linkages and institutional connections", *Land Reform*, 2000 (02): 8-27.

[2] Rajagopalan, C., "The rural-urban continuum: a critical evaluation", *Sociological Bulletin*, 1961, 10 (01): 61-74.

[3] Woods, M., "Rural geography: blurring boundaries and making connections", *Urban Insight*, 2019, 33 (06): 849-858.

[4] Beers, H. W., "Rural-urban differences: some evidence from public opinion polls", *Rural Sociology*, 1953, 18 (01): 1-11.

党的立场上与农村居民非常相似。① 在环境问题上,与所有农村受访者相比,城市受访者并不总是表现出对环境的最大关注;城乡居民对环境问题态度的差异并不是由城乡居住地的差异导致的,更多的是由土地所有权和农业职业决定的。②

城乡融合阶段呈现的典型特征有:

(1)人口融合。城乡融合阶段的人口流动趋势与城乡二分时代有着明显的不同,城市中心不再是人口迁移唯一的目的地,广阔的城市郊区和农村地区是人口迁移的新方向,居住在郊区、通勤在城市中心是大都市生活的常态。一是郊区人口持续增长。1930年以后,美国大都市中心城区长期属于人口净迁出区,郊区长期属于人口净迁入地区。2019—2020年,都市核心区净流失了250万人,但郊区却净流入259.5万人。③ 在英国,1965年城市集中水平为33%,1990年下降至26%。④ 二是大量人口迁移到乡村地区。20世纪70年代以后,美国乡村也吸引了大量人口迁入,2019—2020年,95.6万人迁入都市区,86.1万人迁入乡村地区。⑤ 近年来,迁入英国乡村地区的人口也不断增加,2011年44 100人迁入主要乡村地区,2019年96 700人迁入英国主要乡村地区。⑥ 结果是,美国和英国有相当比例的人口分布在郊区和乡村地区,尤其是美国。2010年,仅有29.30%的人口分布在中心城市,郊区人口占比过半,达到54.10%,

---

① Scala, D. J. & K. M. Johnson, "Political polarization along the rural-urban continuum? the geography of the presidential vote, 2000–2016", *The ANNALS of the American Academy of Political and Social Science*, 2017, 672(01): 162–184.

② Williams, Jr., J. A. & H. A. Moore, "The rural-urban continuum and environmental concerns", *Great Plains Research*, 1991, 195–214.

③ 数据来源:美国人口普查数据。

④ 数据来源:World Bank (1992). *World Development Report*, 1992. New York: Oxford University Press, Table 31。

⑤ 数据来源:根据美国人口普查数据整理得到。

⑥ 数据来源:ONS, Annual Internal Migration Within the United Kingdom。

乡村人口也有 16.60%。① 2019 年，73.56% 的英国人居住在主要城市地区，22.60% 的人居住在郊区和小城镇，3.84% 的人居住在乡村地区。②

郊区和乡村地区对人口的吸引力主要表现在三方面：一是优美的自然环境、广阔的开放土地和相对低廉的房价对人口的吸引力，便利的交通打破了郊区与城市中心劳动力市场和社会服务的空间障碍，解决了在郊区生活的后顾之忧。二是经济机会的提供。农村地区的农业加工、石油和天然气生产以及其他部门提出了对低技能劳动力的需求。③ 三是不输于城市的设施建设。人口迁移受到自然设施和生活设施的双重影响，郊区在接受城市影响的过程中，其基础设施建设已经足以媲美城市地区，部分大都市区郊区的基础设施甚至优于城市。④

（2）经济融合。一是城乡产业结构差异缩小。城乡高度融合的农村地区，产业结构特征与城市地区日益趋同，农业占比较小，而制造业、服务业等非农产业在城市地区和乡村地区均占据重要地位。2019 年，美国非都市区就业岗位中，农业仅占 1.56%；服务业成为主导产业，占比高达 37.34%；制造业占比 11.47%；零售业占比 11.05%；金融、保险和房地产业占比 7.42%。⑤ 英国的城市地区和

---

① 数据来源：根据 Gibson, Campbell, "American Demographic History Chartbook: 1790 to 2000"（2010）及世界银行人口数据整理得到。

② 数据来源：根据欧盟统计局数据整理得到。

③ Kandel, W. & E. A. Parrad, "Restructuring of the US meat processing industry and new Hispanic migrant destinations", *Population and Development Review*, 2005, 31 (03): 447 - 471.

④ Partridge, M. D., "The duelling models: NEG vs amenity migration in explaining US engines of growth", *Papers in Regional Science*, 2010, 89 (03): 513 - 536. Chi, G. & D. W. Marcouiller, "Natural amenities and their effects on migration along the urban-rural continuum", *The Annals of Regional Science*, 2013, 50 (03): 861 - 883.

⑤ 数据来源：根据 Bureau of Economic Analysis 数据整理得到。

乡村地区的产业结构相似度很高,从产业结构上已经难以辨别区域的城乡属性。2020年,英国建造业的乡村家庭工作者占比13.04%,城市地区占比11.75%;教育、健康和社会工作的乡村家庭工作者占比11.83%,城市地区占比15.72%;住宿和餐饮服务活动的乡村家庭工作者占比2.69%,城市地区占比1.33%;信息与通信业的乡村家庭工作者占比7.00%,城市地区占比10.84%。[1]

二是郊区和乡村在国民经济中占据不小的比重。伴随着居住人口不断迁移到郊区和乡村,郊区和乡村地区的经济活动也不断增加。20世纪50年代,美国75%的就业和57%的居民分布在中心城区,20世纪60年代,中心城区的居民减少到49%,就业减少到63%,到1990年,中心城区的居民减少到37%,就业减少到45%。[2] 2019年,美国有36%的就业分布在中心城区,51%分布在郊区,12%分布在乡村地区。[3] 在英国,2019年15.3%的总增加值(GVA)分布在主要乡村地区,12.5%分布在有显著乡村的城市地区,44.7%分布在主要城市地区(不含伦敦),27.5%分布在伦敦。[4]

三是城乡收入差距缩小。美国都市区居民的人均收入水平略高于非都市区,近50年来,美国城乡居民收入差距不断波动,但始终低于1.5倍。2019年,美国都市区居民人均收入为58 650美元,非都市区居民人均收入为43 025美元,都市区居民人均收入是非都市区的1.36倍。[5] 英国城乡居民的收入差距更小,近10年来始终低于

---

[1] 数据来源:ONS, Digest supplementary datatables, rural economy, Worksheet 7: Percentage and numbers of home workers, by industry and rural-urban classification, England, 2020。

[2] Mieszkowski, P. & E. S. Mills, "The causes of metropolitan suburbanization", *Journal of Economic Perspectives*, 1993, 7 (03): 135–147.

[3] 数据来源:根据 Bureau of Economic Analysis 数据整理得到。

[4] 数据来源:ONS, Digest supplementary datatables, rural economy。

[5] 数据来源:Bureau of Economic Analysis, CAINC30 Economic Profile, Per capita personal income。

1.10倍。2019年，英国主要乡村地区居民年收入为22 500英镑，主要城市地区居民年收入为24 300英镑，城乡居民收入比仅为1.08。[①] 此外，从收入增长情况来看，乡村居民的收入增长率快于城市地区。2019年，美国都市区居民人均收入较上年增加了3.42%，非都市区居民人均收入的增长幅度略高于都市区，为3.53%。2019年，英国主要乡村地区的居民收入较2009年增长了17.19%，主要城市地区的居民收入较2009年增长了16.27%。

四是生活水平差距缩小。在低发展水平的经济体中，城市和乡村在收入、教育和职业结构等方面存在巨大差距，因此，尽管存在着污染、拥挤等重要的城市问题，人们对城市生活的满意度仍大大高于农村；但在高发展水平经济体中，城乡在经济方面的差异趋于消失，人们对农村地区的生活满意度接近或超过城市。[②] 通过对欧盟各经济体收入和生活水平的考察发现，欧盟最富裕的国家没有显示出明显的城乡差异，而在东部和南部较贫穷的国家，农村地区感知的福利和生活质量水平要低得多，即便如此，城乡主观幸福感并没有显著差异。[③]

(3) 空间融合。一是土地利用。在城乡连续体的城乡交汇处，土地利用多样而混合，形成了一套乡村、城市和自然融合共生的土地利用系统。[④] 以欧洲为例，欧洲的大部分实际空间不符合典型的"城市-农村"类型，属于一种"中间领土"（territories-in-between,

---

[①] 基于工作场所的年总收入中位数（当前英镑价格），数据来源：ONS, Digest supplementary datatables, rural economy, Worksheet 4: Workplace based median gross annual earnings (current prices £), England, 2009 to 2020。

[②] Easterlin, R. A., et al., "The impact of modern economic growth on urban-rural differences in subjective well-being", *World Development*, 2011, 39 (12): 2187 – 2198.

[③] Shucksmith, M., et al., "Urban-rural differences in quality of life across the European Union", *Regional Studies*, 2009, 43 (10): 1275 – 1289.

[④] Allen, A., "Environmental planning and management of the peri-urban interface: perspectives on an emerging field", *Environment and Urbanization*, 2003, 15 (01): 135 – 148.

TiB），城市和乡村的特征相互交织，是一种典型的城乡连续体。[1] 在欧洲这种城乡混合发展的过程中，土地覆盖变化最为明显，然后是社会经济变化、土地使用变化、规划过程变化、土地管理变化和环境变化。[2] 在变化的过程中，土地用途的改变往往是循序渐进的，大多数土地用途的变化以小规模增长的形式出现，而不是大规模农村土地突然变成城市土地。[3] 还有部分土地在官方数据上依旧保持着"农业用地"的记录，但实际用途已经变成多功能的半城市化地区，由一些业余农民在这些过去作为专职农民的生产用地的空地上开展新的经济活动。[4]

二是出现了明显的城乡连续体空间形态。在城乡融合阶段，西方发达国家对社会进行重新分类，虽然标准不同，但都以城乡连续体特征为分类依据。美国统计部门最新公布的城乡连续体代码（2013）[5]根据人口规模和与都市区的距离将美国的县划分为都市县和非都市县两大类，共9小类。其中，都市县包括中心城区和郊区两大类，非都市县则主要指小城镇和乡村地区。英国将整个社会空间划分为6大类，分别是主要是农村（农村人口占比大于80%）、大乡村（农村人口占比50%~79%）、有显著乡村区域的城市（农村人口占比26%~49%）、有城市和镇的城市、小城市群、大都市城市。其中，主要是农村和大乡村又可以统称为主要乡村地区，有城市和

---

[1] Wandl, D. A., et al., "Beyond urban-rural classifications: characterising and mapping territories-in-between across Europe", *Landscape & Urban Planning*, 2014, 130: 50-63.

[2] Shaw, B. J., et al., "The peri-urbanization of Europe: a systematic review of a multi-faceted process", *Landscape and Urban Planning*, 2020, 196: 1-11.

[3] Van Vliet, J., et al., "Beyond the urban-rural dichotomy: towards a more nuanced analysis of changes in built-up land", *Computers, Environment and Urban Systems*, 2019, 74: 41-49.

[4] Bomans, K., et al., "Underrated transformations in the open space: the case of an urbanized and multifunctional area", *Landscape and Urban Planning*, 2010, 94 (03-04): 196-205.

[5] 资料来源：U. S. Department of Agriculture, https://www.ers.usda.gov/data-products/rural-urban-continuum-codes/。

镇的城市、小城市群和大都市城市可以统称为主要城市地区。①

第二节 构筑城乡融合新形态

进入城市化3.0版本，即迈入城乡融合阶段后，南海人口呈现持续净流入态势下的城乡双向融合，城乡空间上呈现全域重塑与土地连片利用趋势，城乡产业共生共荣，数字治理助推城乡治理融合。

一、人口：持续净流入态势下城乡双向融合

人口融合是城乡融合的重要表征。南海的总人口呈现持续流入的态势，年轻人的涌入使得南海的老龄化程度得以放缓。南海城镇化率超过95%，城乡人口比重已经达到相对稳定的状态，双向融合日趋频繁，家庭规模、生活方式和观念也趋于融合。

（一）总人口呈现持续净流入态势、老龄化程度较低

根据"七普"数据，截至2020年11月，南海常住人口为366.7万人②，位居佛山市各区第一，比2010年"六普"时增加107.8万人，年均增长率达到3.5%，呈现出持续净流入态势，人口密度也达到3 400人/平方公里，高于佛山2 501人/平方公里的平均水平，也高于除深圳、东莞外的粤港澳大湾区其他九个地市的人口密度水平（见图1-1）。

与21世纪头10年相比，年均人口净流入速度提升了0.8个百

---

① 资料来源：Department for Environment Food & Rural Affairs, Statistical Digest of Rural England January 2019 Edition.
② 南海户籍人口为165.9万人。另根据2020年南海区常住人口、户籍人口、流动人口（含居住半年以下）、南海区移动手机信令数据及其市场配额等数据，估算2020年南海区现状实际管理服务人口约440万人。

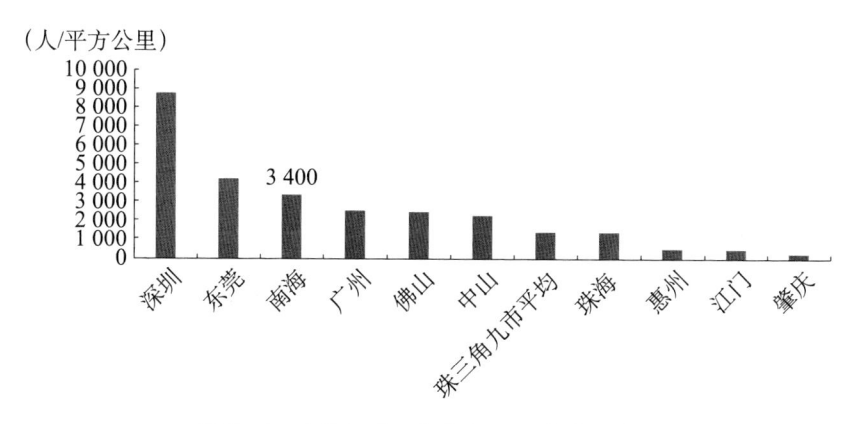

图 1-1 南海与珠三角九市 2020 年人口密度

资料来源：各城市统计年鉴、"七普"统计公报。

分点（见图 1-2），反映出南海城乡融合发展成效卓著，人口吸引力持续增加（见专栏 1-2）。

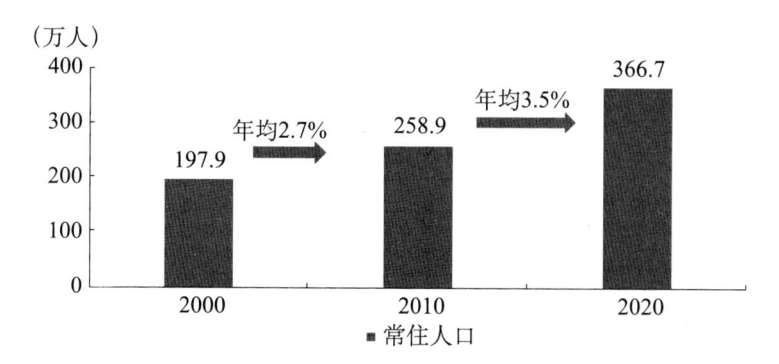

图 1-2 南海常住人口总量及年均增速

资料来源：南海统计局。

专栏 1-2　　　　　　　　南海的人口增长

自 1992 年南海市人民政府挂牌（2002 年撤市设区，并将南庄镇划入禅城区）以来，南海区人口发展共经历了 4 个阶段，人口增长具有显著的阶段性特征。

第一阶段（1992—2000 年）：流动人口大量涌入；常住人口增加

迅速，增长方式以半年以上流动人口的增长为主，而户籍人口增长缓慢，非户籍与户籍人口比由1.23增长至1.8。这一阶段南海区常住人口从1992年的111.57万人增加到2000年的198万人，净增加86.43万人。其中：户籍人口仅增加约11万人，占新增总人口的14.2%；半年以上流动人口增加66.9万人，年均增长率为14.55%。这一阶段是南海区工业经济的初始发展和快速扩张阶段，形成了以劳动密集型企业为主的工业格局，大量的"三来一补"加工企业、传统港资台资和外资企业在南海投资设厂，工业经济的增长很大程度上依赖劳动力的投入；快速增长的经济吸纳了大量的外来务工人员，成为南海区常住人口增长的主要因素。

第二阶段（2000—2005年）：流动人口增速有所放缓，户籍人口增长缓慢，常住人口规模持续增长但增速较低。这一阶段南海区常住人口从2000年的198万人（包含南庄镇约16万人）增加到2005年的201.87万人（不含南庄镇），户籍人口由108.5万人（包含南庄镇约7万人）增长到112万人（不含南庄镇），常住人口增长主要通过户籍人口增长体现。这一阶段南海区产业结构开始逐步优化，随着土地空间的限制和劳动力成本上升压力的不断加大，高新技术产业在工业经济中的比重逐渐增大。

第三阶段（2005—2015年）：常住人口快速增长后逐渐趋于稳定，户籍人口增长明显放缓，10年间常住人口增长了119.84万人；户籍人口增长了约16万人。2002年，南海市撤市设区，基础设施投入增加，这一阶段也是南海区房地产业迅猛发展的阶段。经济增长模式的转变和房地产业的迅猛发展促进了南海区人口结构的优化和增长结构的变化。

第四阶段（2015年以来）：常住人口增速开始放缓，户籍人口增速显著提高。2016—2020年，常住人口增加约46万人，户籍人口增长约37.85万人，户籍人口增速快速提升。2016年以来，受逐步放宽入户条件政策影响，南海区户籍人口增速显著，全面二孩政策、三孩政策等人口政策也刺激了南海区的生育意愿，进一步促进了户籍人口的增长，但随着2020年以来佛山市入户政策的调整，南海区入户人口将会回落。

资料来源：佛山市南海区人口发展规划（2021—2030年）.

人口的持续净流入提升了南海的人力资本状况，也为南海城乡融合发展注入了源源不断的新鲜活力，城乡融合发展与人口净流入红利形成良性互动的关系。2020年，南海大学（大专及以上）学历人口达到57.9万人，比2010年增加35万人；高中（含中专）学历人口达到76.3万人，比2010年增加30万人（见图1-3）。10年间南海高中以上学历人口增加了65万人，在增量人口中的占比超过六成，人力资本状况的改善较好地匹配并支撑了南海城乡产业的转型升级与融合发展。

分镇街来看，南海七个镇街均呈现人口净流入态势（见图1-4）。其中，狮山常住人口达到95.5万人，抵近百万人口大关，较2010年增加52.2万人；大沥、桂城的人口净流入量也接近20万人；常

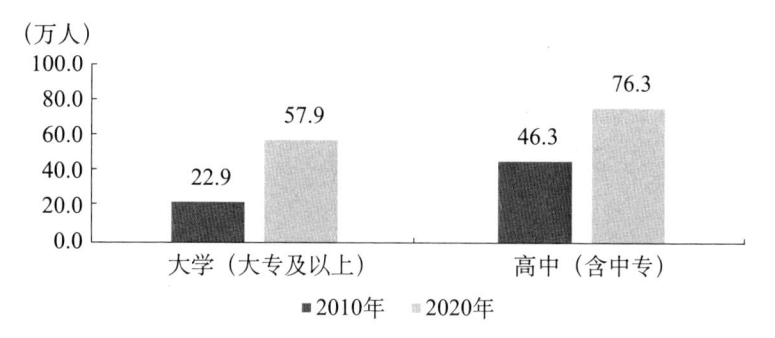

图1-3 南海常住人口中大学与高中学历人口数量

资料来源：南海统计局。

住人口最少的九江也有 21.8 万人，抵得上半个中等县[①]的人口规模。人口分布总体上呈现东多西少的格局，东部毗邻广州，集聚程度较高。

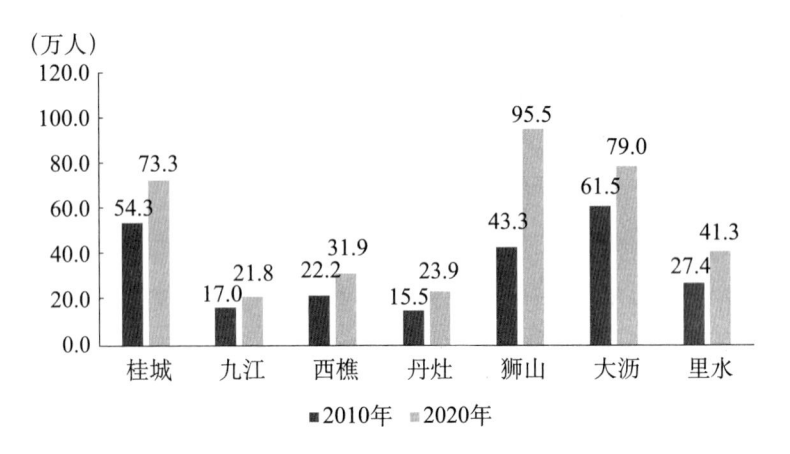

图 1-4 分镇街常住人口情况

（万人）

镇街	2010年	2020年
桂城	54.3	73.3
九江	17.0	21.8
西樵	22.2	31.9
丹灶	15.5	23.9
狮山	43.3	95.5
大沥	61.5	79.0
里水	27.4	41.3

注：原罗村街道 2013 年划入狮山镇，因此 2010 年狮山镇数据未包含罗村街道数据。
资料来源：南海统计局。

值得注意的是，得益于年轻人口的持续净流入，南海人口老龄化程度较低，迈入城乡融合阶段的南海仍然是年轻的南海。2020 年，南海 60 岁以上人口占比为 9.7%，比佛山全市低 0.8 个百分点，比广东省低 2.6 个百分点，比全国平均水平低 9 个百分点（见图 1-5）。仅就户籍人口而言，南海在 20 世纪 90 年代就开始步入老龄化社会，2020 年户籍人口中 65 岁以上人口占比达到 11.8%，但常住人口中这一比例仅为 6.8%，这是因为常住人口由于有大量青壮年劳动力流入而减缓了人口老龄化过程。

（二）城乡人口比重相对稳定，双向融合日趋频繁

2020 年，南海城镇化率达到 96.0%，反映出南海城乡人口比重

---

① 我国 2 800 多个县级行政区平均人口为 50 万左右，一般把人口规模在 40 万~70 万的县称为中等县。

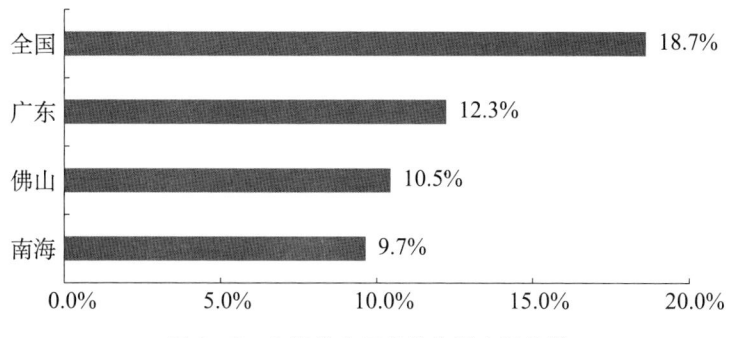

图 1-5 南海的人口老龄化程度及比较

资料来源：各层级统计局。

进入相对稳定的阶段。这恰恰是城乡融合阶段的一个典型特征，人口从快速城市化阶段的农村向城市转移演变为城乡双向互动与融合，乡村人口占比下降到一个较低但相对稳定的比重，但乡村的独特价值日益凸显，成为城市人口向往之地。

横向比较来看，南海与顺德的城镇化率接近且都超过95%，这与佛山2010年起大力推行"村改居"有关。其他百强县市区的城镇化率也普遍超过70%（见图1-6）。

分镇街来看（见图1-7），桂城、大沥已经全域城市化，九江也

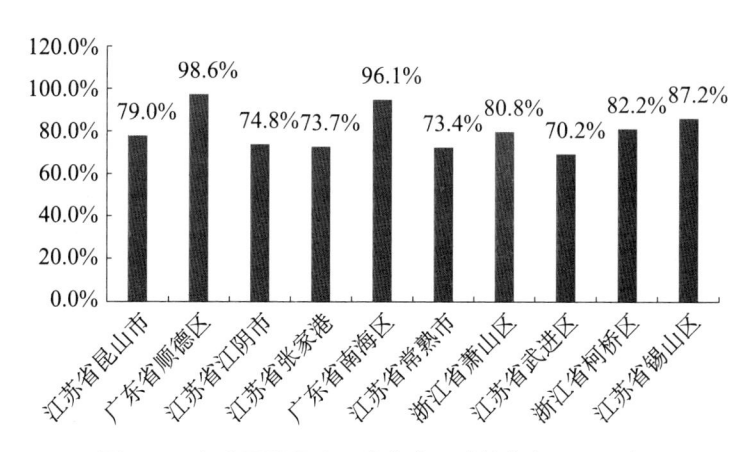

图 1-6 部分百强县市区常住人口城镇化率（2020年）

资料来源：各地"七普"公报、笔者整理。

只有 0.3 万乡村人口；乡村人口主要集中在狮山（5.8 万）、丹灶（3 万）、西樵（2.9 万）、里水（2.5 万）。

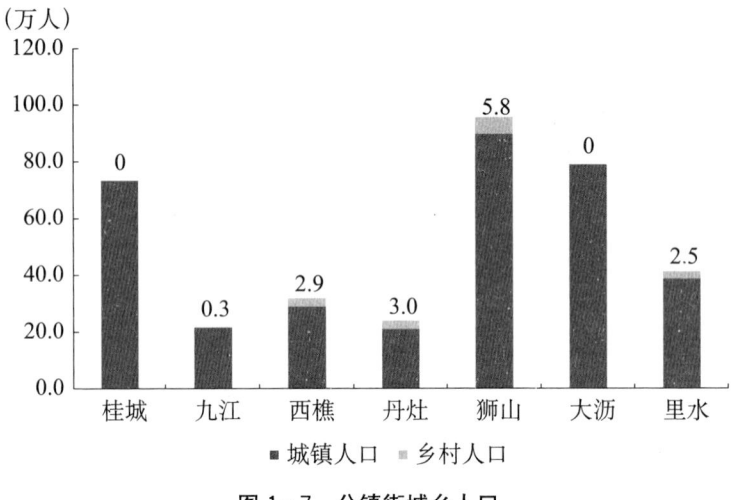

图 1-7 分镇街城乡人口

资料来源：南海统计局。

城乡收入差距是人口流动的重要驱动因素，南海城乡收入差距明显缩小成为南海城乡双向融合的重要条件。2021 年，南海城镇居民人均可支配收入为 63 840 元，增长率为 10.0%；农村居民人均可支配收入为 43 536 元，增长率为 10.9%，城乡收入差距为 1.46∶1，农村居民的收入增速还略快于城镇居民。比较来看，南海的城乡收入差距略低于佛山全市 1.7∶1 的水平，显著低于广东和全国 2.5∶1 的水平（见表 1-1）。其中，南海城镇居民人均可支配收入为佛山的 1.01 倍，而农村居民人均可支配收入为佛山的 1.18 倍。

表 1-1　南海城乡收入差距及比较（2021 年）

地域	人均可支配收入（元）		城乡收入差距
	城镇居民	农村居民	
南海	63 840	43 636	1.46∶1
佛山	62 942	37 067	1.7∶1

续表

地域	人均可支配收入（元）		城乡收入差距
	城镇居民	农村居民	
广东	54 854	22 306	2.46∶1
全国	47 412	18 931	2.5∶1

资料来源：全国、广东、佛山、南海相应的统计公报（2021年）。

（三）家庭人口规模持续下降，城乡人口观念与生活方式日益融合

城乡融合不仅是要素和产业的融合，更是城乡居民生活方式的融合。家庭人口规模是城乡人口观念和生活方式的重要折射。2020年，南海常住人口中家庭户的户均人口为2.39人，分别比2010年和2000年下降0.47人和0.74人，反映出南海城乡人口流动日趋频繁、城乡家庭观念和生活方式日益融合。随着住房条件的改善，城乡年轻人婚后多独立居住，生活方式日益简约，核心家庭成为主流，一人户、二人户也显著增加。

二、空间：全域重塑与土地连片利用

南海1.0模式下集体土地上的农村工业化与南海2.0模式下的园区工业化，在带来阶段性经济高速增长的同时，也形塑了南海城乡连续体错乱混搭的空间形态，呈现出"城不城、乡不乡"的特征（见专栏1-3）。从空间构成来看，城镇空间占比19.3%，包括住宅用地、商业服务设施用地、公共服务设施用地等，集中分布于大沥镇、桂城街道；产业空间占比30.6%，主要为村级工业园、其他产业平台；农业空间占比18.8%，包括耕地、园地、村庄等，主要集中分布于九江镇、西樵镇、丹灶镇、狮山镇、里水镇；生态空间占比31.3%，包括水、林、草等，呈现一山三江多点的分布格局。城市化快速发展进程中产业与城镇建设空间扩张迅速，不断挤压农业和生态的发展空间，不少生态空间及农业空间被建设用地分隔，失

去空间上的联络，开敞空间疏密无序。

总体来看，已经步入城乡融合阶段的南海，"城"的味道还不够浓，城市中心功能偏弱，对乡村的辐射带动能力不足；"乡"的味道也不淳厚，乡村建设长期处在自发状态，缺乏规划引导，空间利用中的负外部性不能得到有效规制，土地利用碎片化，效率偏低，岭南水乡的"田园味"也未能得到充分展现。

专栏 1-3　　南海空间构成与土地碎片化

1. 现状耕地与耕地保有量"倒挂"、稳定耕地与原永久基本农田保护目标"倒挂"。近年南海区耕地面积不断下降，分布零散，因为划定不实、建设占用及农业结构调整导致耕地实际利用的非农化非粮化问题突出，整改难度大，耕地保护形势相当严峻。南海 2020 年土地利用变更调查数据显示，南海区耕地面积为 6 115.200 1 公顷，根据土地利用总体规划调整完善版成果，2020 年耕地保量（含可调整地类）为 12 300 公顷，耕保任务"倒挂"。全区稳定耕地面积为 4 954.180 0 公顷，2017 年划定永久基本农田面积为 10 950.767 6 公顷（其中耕地面积为 5 590.535 0 公顷，可调整地类面积为 5 360.232 6 公顷），稳定耕地面积与原永久基本农田保护目标"倒挂"。

2. 耕地和永久基本农田碎片化问题突出。全区耕地面积为 6 115.200 1 公顷，图斑总个数为 4 928，平均地块面积为 18.613 6 亩；5 亩以下图斑个数为 2 787 个，占图斑总个数的 56.55%，碎片化问题较为严重。按照部省级三区三线划定思路，对比 2017 年永久基本农田成果，永久基本农田碎片化问题更加突出，永久基本农田围城现象明显。

3. 土地开发强度大，土地利用低效。经过多年的开发建设，南海区土地开发强度已达 52%，高于国际公认的 30% 土地开发利用强度警戒线。全区经济体量大，但人均 GDP 仅为 8.66 万元/人，是佛山市最低的；地均产出仅为 2.94 亿元/平方公里，低于禅城区与顺德区。

4. 村级工业园规模大、产业形态低端。现状工业用地规模为 20 675.2 326 公顷，占建设用地比例达 37%，平均容积率仅 0.71。其中，48% 的工业用地为村级工业园，规模 100 亩以下的占比高达 43%，分布零散，利用低效。村级工业园内的建筑物基本为 20 世纪 80—90 年代兴建的低层、简易厂房，厂房内部设施老旧，周边配套设施不完善。土地利用效益低，大部分属于低效工业用地，土地和物业租金水平普遍低下。

5. 城乡功能混杂、整体风貌差。城镇空间与产业空间穿插、城中村大量分布，产、城、村空间交织严重，功能混杂，风貌较差。集体建设用地占建设用地总面积的 62%，村庄宅基地占住宅用地的 68%，64% 的村庄宅基地与工业用地距离在 10 米范围内。

6. 生态环境问题逐渐凸显，生态用地侵蚀严重。作为改革开放的先行地，南海经历了快速的城镇化过程，在大幅提升社会经济发展水平和人民生活水平的同时，其面临生态用地遭到不断侵蚀的难题。近年来，通过黑臭水体治理，水质有所改善，但由于南海区工业用地价值链仍处于中低端，同时分散经营的农村养殖户也造成了一定程度的水体污染，污染问题未得到根本性解决。

7. 四大空间互相挤压，破碎化程度高。以 2020 年度变更调查数据为基础，城镇空间占比 19.3%，包括住宅用地、商业服务设施用地、公共服务设施用地等，集中分布于大沥镇、桂城街道；产业空间占比 30.6%，主要为村级工业园、其他产业平台；农业空间占比 18.8%，包括耕地、园地、村庄等，主要集中分布于九江镇、西樵镇、丹灶镇、狮山镇、里水镇；生态空间占比 31.3%，包括水、林、草等，呈现一山三江多点的分布格局。城市化快速发展进程中产业与城镇建设空间扩张迅速，不断挤压农业和生态的发展空间。生态用地及农用地为主构成的开敞用地受到来自城镇、村庄、道路建设的侵蚀，不少生态空间及农业空间被建设用地分隔，失去空间上的联络，开敞空间疏密无序。

资料来源：南海区委全面深化改革委员会。

（一）以城市功能品质提升为突破点推动空间重塑

提升城市功能品质成为南海推动城乡连续体范式下的空间全域重塑的突破点，以基础设施融合撬动城乡空间重塑。南海前瞻性地抓住佛山中心城区扩容的战略机遇，高标准推进"七湖三湾一站一园"建设（见专栏1-4），打造面向未来的城市新空间，促进优质要素集聚，反哺和带动乡村融合发展。

专栏1-4　　"七湖三湾一站一园"重点区域如何打造？

南海推进千灯湖片区北延东拓，推动千灯湖、映月湖、文翰湖片区联动发展，加快里湖片区开发建设，全力打造与一流城市相媲美的城市中轴；携手广州共同规划建设广佛湾，打造"产城景人文"和谐共融的示范区；高质量建设博爱湖片区、佛山西站枢纽新城、南国桃园片区，打造与先进制造业核心区相匹配的高品质城市环境；以儒林湾、仙湖、听音湖片区为抓手，活化西部生态文旅资源，打造具有岭南特色的生产、生活、生态"三生"融合典范。

"七湖三湾一站一园"成为南海高能级的产业平台、宜居宜业宜游的城市空间、城乡融合发展的重要节点。其中，儒林湾广阔的发展前景吸引了一批新兴产业项目落地，安健康护理生物基新材料、东丽普美复合材料、伽蓝数字化全卫定制等产业项目选择在这里投资扎根；听音湖片区依托西樵山岭南文化的根基、深厚的人文资源、良好的生态环境，聚集了一大批年轻人和白领。

<small>资料来源：全域空间重塑！揭秘城乡融合发展的南海密码．今日南海，2022-09-26．</small>

（二）从土地碎片化到土地连片利用

进入城乡融合阶段后，南海土地空间面临"3个50%"的挑战：土地开发强度超50%、612个村级工业园占全区工业用地超50%、经营性集体建设用地占集体建设用地超50%。更为严重的挑战是：高土地开发强度与碎片化[①]的土地利用并存，形成"反公地悲剧"。南海有农村集体经济组织2 300多个，南海最小农保区只有0.2亩，80%左右农用地块在15亩以下，相当一部分工业地块在40亩以下。

从空间景观上来看，城市产业园区穿插菜地、农村的桑基鱼塘间分布"村级工业园"是较为普遍的现象。以村级工业园为例，集体建设用地天然的权利残缺制约了村级工业园土地的有效利用。集体建设用地的流转和抵押都存在障碍。与国有工业用地相比，村级工业园的基础设施与配套优惠较为薄弱，难以吸引大企业入驻。其结果是：入驻村级工业园的大部分为小微企业，主要是传统工业，如陶瓷、小家电、小五金、一般零部件、涂料、家具、建材等产业链低端企业。这些企业经营粗放，效益低下，难以形成集聚效应。此外，企业生命周期与土地租期不匹配，村级工业园中不少早期入驻的企业已退出生产，但由于部分厂房租期长达四五十年，出现了层层转包厂房、"吃厂租"的现象。[②] 大部分村级工业园均面临产权

<small>① 美国顶尖的产权学者海勒（Heller，1998）指出，如果一种资源拥有太多所有者，而这种资源却必须进行整体利用时才最有效率，由于每个所有者都可以禁止他人使用，在合作难以达成的情况下，资源就可能被浪费，这就形成了所谓的"反公地悲剧"。

② 不少厂房业主在十多年前以较低租金从村集体租下了大量土地，但在赚到"第一桶金"后，又把厂房转租给了别人，自己当上了旱涝保收的"二房东"。本应该由村集体和制造业企业分享的土地增值收益大多落入了"二房东"的口袋。</small>

碎片化、土地利用效率低、违建严重、利益关系错综复杂等困境。城乡二元体制所具有的上述种种弊端，间接导致了南海工业用地的供应无法满足招商引资、企业发展的需要，影响了南海产业的整体转型升级。

在这样的背景下，推动土地连片高效利用成为城乡融合阶段南海空间重塑与集聚发展的必由之路。2019年以来，南海建立集体土地整备中心，推动村集体将土地委托整备中心统筹开发，促进土地规模化、集约化利用；探索集体和国有建设用地"混合开发"模式，允许国有和集体土地连片置换，有效推动了土地连片开发；探索"毛地"入市招商开发机制，对无土地证或租约未到期的集体建设用地，符合条件的允许上平台公开招商；率先探索建立农地资源转移补贴机制，出台集约奖补政策，将零散耕地和农田向永久基本农田集中区转移集聚；先行先试探索生态用地连片统筹系统修复，创新生态用地腾退动力机制、生态修复市场化推进机制。

三、产业：城乡产业共生共荣

南海1.0模式下的农村工业化与南海2.0模式下的园区工业化及其初始条件、制度约束的差异，形塑了南海产业的城乡分异。

（一）农村工业化与民营、外资企业生成

在20世纪80年代初期，国家对民营经济态度尚未明确时，南海县就提出要对非公有制经济实行"政治上鼓励、政策上扶持、方向上引导、法律上保护"的措施；在1984年，南海在之前"三驾马车"的基础上，再次凝练出"三大产业齐发展、六个层次一起上（也就是后来被称为的'六个轮子一起转'，"六个轮子"分别指县、人民公社/管理区、大队、生产队、个体、联合体企业六类生产主体）"的发展方针，鼓励和扶持个体与私营经济的发展。

这些优惠政策吸引了大量在广州和佛山这两个商品经济和工业发达的城市中工作和学习的能工巧匠回到南海，参与到本村集体企业的发展中，或者自己开办家庭式的小作坊。他们直接在本村的集体农地上以"乡镇企业"名义办起了一批小五金、小冶炼、小化工、小塑料企业。当时为了适应政策规定，无论是私人还是外资开办企业，如果需要借"乡镇企业"之名，都会得到县政府的默许，可谓"村村点火、户户冒烟"[1]。

20世纪90年代告别短缺经济后，乡镇企业纷纷倒闭或转制，南海农村集体经济日益转向土地出租，"村级工业园"兴起。[2] 农村集体土地股份合作制解决了工业用地规模化的问题，将农村社区工业化推向了高潮。这一方面以极低的土地成本培植了大量民营企业，引进了大量"三来一补"等外资企业。灵活的土地使用方式、低廉的土地成本极大地降低了中小型企业进入获取建设用地的交易成本，而按年租用集体土地，也削低了工业化的土地成本门槛，非农土地租赁市场的迅猛发展极大地推动了农村工业化，孕育了南海民营企业的发展。这一阶段，南海形成了纺织、缝纫、皮革制品、陶瓷、铝型材、塑料、玩具等支柱产业。

(二) 园区工业化与高端产业成长

2003年，南海的城市发展战略提出"工业向西、城市向东"，即东部地区的农村社区工业改造要"腾龙换鸟"，将一部分好的企业向西部的园区集中，腾出空间推进"都市型工业"、服务业发展，从而实现从"村镇经济"到"都市经济"、从"工业经济"到"服务经

---

[1] 袁奇峰，郭炎. 城市化转型与土地资本化：珠江三角洲"二次"城市化中的南海模式. 北京：科学出版社，2021.
[2] 集体企业在南海工业总产值中的份额从1998年的50.2%急剧降到了2008年的2.9%，而外资和民营企业产值占比则从40.9%增加到了96.4%。

济"的转型。

需要强调的是,园区工业化由政府统筹规划、统一开发和招商引资,相比农村社区工业化在企业用地规模、全产业链打造、市政和公共服务配套、生产生活环境、外部效应的内部化等方面都更具优势。对于南海政府而言,工业园区的建设瞄准品质企业、高端产业,一方面设定企业入驻门槛,将一部分相对低层次的企业"留给了"农村社区;另一方面实施土地价格的优惠,以在激烈的区域竞争中招徕企业。

在政府的主导下,南海将原狮山、官窑、松岗、小塘等街镇合并成狮山镇,打造国家级的佛山高新技术开发区核心区,将原丹灶、金沙两镇合并成新的丹灶镇,打造省级环保工业园区。园区工业化的发展助推了产业层次的提升,为地方政府创造了持续的产业税收回报(见表1-2)。

表1-2 南海镇级及以上主要工业园区(2015年)

镇/园区名称		园区级别	备注
狮山	南海经济开发区	佛山高新区的核心园区	包括松岗(原松夏)工业园、狮山科技工业园南园和北园、南海软件科技园、小塘三环西汽车配套产业园、光电显示器件产业园、小塘汽配园、小塘汽配物流园、一汽大众整车制造产业园、原大沥的长虹岭工业园
丹灶	南海工业园	国家级生态工业示范园区	包括南海国家生态工业示范园区(包括原城西工业区、金沙北部工业区)、金沙五金环保产业园
桂城	广东都市型产业基地	省级技术产业重点培育区	天安南海数码新城、桂城瀚天科技电子城等
	原平洲工业园	镇级工业园	三山港物流园、三山国际商贸城等

续表

	镇/园区名称	园区级别	备注
大沥	原盐步镇工业园	镇级工业园	中国（盐步）内衣创意产业园等
里水		镇级工业园	和桂工业园、里水新材料产业基地、里水物流工业园、家电工业园
	罗村	镇级工业园	广东新光源产业基地等
西樵	西樵科技工业园	镇级工业园	西樵纺织基地A、B区
九江	原九江工业园	镇级工业园	敦根工业园、九江临港物流产业园
	沙头工业园	镇级工业园	沙头

资料来源：袁奇峰，郭炎.城市化转型与土地资本化：珠江三角洲"二次"城市化中的南海模式.北京：科学出版社，2021.

（三）城乡产业共生共荣

农村工业化和园区工业化两轮大发展，制造业成为南海城乡产业最重要的组成部分。2020年，制造业在南海国民经济中的占比达到54.8%。横向比较来看，南海的这一比重仅略低于临近的顺德（58.9%），高于其他区市县（见图1-8）。

迈入城乡融合阶段后，小而散的村级工业园已经难以适应南海制造业高质量发展的客观需求。2020年，南海有612个村级工业园，总面积18.9万亩，占现状工业用地的58%，但年创税收只占全区年税收的9%，村级工业园的集体土地和物业出租是南海222个行政村和农村社区、2304个集体经济组织的重要收入来源。在增量建设用地趋紧的约束下，通过村级工业园改造可实现向存量空间要发展，还能够规避城市偏向下的园区工业化对乡村发展空间的挤压，从而有助于推动城乡产业共生共荣。

2020年，南海将村改列为"头号工程"，制定《村级工业园升级改造大攻坚三年行动计划（2021—2023年）》。其中，需要拆除改造

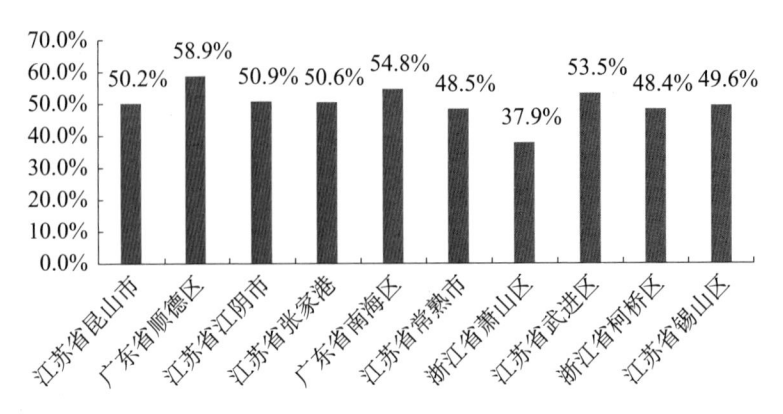

图 1-8　全国百强区市县制造业增加值占比（2020 年）

资料来源：南海统计年鉴（2020）。

的有 10.2 万亩，剩余的 8.75 万亩需要综合整治，到 2030 年将全部村级工业园整合升级为 100 个左右的主题产业社区。与此同时，南海提出村改坚持"工改工"的主导方向，与产业大招商有机结合，一方面是面向全球进行大招商、招大商，加快引进一批新的龙头项目、头部企业；另一方面是服务好本土企业增资扩产，确保新招企业愿意来、留得住，原有企业深扎根、快发展，实现城乡产业的共生共荣。

（四）"小而美"的现代化农业

现代化的农业是城乡产业融合中不可或缺的组成部分。从世界各国发展农业的经验来看，农业占国民经济、就业人口的比重逐步下降是一个基本规律。目前，发达经济体的农业占 GDP、就业人口的比重一般在 1%～2%，但农业具备典型的现代化特征，以高度发达的科技、高效率的要素组合和劳动生产率、有独特竞争力的产品为标志。

目前，南海的农业生产总值占全区生产总值的 1.6%，这一比重已经与主要发达经济体无异，横向比较来看，位居全国百强区市县前列的县级经济区域，农业在国民经济中的占比也普遍下降到 2% 以下，其中昆山市仅为0.7%，江阴市为0.9%。农业在国民经济中的占比，南海略高于顺德（1.4%）、与江苏常熟、武进、锡山接近（见图1-9）。

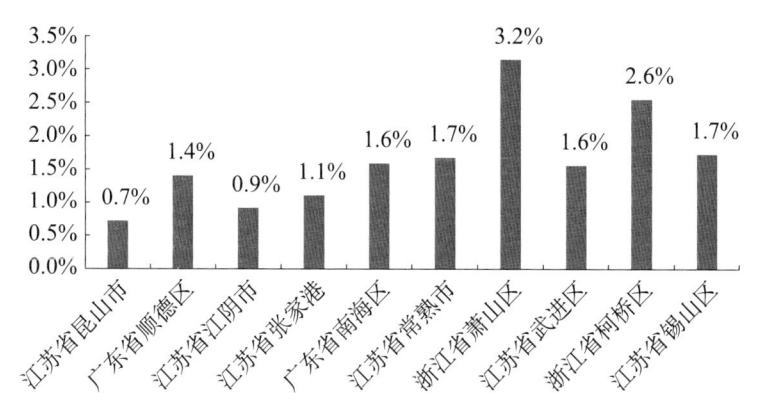

图1-9　全国百强区市县第一产业增加值占比（2020年）

资料来源：南海统计年鉴（2020）。

南海城乡融合的过程也是农业现代化的过程。农业所具有的不可替代性，特别是其多功能性决定了它在地方发展中的重要性。农业在城乡融合中的分量不应以其占国民经济的比重来衡量，而应以发展质量来论英雄。南海农业的发展质量还有较大提升空间，包括农业的附加值显著提高，农业的劳动生产率显著提高，可与二三产业媲美，农业的土地利用效率、土地亩均收入显著提高。

四、治理：以数字治理助推城乡治理融合

南海户籍人口虽然只有166万人，但常住人口比户籍人口多200万，实际管理人口比常住人口多73万，城乡市场主体近40万户，登记在册的出租屋超过20万栋[①]，呈现出"人口众多、结构复杂、

---

① 构建"空天地"一体化的现代治理体系，南海以信息化助力城乡融合发展. 南海区人民政府官网，2021-12-15.

利益多元、问题凸显"的特征，客观上要求城乡治理从传统的分散、低效的小马拉大车方式转向整合、高效的现代模式，数字经济的蓬勃发展为南海城乡治理融合提供了重要的技术条件支撑，城乡基层治理单元的渐进式融合为城乡治理融合提供了组织基础，吸纳非户籍常住人口进入基层治理的"两委"班子，则彰显出南海实事求是、以人为本的城乡治理理念，促进了户籍人口与非户籍人口的治理融合。

（一）数字赋能：从"人海战术"迈向"智慧治理"

在城乡治理中，南海积极拥抱以信息技术为代表的新技术革命，挖掘并利用数字经济红利，打造"城市大脑"，完善区-镇街-村组三级数据共享，充分应用卫星遥感、无人机、物联网、国际二维码等新技术，联动线下网格巡查，探索构建"天上看、空中拍、地上巡"全时空实时感知、全周期实时监测、全要素实时评估的"空天地"一体化治理体系，精准辅助政府部门识别违建、交通违法、污染物偷排等难题，构建起从发现问题、汇总问题到解决问题的完整闭环，城乡治理实现了从"人海战术"向"智慧治理"的历史性跃迁（见专栏1-5）。2021年，南海获批创建广东省数字政府城乡融合发展示范区，数字治理赋能城乡治理融合成效初显。

专栏1-5　　　　南海的城乡融合大数据治理平台

以桂城平东社区为例，社区通过安装智能烟感、智能门禁、可燃气感监测等共10类物联传感设备，广泛应用在厂企、"三小"场所、出租屋、重点建筑物等场所，以消防、用电、环保、流动人口等7个核心应用场景构建智能巡查，通过接通区"城市大脑"视频资源链路，引入AI算法，摄像头抓取数据后，将问题智能推送到区智运平台形成工单进行流转处置，实现全天候数字化巡查。

传统模式下社区配备巡查工作人员约 30 人,要实现一次全覆盖巡查至少需要 10 天,还会出现巡查盲区、漏点等情况。在"人机交互"模式下的城乡融合大数据治理平台上,同样数量的巡查对象实现全覆盖只需要 1 天,巡查效能是原来的 10 倍。

资料来源:全域空间重塑!揭秘城乡融合发展的南海密码. 今日南海,2022-09-26.

(二)城乡基层治理单元融合:从"村落"到"社区"

南海 1.0 模式下的农村工业化与 2.0 模式下的园区工业化,造成南海城乡空间形态交错,不可避免地带来城乡土地、人口等治理体制上的碰撞,"城中村"即为城乡治理差异的典型呈现。"城中村"身处城市之内,但在治理方面保持农村特色,管理体制与城市社区迥异,空间形态与周围环境形成强烈反差。"村改居"成为南海迈入城乡融合阶段后的政策选择。

2010 年,南海城镇化率达到 71%,农村居民有 76 万人,但务农的人很少,大多数选择就近进厂务工或者从事个体经营,其收入中超过 90% 的部分来自非农产业,农民的收入水平与生活方式均与城市居民趋同,为"村改居"奠定了有利的基础条件。

需要强调的是,"村改居"并不仅仅是"牌子"的变换,而是社区公共管理体制的转变,农村公共服务、农村土地产权制度、农村社会保障制度也随之进行全方位的制度转型。在经济一体化的同时,实现城乡治理的平稳衔接与充分融合,城乡公共服务均等化有效推进(见专栏 1-6)。

专栏 1-6   南海"村改居"中的不变与升级

1. 政策保障:核心利益"六个不变"

在制定"村改居"的政策时,南海区结合当地的实际情况,统筹考虑，对于涉及基层干部和群众核心利益的相关方面提出了"六个不变"的原则，大大解除了群众的顾虑，减少了工作阻力。

第一，管辖范围不变。"村改居"后，原来农村社区管辖的范围不变，原村党组织直接过渡为社区党组织，并且统一由社区党支部升级为社区党总支，社区办公地点仍然设在原来的村委会。

第二，"两委"班子职数不变。社区"两委"班子职数原则上按原村"两委"班子职数保持不变。按照目前《村委会组织法》的规定，"两委"的人数一般为3~5人，而《居委会组织法》规定的"两委"人数为5~9人，南海区从稳定社区的角度出发，保持"村改居"后社区原先"两委"职数，从而维护了社区领导班子的稳定，保证了"村改居"社区的平稳过渡。

第三，产权不变。原农村集体经济组织资产产权权属不会改变，即原村组集体经济组织资产产权归属各股份经济组织。包括土地等各种资产的权益不受影响，仍实行集体所有制。

第四，权益不变。原属于村民集体经济所有的资产所有权、经营权、发包权、收益权，"村改居"后其权属也仍然不会改变。

第五，村民福利不变。"村改居"后集体经济组织主体不变，将会保留原集体经济组织经联社、经济社的架构；农村集体资产的产权关系不变，即村级资产属于经联社，村民小组资产属于经济社，现有的土地性质不变；村民的股权和原本享受的社区福利保持不变。

第六，计划生育政策不变。"村改居"后村民原来享有的计划生育政策也保持不变。"村改居"后，原户籍登记在村委会的农业人口，仍执行农村居民"一孩半"的生育政策；原户籍登记在村委会的居民（即非农业人口），仍执行城镇居民"一孩"的生育政策。

2. 组织融合：基层党组织全面升级

"村改居"后，南海区在基层党建方面采取了有力措施强化社区党组织的核心领导作用。首先是全面推进社区党支部升格为社区党总支部，经济组织和条件成熟的居民小组加快建立了党支部，从而把党的神经末梢延伸至社区最基层；其次是理顺了社区各种组织的关系，进一步明确社区党组织是社区各种组织和各项工作的领导核心，社区党总支部领导和支持居民委员会、集体经济组织、社区行政服务中心等组织依法行使职权；最后是完善社区党总支部领导下的社区"两委"班子联席会议、民主生活会、述职述廉、民主评议等制度。

同时南海区从多方面筹划完善党建资源，保障"村改居"后对社区各类组织的领导。

一是建立健全社区党建联席会议制度。联席会议由社区党总支书记主持，成员由社区"两委"干部、区域内单位企业支部负责人组成，对区域内的党建工作、社会管理和服务、精神文明建设等进行沟通协调，形成工作合力。

二是非公企业委托社区党总支管理。为加强社区流动党员管理，在社区成立"两新"组织党支部和流动党员支部，由镇（街道）党（工）委委托社区党总支管理。

三是机关党组织结对帮扶社区党组织。对实行"村改居"的118个社区，及时组织区直机关党组织与其挂钩结对。机关党组织开展送文化、科技、卫生进社区等便民、惠民活动，与社区党组织资源共享，相互促进、共同发展。

3. 体制融合："三位一体"与"政经分离"

"村改居"后，南海区在推动创新基层社区管理体制方面加快探索，按照"管理有序、服务完善、精简高效"的原则，提出了在基层社区构建以社区党组织为核心、基层群众自治组织为主体、社区服务中心为平台、集体经济组织为支撑、群团组织为辅助、社会组织为补充、公众参与为路径的共建共享基层管理新机制，全面推进城市社区居委会的机构设置在"村改居"社区的铺展延伸。

<small>资料来源：郑杭生. 多元利益诉求统筹兼顾与社会管理创新：来自南海的"中国经验". 武汉：华中科技大学出版社，2012.</small>

（三）接纳：非户籍常住人口进入基层治理

开放包容是南海的典型特征，外来人口持续涌入为其增添了活力，也带来了治理上的重大挑战，特别是当外来常住人口数量超过户籍人口数量时，全部由户籍干部组成的村（社区）"两委"班子，在治理上就不可避免地面临融入群众难、信息不对称的难题。吸纳非户籍的外来常住人口进入村（社区）"两委"班子，不仅有利于外来常住人口参与基层治理，也有利于优化"两委"班子结构。

2017年以来，南海选取符合条件的村（居），根据各镇（街道）实际情况，经相关组织和法律程序，推选了一批符合相关条件的优秀非户籍常住人口成为村（居）民代表、一定数量的优秀非户籍常住人口进入村（居）"两委"。

从政策成效看，南海有近4 000名非户籍党员被纳入属地化管理，近50名非户籍党员骨干担任村（社区）党组织兼职委员，800多名非户籍人员进入群团组织。非户籍委员大多从事过企业管理、社会组织、教育文化等工作，人力资本与综合能力较强，平均年龄为35岁，使得"两委"班子的平均素质提升、平均年龄下降。这一务实推进人口与治理融合的政策实践，得到了国家层面的认可，被国家发展改革委向全国推广。[①]

[①] 详见广东省发展和改革委员会网站。

第三节 城乡融合仍在进行时

城乡融合是中国式现代化在城乡关系上的映射。就人的城镇化而言，南海早已迈过城镇化率70%的门槛，进入城乡融合阶段，空间上呈现城乡连续体特征，产业上呈现城乡共荣共生态势，城乡治理上也日趋融合。南海的这一步跨越仅用了不到40年，不啻为一个发展的奇迹。

放眼全球，从城乡二分到城乡连续体范式下的城乡融合，在理论认识和政策实践上都经历了漫长的波折。在很长一段时间内，城乡在空间、产业、人口、治理方面存在根本差异，且这种观念几乎成为经济学、社会学理论的预设，形成了以城乡差异为基础的城乡二分范式，强调城乡的差异和对立以及分类范畴的绝对性，以绝对的标准来衡量城市和乡村。城乡二分范式也广泛影响发展实践，将城市和乡村作为独立的发展实体，政策制定往往按照各自的空间和部门划分，每个实体都制订相互独立的投资和发展规划，城市规划者只专注城市发展，很少涉及农业或农村发展；农村发展规划者却忽视了城市的作用，将农村地区限定为仅包括村庄及其农业用地区域。

城乡二分范式形成了以城市化为目标的城市主义和充满浪漫主义情怀的乡村主义两种极化的发展观。在以城市化为目标的城市主义下，城市与乡村是对立的，隐含的假设是城镇优于乡村，城市化代表着进步，是人类向文明进化的一个里程碑。与城市主义针锋相对的是乡村主义，其反对城市化进程。

随着城市化进程不断向城市以外延展，城市和农村腹地越来越紧密地交织在一起，城乡之间已经产生了广泛的融合，难以对城市和乡村地区进行明确的界定,城乡二分范式的合理性受到广泛质疑,城乡二分法对新现象分析的乏力、城市主义和乡村主义两种发展观的冲突与对立,都揭示了城乡发展问题的复杂性,也提出了用新范式看待和分析城乡发展的需求。社会科学研究者开始尝试用新的范式来分析这种新的形态,他们运用经济、社会的多维指标将其刻画为城乡连续体,并以此作为分析的基本单位,对城乡融合下的各种经济社会问题进行分析。抛开简单地将社会划分为城市和乡村两大类的传统范式,城乡连续体范式揭示了城乡融合阶段的特征与发展规律,为认识城乡转型提供了新的视角。

我们欣喜地看到,南海在中国城乡融合上先行一步。这得益于第一轮农村南海阶段农村工业化与第二轮城市南海阶段园区工业化较为充分的发展,良好的起步条件使其有望通过城乡融合成为中国式现代化的县级行政区样板,并为城乡融合理论的发展提供新鲜的注脚,为中国其他区县城乡融合的发展提供有益的经验借鉴。

但也需要正视的是,城乡融合是一个长期的、动态的过程。

南海城乡融合仍在进行时,当前的城乡融合仍然是不平衡、不充分的,特别是城与乡的不平衡、乡村内部的不充分仍然较为广泛地存在,未来的空间仍然十分广阔。

第二章
南海的结构现代化进程[①]

习近平总书记指出:"我国现代化同西方发达国家有很大不同。西方发达国家是一个'串联式'的发展过程,工业化、城镇化、农业现代化、信息化顺序发展,发展到目前水平用了二百多年时间。我们要后来居上,把'失去的二百年'找回来,决定了我国发展必然是一个'并联式'的过程,工业化、信息化、城镇化、农业现代化是叠加发展的。"[②]

改革开放45年来,南海以乡村工业为起点,在高度压缩的时空条件下协同推进工业化、城市化、农业现代化,经济总量和人均GDP等关键发展指标均居于全国县域前列,为进入城乡融合文明新阶段奠定了坚实的物质基础。南海现代化的探索是中国式现代化县域实践的一个典范,既提供了宝贵的发展经验,也具有理论化的重要意义。本章主要探索1978年以来南海现代化进程的历史变迁、主

[①] 本章执笔人:廖炳光,广东省社会科学院改革开放与现代化研究所助理研究员。
[②] 习近平. 在十八届中央政治局第九次集体学习时的讲话(2013-09-30)//习近平关于科技创新论述摘编. 北京:中央文献出版社,2016.

要特征、发展绩效，概括南海现代化的独特模式。

第一节 从草根工业到产业高级化

现代化带来的变化首先体现在经济领域，发展经济学家最早从工业化视角系统阐释了现代化理论。1954 年，阿瑟·刘易斯（Arthur Lewis）在《劳动力无限供给下的经济发展》一文中首次提出了"二元经济模型"，他认为，发展中国家的现代化过程就是打破二元经济模型的过程，即扩大现代资本主义部分、缩小传统的农业部门的过程。[①] 显然，刘易斯的现代化模型对于后发国家而言就是效仿西方资本主义国家全面推行工业化从而实现国民经济的现代化，在实现国家工业化目标中计划经济、进口替代、自由市场经济等只是手段方式的差异。此后，罗斯托（Rostow）提出了经济成长阶段论：人类社会发展分为依次递进的五个阶段：传统社会阶段、为起飞创造前提阶段、起飞阶段、趋向成熟阶段、大众高消费阶段[②]；现代化进程中最关键的就是"起飞阶段"，"起飞"完成后，经济的持续增长使社会开始向现代过渡，这就是现代化的过程。[③] 由于工业化必然造成人类能源使用结构的变化，因此，列维（Levy）从能源视角来阐述现代化，他认为，"现代化的标准是非生物能源与生物能源的比率，比率越高，现代化的程度越高。"[④] 20 世纪 90 年代后，随着信息化与网络技术的发展[⑤]，知识经济和服务经济成为现代经济的主

[①] 陈晓律. 战后发展理论研究. 成都：四川人民出版社，1995.
[②] 1971 年，罗斯托认为大众高消费阶段已经不能概括当时欧美社会的新特征，因此又补充了第六个阶段，即追求生活质量阶段。
[③] 罗斯托. 经济成长的阶段：非共产党宣言. 北京：商务印书馆，1962.
[④] M. 列维. 现代化与社会结构//谢立中，孙立平. 二十世纪西方现代化理论文选. 上海：三联书店，2002.
[⑤] 阿尔文·托夫勒. 第三次浪潮. 北京：中信出版社，2006.

导，科技创新成为经济现代化的重要内容和衡量标准，后发国家越来越意识到其与发达国家的经济现代化水平的差距主要体现在自主原始创新能力和技术成果转化能力上。

1978年以来，南海的工业化经历了一个从无到有、从小到大、由弱变强的过程，大致可分为三个阶段：

第一阶段：集体工业化（1978—1998年）。这一时期南海第一批"洗脚上田"的农民在市场经济大潮带动下投资建厂、自创企业，启动了以民营经济为主体的农村工业化，并在20世纪90年代中期集体土地股份制改革以后，依托"土地股份制＋集体土地、厂房出租"的模式，在空间上连片聚集形成传统优势产业集群。

第二阶段：园区工业化时期（2002—2017年）。这一时期工业化沿着两条路径并行推进，由园区工业化推动南海工业结构实现了"由轻到重""由低向高"的双重转型。在集体工业化这一"轨"，主要由村级工业园改造（"三旧"改造中的旧厂改造）推动，包括传统项目转型升级、增资扩产、在传统产业地块上引进高新技术项目等。南海的陶瓷、铝型材等传统产业规模翻倍，在全国占据主导地位。在政府主导的园区工业化这一"轨"，区镇两级园区承载了一大批汽车整车及零部件、装备制造、氢能等规模以上大型项目以及生物医药、电子信息等高新技术新项目落地，不仅带动了南海规模以上工业增加值的迅猛增长，也使得南海成为工业门类完整齐全的县域经济体。"园区工业化"进一步稳固了南海珠三角工业重镇的经济地位。

第三阶段：产业高级化（2017年至今）。2017年以来，南海工业化的一个根本性变化在于：由外生的依靠要素投入增加推动工业增长的模式转向内生创新驱动和要素组合效率提高的增长模式。2017年以前，南海的工业化路径与其他地区并无太大差异：面向珠三角、全国大市场和出口市场的巨大需求，主要依靠廉价土地、劳动力要素投入，通过低成本基础上的产量规模增长带来工业收益。2017 年，南海的先进制造业和高技术制造业增加值总规模首次超过规模以上工业增加值的 50%。① 这一转变凸显了南海在外部市场以及劳动力、环境、土地等要素条件变化下，自主转型升级和适应新发展阶段的努力。

一、集体土地上的工业化

从 1978 年改革开放到 2002 年南海撤市建区之前，集体土地上的工业化是南海工业化的主要路径。南海通过激发调动各个市场主体的积极性，引进"三来一补"企业和"三资"企业、鼓励乡镇企业和民营企业，在改造传统工业的同时创办新兴工业，工业规模和市场竞争力显著提升，产业结构、就业结构、企业所有制结构实现转型和优化，在短短 20 年时间内实现了从农业大县到工业强市的伟大蜕变。

（一）"三大产业齐发展、六个轮子一起转"②

1978 年以前，南海的工业主要是为城市大工业配套的协作性工业以及为地方服务的支农工业和副食品加工工业，规模较小。改革开放给南海工业化带来了生机和活力。1978 年，南海县委、县政府提出了"以县办为龙头、镇办为主体、村办为支柱、个体联合体为补充"的工业发展思路，确立了公有制经济和其他所有制经济并存

---

① 2017 年，南海区全年规模以上工业增加值为 1 296.53 亿元，其中：先进制造业增加值为 526.21 亿元，占规模以上工业增加值的 40.6%；高技术制造业增加值为 176.98 亿元，占规模以上工业增加值的 13.7%，两者合计占规模以上工业增加值的 54.3%，占比首次超过 50%。参见佛山市南海区发展规划和统计局.2017 年佛山市南海区国民经济和社会发展统计公报.南海区人民政府官网，2018 - 06 - 06.

② 本部分主要资料和数据来源：南海市统计局.南海巨变 改革开放二十年（1978—1998）.内部资料，1999.

的基本方向。1979年10月，南海县委、县政府明确提出"一手抓粮、一手抓钱，放开手脚，大力发展社队企业"，形成公社、大队、生产队"三套马拉车"的发展格局，启动了"村村点火、户户冒烟"的原始工业化。另外，改革开放初期南海利用港澳同胞众多的优势，积极引进港资、外资，发展"三来一补"企业和"三资"企业。九江镇与香港威马制衣有限公司签订了服装来料加工合同，率先拉开了南海引进利用外资的序幕。1979年，南海县签订外商投资合同94宗，合同加工费达1.03亿港元；工业总产值达3.3亿元（1990年不变价），比1978年增长了23.13%。1980年，南海县与外商签订的协议达363项，签约总加工费用达到5459万美元，比1979年增加了两倍多。[①]

到了20世纪80年代，南海工业化的势头更加强劲。在国家和省市"分权改革""先行先试"的宽松政策下，南海营造了"谁先富谁光荣""学富、比富、赶富"的社会氛围，鼓励各主体大力发展工业。1981年，南海县制定了《南海县队办企业经济管理暂行条例》，确立了社队企业的社会地位。1982年，南海实行县社联营、社队联营、队队联营、集体与个人联营，由"三套马拉车"变为市、镇、管理区、村、个联体五个层次一起上。1984年，南海在"三驾马车"（公社、大队、生产队）的基础上，再次凝练出"三大产业齐发展、六个轮子一起转"的发展方针，大力支持集体企业、外资和个体经济发展。1985年，南海乡镇企业在战略重点上做了重大调整，提出"要重产品质量、重经济效益、重社会效益，从依靠增加投入以增加产值转变为挖潜降耗以提高效益，从发展劳动密集型企业为主转变为发展科技含量高和外向型企业为主"。在乡镇企业蓬勃发展的带动

[①] 李其森，刘庄. 南海县搞活流通的主要经验. 南方经济，1984（05）：31-32.

下，1985 年南海实现工业总产值 17.53 亿元，比 1984 年增长 122%，比 1981 年增长 6.4 倍。到 1991 年，南海实现工业总产值 67 亿元，比 1985 年增长了 2.8 倍。

（二）乡镇企业异军突起，带动工业规模迅速壮大

20 世纪 80 年代初期，南海的公有制经济主要由市属企业和乡镇企业组成。其中，市属企业又分为市营国企和市属集体所有制企业，乡镇企业则包括镇办企业和村办企业。乡镇企业主要由两个来源：一是本地"洗脚上田"的农民和能工巧匠参与经营村办企业，直接在本村的集体农地上以"乡镇企业"名义办起了一批小五金、小冶炼、小化工、小塑料企业和家庭式的小作坊[①]；二是外商港商和一些个体投资企业，在当时的条件下，也需要戴上"乡镇企业"的"红帽子"，来强化生产经营活动的合法性。

正是在乡镇企业的强势带动下，南海工业规模迅速壮大，成功跻身"广东四小虎"之一。1978—1998 年，南海市工业总产值从 6.88 亿元增加到 550.51 亿元（1990 年不变价），增长了 79 倍，年均增速达 24.5%；相比之下，1949—1978 年南海全县总产值和工业总产值分别只增长了 5.3 倍和 7.7 倍。其中，乡镇企业[②]工业总产值从 2.68 亿元增长到 500.08 亿元，增长了 186 倍，年均增速达 30%；乡镇企业工业总产值占全市工业总产值的 90.84%（见图 2-1）。到 1998 年，全市有 80 家企业产值超亿元，部分企业超 10 亿元。南海市工业占 GDP 比重也从 1978 年的 40% 提升到 1998 年的 67%，实现了从农业县到工业县的"腾飞"。

[①] 袁奇峰，郭炎. 城市化转型与土地资本化：珠江三角洲"二次"城市化中的南海模式. 北京：科学出版社，2021.

[②] 乡镇企业包括镇（区）属企业和"村及村以下属企业"。

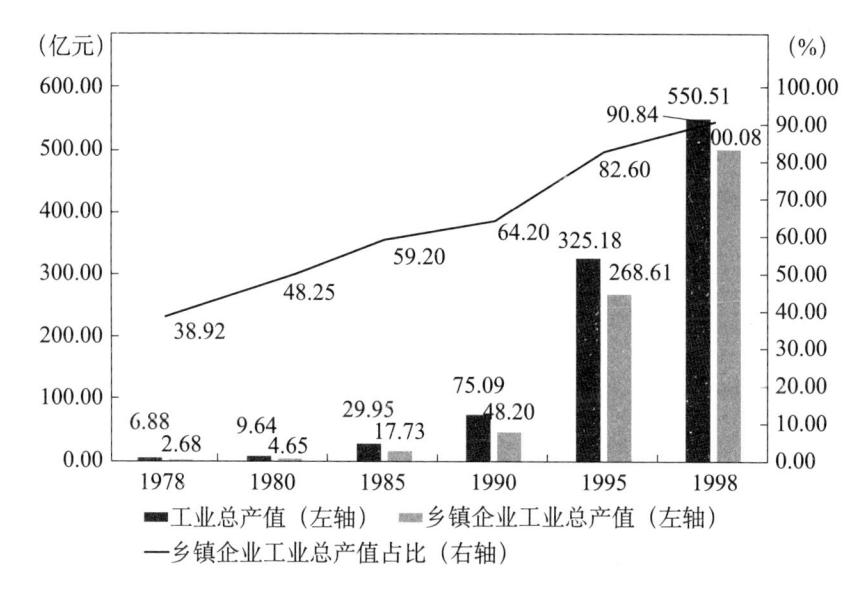

图 2-1　1978—1998 年南海市工业总产值和乡镇企业工业总产值

资料来源：南海市统计局. 南海巨变 改革开放二十年（1978—1998）. 内部资料，1999.

（三）支柱产业形成集群优势

1992 年邓小平南方谈话和党的十四大以后，南海加大招商引资力度，积极推进企业转制改革，鼓励民营经济发展，优势支柱产业发展壮大，工业化根基进一步夯实。到 1998 年，全市工业总产值达 550.5 亿元，形成了建筑陶瓷工业、铝型材、纺织工业、服装加工业（缝纫业）、塑料制品业、皮革制品业和玩具生产业等七大主导工业产业（见表 2-1）。其中，纺织工业是南海的传统工业，有 100 多年的生产历史，逐步形成了织、染一条龙的生产体系，发展成为年产值近 20 亿元的支柱产业。

表 2-1　1998 年南海市七大主导工业产业生产情况

支柱行业	区域	产品	产值规模
纺织工业	—	化纤、毛纺、针织等十多个大类、数千个花色品种	产值 19.75 亿元；年染布 1 亿多米

续表

支柱行业	区域	产品	产值规模
服装加工业（缝纫业）	九江镇为主要生产基地	西装、T 恤等 100 多个品种	产量 4 981 万件，产值 7.6 亿元
皮革制品业	—	牛皮、羊皮、猪皮、合成皮革等面料的男女装、各式皮鞋和皮衣	产值 5.54 亿元；皮革料年产能 200 万件
建筑陶瓷工业	1985 年以来从南庄镇扩展到各镇	瓷片、外墙砖、瓷质玻化地砖、琉璃瓦等七大类、几百个花色品种	企业 137 家、总产量 2.81 亿平方米，产值 44.61 亿元
铝型材	1985 年在南庄镇兴起，现以大沥区为主		产量 24 万多吨，产值 48.29 亿元
塑料制品业		钢塑家具、工业包装桶、聚丙烯日用制品、橡塑制品等，600 多个花色品种	产量 3.3 万吨，产值 4.83 亿元
玩具生产业	官窑、益步、九江、平洲、桂城	毛绒、塑胶、金属、电子等四大类玩具	全市有 30 多家"三来一补"企业；产值 14.2 亿元

资料来源：笔者根据南海市统计局《南海巨变 改革开放二十年（1978—1998）》整理。

一方面，各主要行业门类工业总产值增长显著。1978—1998 年，南海轻工业中的纺织，服装及其他纤维制品制造，皮革、毛皮羽绒及其制品，造纸及纸制品，化学原料及制品制造，塑料制造业产值分别增长了 37 倍、614 倍、3 020.1 倍、248.8 倍、315.5 倍、120.3 倍。重工业以建筑陶瓷工业和铝型材生产为主，1978—1998 年，南海非金属矿物制品（陶瓷等）、黑色金属冶炼及压延加工、金属制品三大门类产值分别增长了 289.5 倍、170.9 倍、248.7 倍，交通运输设备制造业增长了 86.3 倍（见表 2-2）。陶瓷工业和金属加工业的发展推动了南海制造业的"重工业化"：1978—1998 年南海镇及以上工业总产值的轻、重工业结构从 77.4：22.6 变为 51.3：48.7；轻工业增长了 52.4 倍，重工业增长了 191.2 倍（见表 2-3）。重工业与轻工业相比生产链条更长、资本和技术密集度更高，金属加工业的发展一定程度上为 21 世纪南海装备制造业的崛起打下了基础。

表 2-2　南海区镇及镇以上分行业工业总产值增长情况

	行业门类	1978 年	1998 年	增长（倍数）
轻工业	纺织	4 866	185 085	37 倍
	服装及其他纤维制品制造	271	166 396	614 倍
	皮革、毛皮羽绒及其制品	271	166 396	3 020.1 倍
	造纸及纸制品	49	148 033	248.8 倍
	化学原料及制品制造	2 484	786 305	315.5 倍
	塑料制造	339	41 128	120.3 倍
重工业	非金属矿物制品（陶瓷等）	2 393	695 170	289.5 倍
	黑色金属冶炼及压延加工	60	10 313	170.9 倍
	金属制品	1 156	288 629	248.7 倍
	交通运输设备制造	226	19 730	86.3 倍

注：1978 年工业总产值按 1970 年不变价计算，1998 年工业总产值按 1990 年不变价计算。增长倍数并非两个年份数据直接计算得出，需考虑价格参数。

资料来源：南海市统计局. 南海巨变 改革开放二十年（1978—1998）. 内部资料，1999.

表 2-3　1978—1998 年南海县（市）镇及以上工业总产值结构
（按轻、重工业划分）
单位：万元

	1978 年	1980 年	1985 年	1990 年	1995 年	1998 年	1998 年比 1978 年增长（倍数）
工业总产值	36 991	45 412	140 502	454 951	1 574 027	3 137 609	83.8 倍
其中：轻工业	28 615	35 407	116 284	328 442	896 924	1 527 397	52.4 倍
重工业	8 376	10 005	24 218	126 509	677 103	1 610 212	191.2 倍

注：1978 年工业总产值按 1970 年不变价计算，1998 年工业总产值按 1990 年不变价计算。增长倍数并非两个年份数据直接计算得出，需考虑价格参数。

资料来源：南海市统计局. 南海巨变 改革开放二十年（1978—1998）. 内部资料，1999.

另一方面，主要工业产品产量增长迅速，以"薄利多销"牢牢占据国内外市场份额。布匹、皮鞋等生活用品，塑料制品、机制纸等工业原料，以及铝型材、釉面砖、墙地砖等装修材料是20世纪90年代南海产量增幅最大的三类工业产品。例如，1993—1998年，服装生产总量从2 627万件增加到4 981万件，行业工业总产值从4.8亿元增加到7.6亿元，5年间产量和产值分别增长了89.6%和58.3%。到1998年，南海的铝型材、建筑陶瓷、布匹、皮鞋的产量分别占全省同类产品产量的67.7%、50.8%、47.6%、45.8%（见图2-2）。

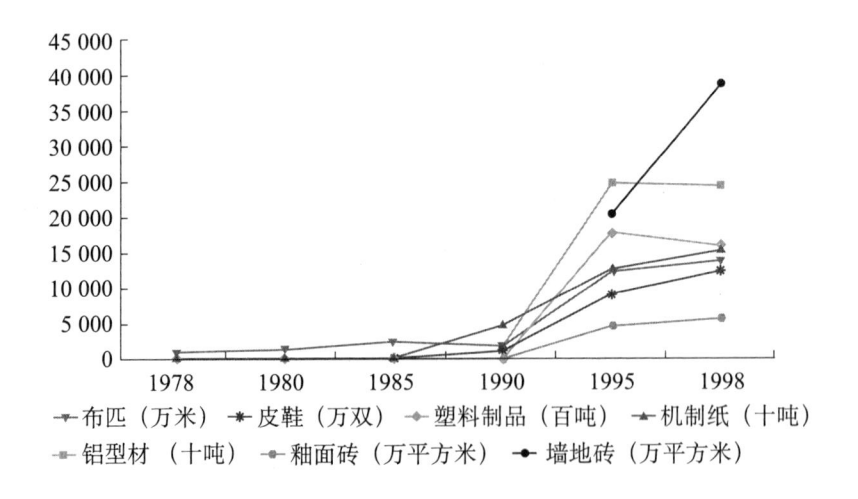

图2-2　1978—1998年南海市主要工业产品产量

资料来源：南海市统计局. 南海巨变 改革开放二十年（1978—1998）. 内部资料，1999.

（四）民营企业崛起并成为南海市场经济的主体

南海的集体工业化也带来了一场所有制的"革命"，民营企业成为南海市场经济的主体和南海经济内生活力的源泉。

1978年，南海的工业总产值中，国有部门贡献了73.5%，公社（乡镇）举办的企业贡献了24.5%，大队及以下的企业贡献了约

2%。国有和集体经济的贡献约为 7∶3 的格局，民营经济的贡献"微乎其微"。1980 年，南海的私营企业（含个体工商户）只有 813 户；1983 年就发展到 5 813 户，增长了 6.2 倍。1986 年，民营企业的数量超过了乡镇企业等集体企业，这是南海民营企业发展的第一次大跨越。20 世纪 90 年代初，南海民营企业增长势头仍在持续。到 1991 年底，南海市有工业企业 1.1 万家，其中市办的几十家，镇办的几百家，管理区（含经济社）办的几千家，个体联办的过万家。但民营企业产值比重仍偏低，1991 年南海全市工业总产值达 100.6 亿元（1990 年不变价），市、镇、区企业产值各占 30% 左右，个体联办企业产值仅约占 10%。[①]

1992 年邓小平南方谈话和党的十四大召开以后，非公有制经济的地位得到了肯定，民营经济发展获得了空前良好的环境。1998 年 5 月，南海市委、市政府在《关于实施优惠政策措施 促进南海市非公有制经济发展的通知》中，明确提出对非公有制企业要在政治上鼓励、政策上扶持、方向上引导、法律上保护。[②] 1998 年底，全市非公有制工业企业有 9 933 家，占工业企业总数的 87.8%（见图 2-3），从业人员有 20.5 万人，工业总产值达 177 亿元，占全市乡镇工业产值的 36%，上缴税金 5.85 亿元，利润总额达 9.7 亿元。一批规模大、科技含量高、效益好的企业脱颖而出，工业总产值超亿元的企业有 26 家。2000 年，南海市非公有制企业有 7 万多家，从业人员有 65 万人，实现经济收入 590 多亿元，非公有制工业企业贡献了全市工业总产值的 76.91%、工业税收的 72.74%、出口总额的 91.5%，南海在企业所有制结构上正式形成了"以民营经济为主体、集体经济其次、国营经济第三"的格局。到 2018 年底，南海区登记注册的

[①②] 南海市统计局. 南海巨变 改革开放二十年（1978—1998）. 内部资料，1999.

企业（含企业分支机构）达到 11.37 万户，其中民（私）营企业 10.2 万户，占比 89.7%。民营企业在南海经济中的重要性可用 "6789" 来概括：占 GDP 的 63.00%、贡献了 70.00% 的税收、提供了 85.00% 的就业岗位、占市场主体数量的比例超过 90.00%。当初需要借乡镇企业培育的"草根经济"，已成为助推南海经济发展的主要动力。

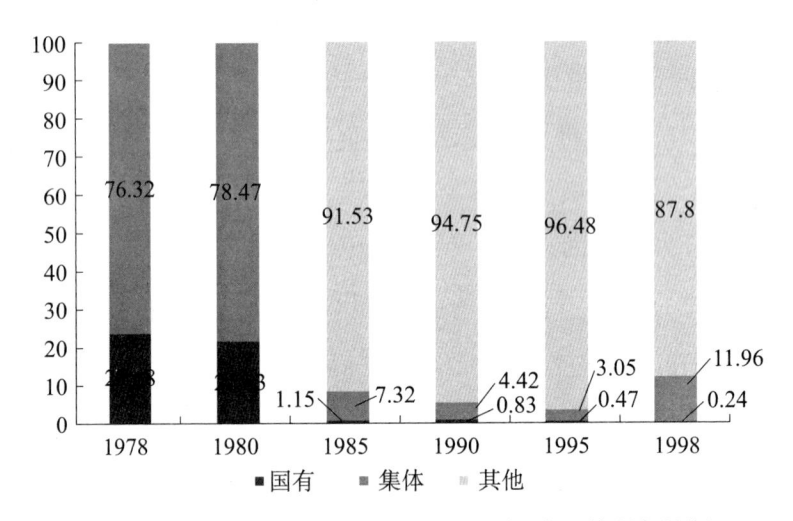

图 2-3 1978—1998 年南海市工业企业单位数（按所有制分）

资料来源：南海市统计局. 南海巨变 改革开放二十年（1978—1998）. 内部资料, 1999.

随着民营企业的发展壮大，南海的制造业发生了"质"的变化：一是从传统经营转向现代化企业化管理，例如推动乡镇企业转制、组建现代企业集团、引入现代企业管理制度和职业经理人等；二是从以来料加工为主转向合资合作双向经营；三是从中低端消费品、轻工产品转向高端、自主品牌型产品，实现产业产品结构优化升级。20 世纪 90 年代，南海规模型企业的经营效益显著提升。1985—1998 年，南海全市独立核算工业企业的工业总产值（不变价）从 14.43 亿元增加到 313.76 亿元，年末固定资产净值从

4.25亿元增加到161.1亿元，年末流动资金余额从65.01亿元增加到178.68亿元，产品销售收入从14.14亿元增加到302.01亿元，劳动生产率从17 839元/人提高到29 794元/人，上述五类主要指标分别增长了1 974倍、3 594倍、1.74倍、1 936倍和67%（见图2-4）。

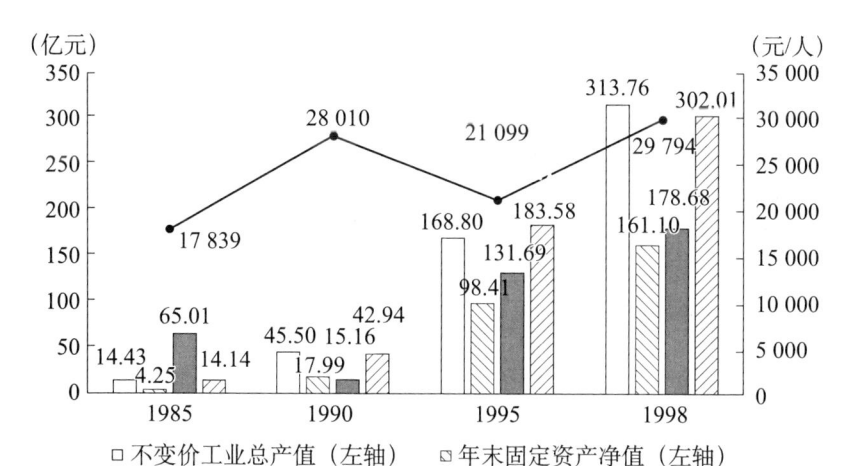

图2-4 南海市独立核算工业企业主要经济效益指标

资料来源：南海市统计局. 南海巨变 改革开放二十年（1978—1998）. 内部资料，1999.

（五）集体工业化的制度基础：土地股份制

与其他地区相比，南海的家庭联产承包责任制（分田到户）实行时间最晚，随后在1988年南海又率先推动集体基塘、土地等集中投包。因此，在改革开放初期，南海在将土地按户无偿分包的同时，仍保留了相当一部分土地鱼塘在集体手中。[①] 1993年8月，南海出台了《关于推行农村股份合作制的意见》，在农村全面推开以土地为

[①] 1983年下半年，在自上而下的压力之下，南海才开始全面推广家庭联产承包责任制，并于1984年年中基本完成，是全国最晚实行家庭联产承包责任制的地区之一。刘宪法."南海模式"的形成、演变与结局//张曙光，刘守英. 中国制度变迁的案例研究（土地卷·第八集）. 北京：中国财政经济出版社，2011.

中心的农村股份合作制。村社集体将包产到户时分给农户经营的土地集中到村经济联社（即村民小组）或管理区（即行政村），经济联社或管理区再对集体土地进行统一规划，或以土地直接出租或在土地上建好厂房、商铺对外出租，从事土地的非农经营，极大地促进了集体土地上的工业化。其中，土地股份制和集体建设用地入市是南海集体工业化的核心制度安排（见图2-5）。此后，南海的发展逐步走上了以村组为主体、以土地为资本，农民在土地非农化过程中充分参与工业化和城市化并分享土地增值红利的发展路径。

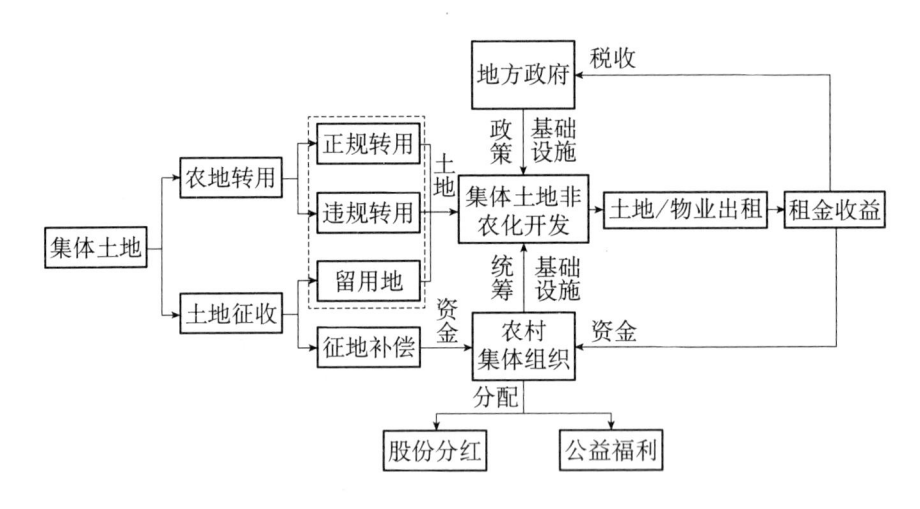

图 2-5 南海区的土地股份制与集体工业化模式

资料来源：杨廉，袁奇峰.基于村庄集体土地开发的农村城市化模式研究：佛山市南海区为例.城市规划学刊，2012（06）：34-41.

到20世纪90年代，以"土地股份制＋土地、厂房出租"模式取代了20世纪80年代的乡镇企业和"三来一补"外商企业为主的发展模式。村、镇成为推动南海工业化的主体，相应的村、镇两级工业园成为南海集体工业化的主要载体。以土地股份制为基础的集体工业化模式迅速风靡至珠三角地区，有效推动了珠三角的工业化进程，时下遍布南海的村级工业园就发端于此。截至2017年底，南海区有村级工业园612个，占地面积约18.9万亩（折合约126平方公里），约占佛山市村级工业园总面积31.1万亩的60.8%，占南海区现状工业用地总面积32.45万亩的58.2%[1]（见表2-4）。村级工业园工业产值占南海区的比重却不到10%，平均容积率仅为0.49。从园区规模上看，村级工业园占地规模偏小，空间上呈"大分散、小集聚"的特点，零星分布在南海区各镇街（见图2-6）。

表2-4 南海区612个村级工业园现状数据统计

序号	镇（街道）	村级工业园个数（个）	村级工业园规模大小（万亩）
1	桂城街道	67	1.16
2	大沥镇	111	2.64
3	里水镇	103	2.87
4	狮山镇	145	6.25
5	丹灶镇	104	2.12
6	西樵镇	58	2.81
7	九江镇	24	1.05
合计		612	18.9

资料来源：佛山市村级工业园整治提升实施方案（2018—2020年）（佛府〔2018〕1号）.

二、园区工业化

在南海工业化历程中，集体工业化主要解决了"从无到有"的问题，园区工业化则实现了南海制造业的"从小到大""从弱到强"。2002年南海撤市建区后，紧紧抓住外向型经济大发展的历史性机遇，直面日益白热化的区域竞争局势，区、镇两级按照"区主导规划统筹、镇负责建设管理、利益共享"的模式，加快整合国有建设用地、建设产业园区、大兴招商引资、调整镇街和园区体制等，推动了以

---

[1] 佛山市村级工业园整治提升实施方案（2018—2020年）（佛府〔2018〕1号）.

狮山工业园为代表的一批现代化工业园区的发展，实现了再造一个"工业南海"的跨世纪设想。

(一)在集体工业化之外开启"园区工业化"新路径

南海的村级工业园主要聚集了低端、劳动密集型、传统产业，也存在规划无序、用地不合法、土地租金低、环境污染、单位土地产值税收低等问题。1998年南海完成了公有制企业改制后[①]，在分税制的激励作用下，通过园区建设和招商引资发展制造业和扩大税收基础成为区、镇两级政府的共识。这一时期两个外部条件的变化也加速了南海园区工业化的步伐：一是中国加入WTO后出口导向型制造业迎来"黄金时期"，南海所在的珠三角地区成为外资投资设厂、产品直销外海市场的首选地；二是广佛一体化提速，南海提出"城市向东、工业向西"的空间战略布局，集中在西部片区强化土地收储，打造政府主导的产业园区。

外向型经济的发展和外资企业投资的增多是南海园区工业化推进的一个主要外部动力。1992年以前，南海工业企业的增量主要是以"乡镇企业"的名义开展"三来一补"加工贸易的中小型外资企业（以港资为主）。1992年以后，外资企业在珠江三角洲的布局也逐步由沿海城市（深圳、东莞、中山）向中部内陆城镇深入。1993年开始，南海在产业发展上提出民营、外资"双轮驱动"的战略，以极优惠的地价和"免二减三"的税收政策大力引进优质外资企业。为了给大型外资工业企业提供足够的工业用地，南海区、镇两级政府也开始直接规划建设区、镇两级工业园区。得益于工业园区招商引资的成效，在规模以上工业企业中，南海的外资企业的产值比重

---

① 1998年6月，南海市70.9%的市属企业、84%的镇办企业、90%的村办企业都完成了转制。蒋省三，韩俊. 土地资本化与农村工业化：南海发展模式与制度创新. 太原：山西经济出版社，2005.

在 2003 年后稳步上升。1993—2008 年南海区实际利用外资从 1 亿元/年增加到 6 亿元/年（见图 2-6）。①

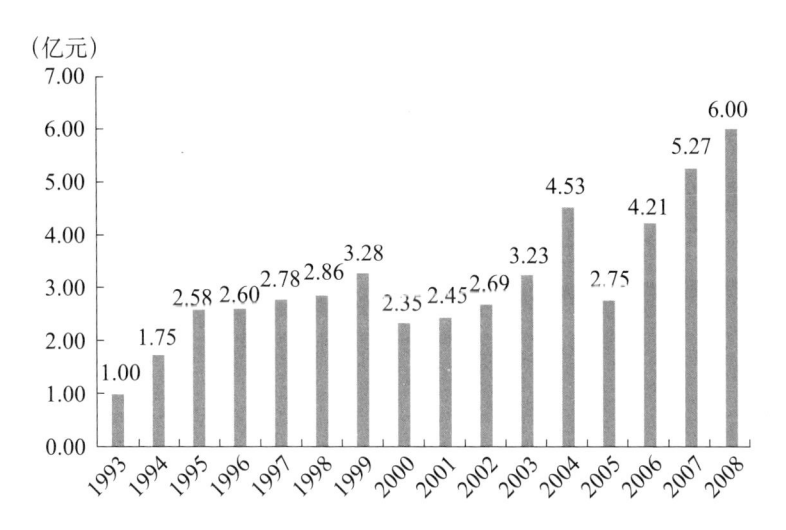

图 2-6　1993—2008 年南海实际利用外资规模

资料来源：袁奇峰，郭炎. 城市化转型与土地资本化：珠江三角洲"二次"城市化中的南海模式. 北京：科学出版社，2021.

从制度演进历程来看，有别于国家自上而下设立特区和在中心城市设立国家级开发区，南海的"园区工业化"是地方政府"摸着石头过河"不断尝试探索的结果，经历了从"各镇为政"到多镇融合、"园镇合一"（由各自发展到逐步整合），再到获得国家认可并升级为国家级开发区的历程。正因为"园区工业化"的成功，南海才步入了经济转型升级的正轨。② 南海的"园区工业化"可以分为两个阶段：

第一阶段：20 世纪 90 年代—2003 年的"以镇为主"阶段。20世纪 90 年代，在乡镇企业转制和分税制改革的大背景下，市、镇之间按照"放权搞活"的思路确定了市、镇两级独立发展的策略。南

---

①② 袁奇峰，郭炎. 城市化转型与土地资本化：珠江三角洲"二次"城市化中的南海模式. 北京：科学出版社，2021.

海的近 20 个镇级行政单元中，每个都建有自己的工业园区，甚至一个镇建多个。而南海市也划定了自己直管的"狮山开发区"。1992年，全国范围内形成了成立开发区的热潮，当年分别新设了 70 个国家级开发区和 144 个省级开发区。同年，南海撤县设市后，为了解决农村社区工业分散发展的问题，提出"工业入园"策略，强化了工业经济的规模集聚效应，创造了"一镇一品"的产业集群。20 世纪 90 年代中期，南海市提出"三区"发展战略（东部建设县城、西南部开发西樵山旅游度假区、中西部建设工业区），形成了如今镇级以上工业园区集中于中西部、商贸园区则集中于东部的工业空间分布格局。①

第二阶段：2003 年至今的"以区为主"的发展阶段。2002 年底，南海撤市设区，提出了"东西板块、双轮驱动"的发展战略，即在西部建设工业园区、在东部建设城市，自上而下地整合狮山（南海经济开发区）为佛山高新区的核心园区、丹灶（南海工业园）为国家级生态工业示范园区等。2004 年，在中央政府大力清理整顿开发区后，南海区进一步借机大刀阔斧地合并已有园区：2005 年将小塘镇、官窑镇、松岗镇并入狮山，打造南海经济开发区；2013 年 3 月，又将罗村街道、大沥镇西部 5 个社区并入狮山镇，佛山高新区（南海园）进一步扩容提质，成为全区乃至整个佛山市园区经济中的"巨无霸"。区级工业园的统筹整合为提升工业园区的等级、争取更多的国家和省市优惠政策创造了条件，也实现了经济规模的集聚效应和辐射效应。2015 年，南海区推动狮山园区等"园镇合一"的管理体制改革。到 2020 年底，镇级及以上政府建设的工业园区就有 26 个，规划面积达 268.15 平方公里，

---

① 袁奇峰，郭炎. 城市化转型与土地资本化：珠江三角洲"二次"城市化中的南海模式. 北京：科学出版社，2021.

占南海辖区面积的24.97%，已开发的面积达56.96平方公里，占规划面积的21.24%。[1]

专栏2-1 佛山国家高新技术产业开发区南海园（狮山产业园）的发展历程

佛山国家高新技术产业开发区（以下简称"佛山高新区"）是1992年经国务院批准建设的国家级高新区，实行"一区五园，统一规划，分园管理，创新服务"的管理体制，是珠三角国家自主创新示范区的重要组成部分、粤桂黔高铁经济带合作试验区（广东园）的主要载体，也是广东省金融、科技、产业融合创新综合试验区。佛山高新区核心区位于南海区狮山镇。

2011年8月，佛山国家高新区核心园区（南海园）被广东省人民政府批准为省级高新区，同年12月被确立为佛山国家高新区核心园区，规划面积403平方公里，涵盖狮山全镇和丹灶镇部分区域。至2013年底，园区形成了汽车零部件、有色金属、智能家电、平板显示器件、半导体照明和高端装备制造六大主导产业集群，吸引了一汽-大众、奇美电子、爱信精机、丰田纺织、燕京啤酒、本田变速箱等知名企业进驻。

2013年9月25日，一汽-大众佛山项目一期整车项目建成投产，首辆全新高尔夫7汽车正式下线。2014年5月，一汽-大众主机厂二期项目动工建设。二期项目占地面积达65.67公顷（985.05亩），总投资额达158.85亿元。

2014年，园区大力推动一汽-大众二期、佛山西站、大金智地高端产业服务区、联东U谷、博爱湖公共配套工程等重点项目建设，

---

[1] 袁奇峰，郭炎. 城市化转型与土地资本化：珠江三角洲"二次"城市化中的南海模式. 北京：科学出版社，2021.

加快佛山科技街建设。全年引进项目54个，计划投资总额达155.96亿元，其中工业项目有39个，计划投资总额达28.94亿元。实际外商直接投资达3.7亿美元，合同利用外商直接投资达2.3亿美元。是年，佛山高新区南海园入选广东智能制造示范基地。

2015年，佛山市出台佛山高新区、狮山镇"园镇融合"体制改革方案，全面深化"园镇融合"。

2019年12月，佛山市人民政府办公室印发《关于优化调整佛山高新技术产业开发区"一区五园"管理范围的通知》（佛府办函〔2019〕477号），南海园管理范围由403.36平方公里优化调整为267.2平方公里，分为狮山丹灶片区（183.6平方公里）、里水片区（38.4平方公里）和桂城大沥片区（45.2平方公里）三个片区，新调入三龙湾高端创新集聚区（南海）、广东金融高新区、里水电子信息产业园、和桂工业园、丹灶仙湖氢谷等重要创新资源集聚区域。南海园以实体经济、民营经济为主，装备制造、家电家具、汽车及汽车零配件等传统产业优势突出，机器人、3D打印、新材料、生物医药等新兴产业蓬勃发展。建有广东生物医药产业基地、广东新光源产业基地等特色产业园。

2019年，南海园园区GDP为608.5亿元，规模以上工业总产值为1 421.5亿元，"四上"企业营业收入为2 074.5亿元。作为佛山高新区科技创新要素最为集聚的区域，截至2019年，南海园独角兽企业有3家，占佛山高新区的50%；瞪羚企业有38家，占佛山高新区的61%；省级及以上新型研发机构有9家，占佛山高新区的47%。7家企业被认定为"单打冠军企业"，56家企业及科技企业孵化器获得超过2 700万元的扶持资金。

资料来源：南海年鉴（2014—2020年）；佛山高新区网站.

(二)再造一个"工业南海":制造业规模升级

2002年南海发力、政府主导的园区工业化建设开始以后,以佛山高新区南海园为核心的现代产业园体系迅速成型和壮大。与自发自主的村庄工业化路径不同,通过持续的高投入和高标准建设园区基础设施、打造高水平的营商环境,以现代产业园区为载体的新兴产业集群和产业链在南海逐渐成型壮大,在提高工业集聚度、单位产出水平、产业高级化水平、科技创新能力、市场竞争力等方面成效显著。

一方面,南海工业规模稳步提升,推动南海GDP跨越千亿元大关。南海区以"整园招商"的发展思路重点引入一大批成长性好、带动力强的重大项目,园区工业对南海经济的支撑作用进一步强化。1998—2008年,南海区工业总产值、规模以上工业总产值、工业增加值、规模以上工业增加值分别增长了5.3倍、8.5倍、5.5倍和9.3倍,年均增速分别达到20.3%、25.2%、20.6%和26.2%。规模以上工业总产值占工业总产值的比重从55.5%增加到86.2%,增加了30.7个百分点(见图2-7和图2-8)。到2022年,南海拥有规模以上工业企业4 038家,占佛山市的43%。

南海园区工业化快速推进的十年(1998—2008年)也是南海经济高歌猛进、创造辉煌的十年。这一时期,南海(规模以上)工业总产值、(规模以上)工业总产值年均增速都超过了20%,有力地带动了同期南海GDP、财政收入、外贸出口额等关键指标也维持了近20%的年均增速(见表2-5),极大地增强了南海的综合经济实力。2007年,南海GDP达到1 231亿元,首次突破千亿元大关。

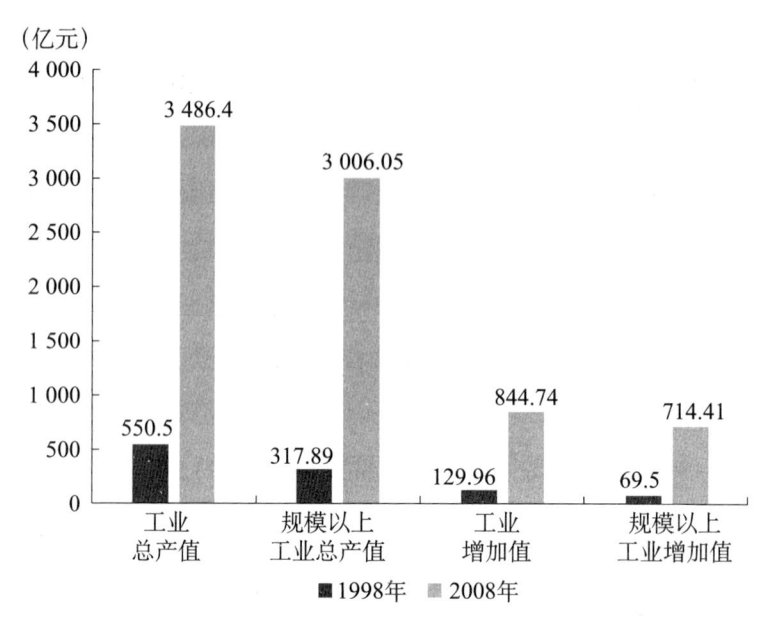

图 2-7 南海工业产值主要指标对比：1998 年和 2008 年

资料来源：历年《南海统计年鉴》。

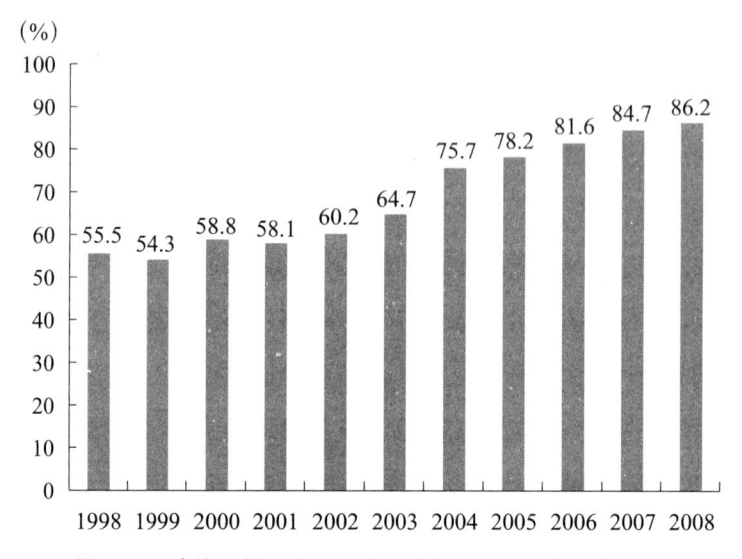

图 2-8 南海规模以上工业企业产值占工业总产值的比重

资料来源：历年《南海统计年鉴》。

表2-5 南海1998年和2008年主要经济指标对比

	1998年（当年价）	2008年（当年价）	增长倍数（倍）	1998—2008年年均增长率（％）
GDP（亿元）	282.54	1 490.75	4.3	18.1
财政总收入（亿元）	34.86	184.92	4.3	18.2
地方财政收入（亿元）	11.14	76.24	5.8	21.2
第二产业增加值（亿元）	138.06	957.80	5.9	21.4
第二产业占三产的比重（％）	48.9	64.2	增加15.3个百分点	2.8
工业总产值（亿元）	550.5	3 486.4	5.3	20.3
工业占工农业总产值的比重（％）	96.7	98.3	增加1.6个百分点	0.2
规模以上工业总产值（亿元）	317.89	3 006.05	8.5	25.2
规模以上工业总产值所占比重（％）	55.5	86.2	增加30.7个百分点	—
工业增加值（亿元）	129.96	844.74	5.5	20.6
规模以上工业增加值（亿元）	69.5	714.41	9.3	26.2
规模以上工业增加值所占比重（％）	53.5	84.6	增加31.1个百分点	—
工业企业数量（个）	15 529	27 356	增加11 827个	5.8

续表

	1998 年（当年价）	2008 年（当年价）	增长倍数（倍）	1998—2008 年年均增长率（%）
规模以上工业企业数（个）	568	2 857	4.0	17.5
规模以上企业所占比重（%）	3.66	10.44	1.9	—
实际利用外资（万美元）	28 564	59 996	1.1	7.7
外贸出口总额（万美元）	122 875	733 852	5.0	19.6

资料来源：张卉芬. 从"农村工业化"到"园区工业化"：狮山工业园区推动南海区工业转型研究. 广州：中山大学，2010.

另一方面，园区工业化也有力推动了集约型增长。相比于村集体土地上零散出租的工业厂房，园区工业化在有限的工业用地上集中引入大项目，提高了单位土地产值。1998—2008 年，南海区地均工业产值（按照辖区总面积计算）从 4 976 万元/平方公里增加到 32 467 万元/平方公里，10 年间增长了 5.5 倍，土地产出率显著提升（见图 2-9）。2007 年，南海区单位独立工矿用产出为 946.61 万元/公顷，接近 1998 年的 3 倍。狮山工业园的单位土地产值在全区最高。2005 年，狮山工业园区工业总产值为 316.9 亿元，占地面积为 15 450 亩，亩均产值达到 205 万元/亩（3 075 万/公顷）。[1]

（三）大项目持续投资落地带动制造业结构升级

21 世纪以来，南海的工业产业门类从制衣、服装、陶瓷等扩展

---

[1] 张卉芬. 从"农村工业化"到"园区工业化"：狮山工业园区推动南海区工业转型研究. 广州：中山大学，2010.

(万元/平方公里)

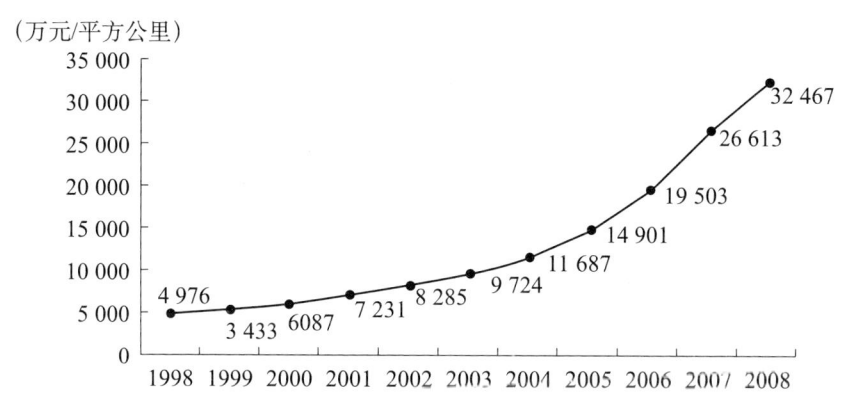

图 2-9 南海地均工业产值

资料来源：张卉芬. 从"农村工业化"到"园区工业化"：狮山工业园区推动南海区工业转型研究. 广州：中山大学，2010.

到现代装备制造、汽车零部件和整车制造、生物制药等先进制造业和高技术产业门类，工业门类日益完整齐全。从主导产业来看，1998—2008年，南海的传统产业有色金属冶炼及压延加工业、金属制品业、电气机械及器材制造业、非金属矿物制造业保持前四位的排名。在"广东四小虎"中，南海是21世纪头10年中规模以上工业产值比重增长最快的：规模以上工业产值增长率在2003年开始领先，规模以上工业增加值率在2002年后一直维持较高水平。这些都表明南海的企业的产值增长比较迅速。在规模以上工业企业中，南海是"广东四小虎"中唯一在2005—2008年大型企业的产值和数量比重均一直上升的地区，说明南海的大型企业在逐步增多。2005年正是狮山工业园区加快引进大型外资企业的开端，到2008年狮山已引入11家世界500强企业。[1]

以大型园区为载体，南海积极引进布局电子新兴和汽车制造两

---

[1] 张卉芬. 从"农村工业化"到"园区工业化"：狮山工业园区推动南海区工业转型研究. 广州：中山大学，2010.

大产业的大项目，推动制造业整体升级。2006年开始，南海的通信设备、计算机及其他电子设备制造业和交通运输设备制造业这两种技术密集型产业快速增长，到2008年按产值规模分列各行业第5、6位。2007年，台湾奇美电子与日本本田变速箱等代表性外资项目投产后，南海区制造业发生了质的转变和飞跃。2013年，对南海制造业升级带动作用最强的一汽-大众佛山工厂建成投产。此后，在这一南海汽车行业龙头链主的带动下，南海汽车产业高歌猛进发展，产值在2022年底突破千亿元。"十三五"期间（2016—2020年），南海园区累计引进超亿元项目720个，包括一汽-大众新能源汽车、腾龙湾区数据中心、平谦国际智慧产业园三个超百亿元项目。[①] 2023年3月，一汽-大众新能源汽车项目落地南海，计划总投资约160亿元，补齐了南海新能源汽车整车制造产业链。截至2022年，规模以上工业增加值从888亿元增至1 464亿元，超过200亿元的产业集群从6个增加到13个[②]，十二大行业工业增加值达1 036.39亿元，占全部规模以上工业增加值的77.0%。其中，金属制品业（198.28亿元）、电气机械和器材制造业（120.66亿元）、汽车制造业（147.33亿元）三大行业工业增加值超100亿元。1998—2008年，南海制造业不断向技术密集型升级：劳动密集型产业产值比重下降了10.6个百分点，资本密集型产业产值比重下降了2.2个百分点，技术密集型产业产值比重提升了12.8个百分点（见图2-10）。

（四）园区工业化的制度基础：政府-企业-集体的"增长联盟"

2000年以后，南海的工业化与城市化模式发生了根本的变化，

---

① 《南海区"十四五"发展规划纲要》。
② 分别为金属制品业、电气机械和器材制造业、汽车制造业（未包括一汽-大众）、有色金属冶炼和压延加工业、废弃资源综合利用业、通用设备制造业、非金属矿物制品业、家具制造业、橡胶和塑料制品业、计算机通信和其他电子设备制造业、专用设备制造业、文教工美体育和娱乐用品制造业、医药制造业。

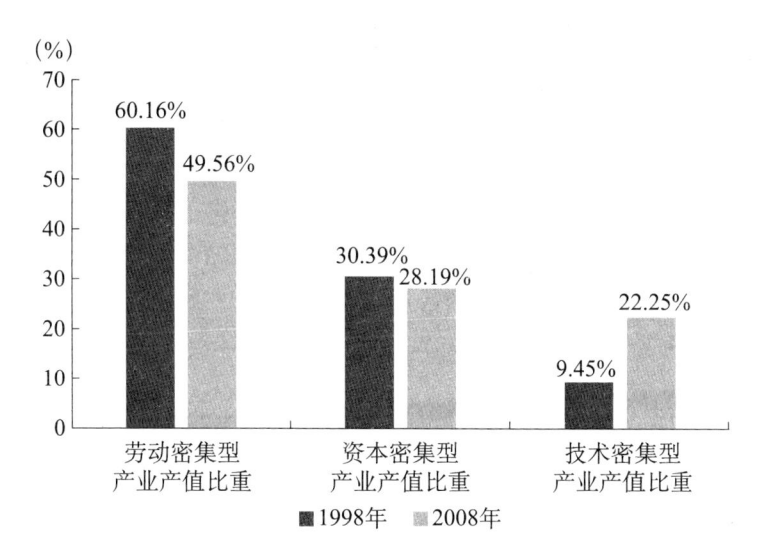

图 2-10 南海三类产业产值比重对比：1998 年和 2008 年

资料来源：南海统计年鉴（2009）。

由之前的自下而上的、分散的工业化和城市化模式，转变为政府主导的集中工业化和城市化模式。园区工业化的推进在集体工业化以外重新打造了一个崭新的"工业南海"，形成了传统优势产业和新兴产业"并驾齐驱"的现代产业体系。

在操作层面，园区工业化的标准模式是由政府拿地后，实施基础设施建设，统筹规划、统一开发和招商引资，根据投资企业的用地需求切块将土地使用权出让给相关企业，形成一定规模的产业集聚。在此过程中，政府主导土地集中开发、运行和营商服务，为规模型企业投资和产业升级提供空间。

除了标准模式以外，南海还创新"国集合作"的土地开发模式，更多地用集体土地来建设园区。例如，"613"模式，即园区土地中六成由政府经营，剩下四成由行政村和村民小组持有，六成中又有三成办理集体所有权证，即七成是集体用地，三成是国有征地。相比大量违法转用的集体建设用地，"国集合作"模式既在政府规划范围内推动了集体建设用地开发,同时集体和农民因保留了集体土地所有权仍在参与土地增值收益分配。[1]

通过推动园区工业化,南海实现了"政府收取税收、企业赚取利润、村民集体收取地租"的共享发展红利的"三赢"局面(见图2-11)。企业入园给地方政府带来了显著的"增长绩效",也给周边集体带来了积极的"外部效应"[2]。地方政府是园区工业化的主要推动者,以征地或"国集合作"等方式获得园区建设所需"生地","四通一平"后升级为适合工业生产和经营的"熟地"。对于入驻企业,政府一方面在土地办证、税收优惠、园区配套服务、企业招工、全产业链打造等方面提供支持服务;另一方面设定投资门槛(包括税收、产值、就业、创新、环保等核心指标),提高园区内高端企业比重,获得产值、税收、人才、就业、创新等指标的增长。在企业和集体的互动中,园区的正面效应(环境提升、就业岗位、租金上涨等)外溢至周边集体,园区"四通一平"建设给周边地区带来了道路、水电等基础设施的改善,产业工人的聚集给周边地区带来了餐饮、仓储运输、商业、房屋出租等相关服务业发展的机会[3],尤其促进了村民房屋出租收入。同时,村庄也为园区企业提供了廉价住房、生活配套服务、园区治安管理等公共品,降低了园区企业的运营成本。

---

[1] "国集合作"的园区开发建设模式实质上是在征地成本高、农民反对大的条件下,协调整合政府和农民的土地利益,将征地改为向村民集体租用集体建设用地,同时承担农用地转用费用等制度成本的做法,在集体土地上实现了与国有建设用地等同的产出成果。

[2] 园区工业化可以产生两方面的额外收益:一是"集聚效应",即通过吸引企业和人口集聚,促进知识外溢和技术进步;二是"选择效应",即开发区政策导致竞争加剧形成的优胜劣汰机制。参见周茂,陆毅,杜艳,等.开发区设立与地区制造业升级.中国工业经济,2018(03):62-79。

[3] 袁奇峰,杨廉,邱加盛,等.城乡统筹中的集体建设用地问题研究:以佛山市南海区为例.规划师,2009(04):5-13。

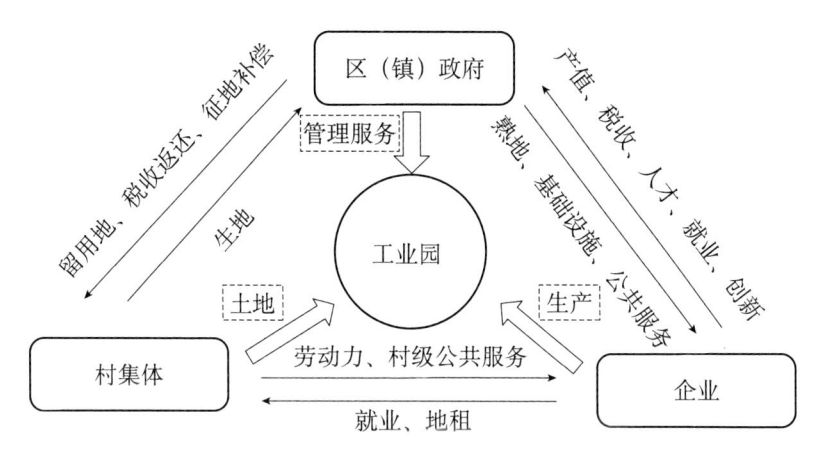

图 2-11 南海区园区工业化动力机制

三、产业高级化

新时代以来，中国制造业加快转型升级，制造业各部门逐步向产业链价值中高端转移步伐加快，这一趋势在珠三角等区域更加明显。此前，南海制造业崛起主要依靠三大优势：一是低成本土地、劳动力等要素，工业地价基本为零甚至为负；二是面向巨量需求的珠三角、全国大市场和海外市场；三是低成本基础之上的规模优势。制造业当家为南海区 GDP 十年间成功跨过二千亿元、三千亿元大关，工业总产值接近九千亿元，以及佛山迈进"万亿元 GDP 俱乐部"做出了巨大贡献。

中国经济进入新常态以来，南海制造业发展的内外条件也发生了巨变：外部条件主要是劳动力、土地、生态环境等要素成本增加，中美"贸易战"后出口导向战略向"双循环"模式调整，以及国内大市场的进一步整合升级[1]；内部条件的变化主要是南海制造业基于

---

[1] 2017 年以来，南海制造业发展的外部政策环境也发生了深刻变化：2019 年，佛山 GDP 突破万亿元大关，成为我国第三个晋级"万亿元 GDP 俱乐部"的地级市，佛山市和南海区都面临着推动经济从"以量为主"到"量质齐优"的转型压力。同年，国家启动粤港澳大湾区战略，明确"以珠海、佛山为龙头建设珠江西岸先进装备制造产业带""支持佛山深入开展制造业转型升级综合改革试点""支持佛山南海推动粤港澳高端服务合作，搭建粤港澳市场互联、人才信息技术等经济要素互通的桥梁"，指明了佛山和南海在大湾区中的定位与发展方向。

多年在技术、人才、资本等方面的积累，在技术扩散、产业链融合、数字化智能化等方面转型升级条件更加成熟。随着内外条件的变化，2017年前后，南海工业化的一个根本性变化在于：由外生的依靠要素投入型工业增长模式转向内生创新驱动型工业增长模式。南海的产业高级化趋势更加突出：一是新兴产业（高技术制造业和先进制造业）产值规模和比重迅速提升，氢能等产业异军突起；二是企业自主创新能力显著增强，表现为高新企业数量和专利授权数量的快速增长，以及一些关键核心技术的突破；三是部分行业形成了全产业链创新链，行业统治力和竞争力强化；四是数字化智能化赋能传统产业加速升级。

（一）新兴产业强势崛起，传统产业和新兴产业"并驾齐驱"

2019年，广东省做出发展"双十"战略产业集群的部署。在此之前，南海已开始布局氢能、新能源汽车、生物医药、新材料、半导体等战略性新兴产业的发展。"十三五"时期以来，南海在短短几年内实现了新兴产业从0到1的"丛林式"生长：以三龙湾高端创新集聚区南海片区、佛山高新区南海园等重大平台为载体，氢能、先进材料、生物制药、半导体与集成电路等重大项目爆发式增长，相关重点科研团队和高端研发人才等纷纷落地，占领了新一轮产业革命的制高点。新兴产业的崛起直接促成了南海现代产业体系的"双轮驱动"，高技术制造业和先进制造业取代传统优势产业成为南海区工业的新支柱。2022年，南海区规模以上工业增加值中，高技术制造业、先进制造业和优势传统产业分别占比9.68%、39.8%、38.61%。南海区新兴产业已初具规模，2021年"两高四新"产业中，集成电路及关键元器件（41.83亿元）、新能源装备（18.52亿元）、生物制药（43.11亿元）、新材料制造业（58.81亿元）四大新兴战略产业工业增加值合计超过160亿元（见表2-6）。

表 2-6　2021 年南海区三大类型产业以及主要行业制造业增加值

单位：亿元

优势传统产业		先进制造业		高技术制造业	
纺织服装	51.85	高端电子信息制造业	46.8	医药制造业	53.88
食品饮料	38.59	先进装备制造业	282.06	电子及通信设备制造业	53.65
家具制造	70.07	石油化工产业	25.43	电子计算机及办公设备制造业	1.93
建筑材料	238.76	先进轻纺制造业	77.14	医疗仪器设备及仪器仪表制造业	19.36
金属制品业	262.09	新材料制造业	58.81	—	—
家用电力器具制造业	24.55	生物医药和医疗器械	56.09	—	—

资料来源：南海区政府提供。

专栏 2-2　南海区新兴产业快速崛起，抢占制造业高质量发展高地

"十三五"时期以来，南海抢抓第四次工业革命的机遇，开辟发展新领域新赛道，推动"两高四新"产业成为经济发展主动力。2018 年，南海基于自身的基础和需求以及对未来产业趋势的判断，提出了重点发展"两高四新"产业，即高技术制造业、高品质服务业、新能源产业、新材料产业、新一代电子信息产业、新型生物医药产业。2020—2022 年的招商数据显示，"两高四新"产业一直占据大头，信扬、瑞浦、国电投、美锦等 7 个百亿元项目抢滩南海，一批新引进的"链主"企业、关键环节企业补齐了产业链短板。2020

年—2022年6月，南海区合计引进超亿元项目263个，计划投资额达2 243.36亿元。"两高四新"产业增加值从2017年的788.30亿元增长到2019年的1 042.18亿元，"两高四新"产业对南海区GDP的贡献率从2017年的28.1%升至2019年的32.8%。目前，"两高四新"产业占GDP的比重超过30%。

南海氢能产业经历了从无到有、从小到大的发展历程，成功入选国家级中小企业特色产业集群。南海区早在2009年就开始布局氢能产业，抢抓"氢经济"先机。2007年南海区还只有2家氢能企业。2019年以来南海区开始发力推动氢能产业加速发展，2022年南海区氢能产业迎来"大爆发"[①]，引进百亿级氢能产业项目3个。截至目前，南海已汇集了韵量燃料电池、清能股份、济平新能源、康明斯、仙湖实验室等100多家氢能企业、科研院所及相关机构，计划未来投资总额超500亿元，进一步强化氢能产业形成科技研发、核心零部件和整车生产制造、示范应用、培训教学和展示等上下游全产业链条，全部达产后预计形成年产值超千亿元的产业集群，助力南海打造目前国内氢能产业链布局最全、政策体系最完善、应用场景最多的氢能产业商业化创新发展引领区。此外，电将军等多个新能源项目的引入，使南海形成了从储能电芯等关键部件、分布式光伏发电系统、储能系统集成到储能应用场景的全链条产业。

在机械装备制造业领域，南海区开始向大国重器发起冲击，改变传统轻工基地的定位。2023年3月，以海洋石油高端装备零部件（测井以及定向钻井）研发和制造商广东中海万泰技术有限公司为主

---

① 2022年1月，国家电投集团规划的华南氢能产业基地落户南海，项目投资约100亿元，这是南海引进的首个氢能百亿级央企项目。7月，美锦氢能产业总部基地、海天大健康绿色产业项目等12个项目集中签约，计划投资总额达283亿元。11月，2022年中国氢能产业大会举行，氢能世界国际绿氢生态总部基地项目等17个氢能产业重点项目进行了启动、投产、签约仪式。

要制造基地的随钻测井及旋转导向钻井"璇玑"系统成功实现1 000口井作业、100万米钻井总进尺，使我国成为全球首批同时拥有这两项技术的国家，有力推动了我国油气勘探开发关键核心技术跻身世界一流行列。此外，精铟海工装配的国内首座油电混合动力自航自升式风电安装平台顺利交付。徐工集团投资20亿元打造的南海基地，2023年也已经顺利投产，实现每60分钟产出一台塔机、每80分钟产出一台升降机。南海高端机械装备制造业的崛起已势不可挡。

此外，新一代电子信息产业也是南海谋定而后动的产业发展方向。包括信扬科技模组成像基地、飞荣达通信集成大湾区生产基地、鸿浩半导体装备基地、德珑集团、聚芯科技等一批细分行业龙头项目的到来，补足了电子信息产业中电子元器件、系统集成、装备制造等产业链环节。2023年，南海发布了《佛山市南海区半导体及集成电路产业发展行动方案》和配套扶持办法，将在未来5年投入200亿元、10年内投入500亿元，打造粤港澳大湾区半导体制造业重要基地和集聚区。

（二）打造细分领域的"隐形冠军"

南海经济充满韧性且活力十足，其根源在于越来越多的民营企业充分发挥市场嗅觉敏锐、创新动力强、机制灵活、反应能力快的特点，从过去依靠生产要素投入转向依靠创新驱动发展，敢于涉足新领域、采用新技术、开发新工艺，不断推出新产品、提供新服务、创造新模式，它们是南海制造迈向高质量发展的中坚力量。

2017年以来，南海的企业创新主体地位进一步强化，高技术产业体量更大、质量更优、基础更牢，在技术创新、专利发明、先进技术储备等方面遥遥领先珠三角地区县域经济体。截至2022年底，南海拥有高企3 715家，总数约占全市的41%，连续8年保持全市第一，2022年当年净增高企超700家。高企涵盖国家高新技术领域的八大领域，其中"两高四新"现代产业领域的有3 555家，占比达95.69%。2022年，南海增加39家制造业全国隐形冠军企业，全区制造业全国隐形冠军企业总数量达到144家，其中过半数为"两高四新"企业，在全国县域范围内处于领先位置。南海拥有国家级专精特新"小巨人"企业19家（其中2022年新增7家），数量位居全市第一。南海区9家企业上榜"2022广东省民营企业100强"，10家企业上榜"2022广东省制造业民营企业100强"，8家企业上榜"2022广东省服务业民营企业50强"。2022年中国轻工联科学技术奖，南海高企揽获4项奖项；8家高企入选省级制造业单项冠军；26家企业上榜佛山科技创新百强企业。第五批广东省级工业设计中心名单中，南海又有4家企业上榜，截至2023年上半年，南海共有15家企业入选省级工业设计中心、1家企业入选国家级工业设计中心。企业市场竞争力的提升带来了南海区域核心竞争力的飞跃：赛迪顾问电子信息产业研究中心1月19日发布的《2021中国科技创新竞争力研究》显示，南海区位列2021科技创新百强区总榜单第6名，领跑佛山全市。2022年，南海企业获广东省科学技术奖、政府质量奖的数量创历史新高，居佛山五区第一。

（三）形成完整的创新生态，推动产业链创新链深度融合

2008年金融危机后，南海制造业加快向创新驱动增长模式转型升级。2015年以来南海高新技术企业数连续8年保持全市第一，企业自主创新能力显著增强，专利授权数量快速增长，一些关键核心技术实现突破，南海区稳居"中国创新百强区"前列。对于科创型企业来说，南海所在的粤港澳大湾区是一个闭环式创新生态场，可以更好地实现产学研创新协同，以及从终端产品到商业模式的全创新链融合，这是南海推动创新驱动发展的环境优势。2017年中美

"贸易战"爆发后,南海等制造业基地推动创新链产业链深度融合、解决技术"卡脖子"问题、实现高水平科技自立自强的驱动更加迫切。

在科创投入方面,南海在"两高四新"新兴产业等领域投入财政资金 100 亿元以上建成 24 个重大科技创新平台,财政经费占全社会研发投入比重超过 13%。2016—2021 年,南海全社会研发经费投入从 51.39 亿元增长到 90.02 亿元,5 年增长了 80%。[①] 近三年来,南海累计为企业办理技术改造项目备案 1 426 个,涉技改总投资超 321 亿元。《南海区强化制造业创新驱动发展战略的实施方案》提出至 2025 年,各级财政安排不少于 200 亿元,撬动全社会研发投入不少于 600 亿元。

在科创平台建设方面,南海注重推动企业自建或与科研机构共建国家级、省级研发平台,逐步成为大院大所、重点科创平台集聚之地。近年来,南海区培育了包括季华实验室、仙湖实验室在内的 24 家重点科创平台,有孵化器 32 家、众创空间 28 家,其中国家级孵化器 10 家、国家级众创空间 9 家,形成了规模化梯度式孵化育成体系。南海区孵化器、工程中心、实验室、研发机构等创新载体共 1 528 家(2019 年数据),集中在高技术制造业、新材料、新一代信息技术等产业领域,主要产业的全产业链创新生态已经成熟。

在吸引和培育科技人才方面,南海不断增强科创平台对高端科技人才的吸引力和承载力。全区落户的院士项目达到 32 个,科创平台聚集超 2 000 名科研人员,其中季华实验室累计引进各级创新创业团队 305 个,已培育了近 120 家高新技术企业,希荻微公司已在科创板上市。

---

① 彭美慈,李丹丹. 以科技的主动赢得发展的主动. 珠江时报,2023 - 05 - 05.

在创新成果转化和科研体制机制创新方面，南海集中打造符合南海产业发展需要的产学研技术创新体系。在推动科技成果对接转化上，南海区引导24个科技平台联合286家企业结对共建、对接需求、联合攻关，共同构建"实验室—新型研发机构（人才团队）—企业研发机构—创新产业载体"的创新生态链。24家创新平台累计开放科学仪器设备近600台（套），为5 789家企业提供共享科研仪器、联合研发等多项服务。"南海区科技成果转化平台"上线科技成果超400项。

在关键核心技术突破方面，南海的科研平台和企业围绕产业链堵点、痛点，加大科研攻关协同、推动产业链创新链融合。南海企业在解决"卡脖子"问题方面屡有突破，例如，原点智能打破了高端数控机床技术垄断，佛山华数机器人实现了机器人五大核心零部件除减速机外全部自主研发等。在此过程中，企业研发主体地位不断强化，规模以上工业企业建有研发机构数量从2016年的509家增加至2021年的2 295家。

（四）加快数字化智能化转型，赋能传统产业转型升级

随着产业化进程提速，南海不仅迎来了数字经济产业的新增长点，也为本地传统产业借力数字化实现技术改造、加快转型升级进程奠定了坚实基础。

南海从20世纪90年代起就率先提出要以信息化推动现代化，经过30年的数据统筹，汇聚了丰富的数据资源。数据显示，南海一大批企业通过数智化转型实现了降本增效、发展跃升，转型后生产成本平均下降10.5%，良品率平均达到95.2%以上，能源消耗平均下降21.4%。数智化转型已积累了非常成熟的技术和成功的经验，实现了可借鉴、可复制、可推广。截至2023年上半年，南海已有超过2 000家规模以上工业企业实施了数智化转型，占比近50%；转

型后生产成本平均下降10.5%，良品率平均达到95.2%以上，能源消耗平均下降21.4%；区内已累计涌现6个国家级示范项目、65个市级数字化工厂车间。在佛山市工业互联网产业生态供给资源池中，南海区企业数量占52%，产品数量占47%，两项数据均为全市五区第一。2022年10月，南海启动"数字领航"三年行动计划①，计划三年内投入超65亿元推动制造业数字化智能化转型，实施"千企智造工程"，带动至少1 000家企业、10个产业集群开展"两化"转型。2023年6月，南海区大数据人工智能产业联盟②成立。9月，南海区大数据人工智能联合实验室揭牌③，集中推动AI+本地特色产业领域的模型研发和人工智能成果转化。④

制造业的数字化智能化转型，是南海传统产业转型升级的主阵地、主战场。优势传统制造业在数字化智能化转型中"脱胎换骨""腾笼换鸟"后实现绿色发展。2021年以来，南海已经涌现出一批国家、省、市级制造业数智化标杆示范项目。南海已累计有3个一级数字化智能化示范工厂、3个二级工厂和2个三级工厂，凝聚了约100家数字化服务商，形成了一支"百家军"；蒙娜丽莎数智化示范车间等31个车间入选2022年佛山市数字化智能化示范车间，排名五区第一。引入、建立和整合电商平台，推动传统产业"触网""上线"是南海产业数字化智能化革命的又一亮点。2019年以来，区内

---

① "数字领航"三年行动计划即南海区2023—2025年推进制造业数字化智能化转型三年行动计划，包括促进新一代信息技术与经济深度融合，打造一批"互联网+"数字化应用新场景，培育一批全方位、全链条转型的数字领航企业，推动一批传统产业集群实现数字化转型升级，带动区域产业能力全面提升。

② 该联盟由南海区大数据产业协会、家电行业协会、平洲珠宝玉器协会、鞋业行业协会、建筑业协会、机械装备行业协会、照明行业协会、家具行业协会等25家行业协会、企业共同发起。

③ 首批合作单位包括中国联通、华为、华南数交、大数据人工智能产业联盟、探物智能等企业。

④ 熊程. 数字化：9000亿工业强区的星辰大海. 南方+网站, 2023-09-20.

装备制造、泛五金、家具、纺织、模具、定制家居等6个产值超200亿元的产业集群已率先开展集群数智化转型探索，整合供应端到消费端，形成了新的区域竞争优势。2022年3月，南海正式发布"1+N"电商产业布局，带动全区多个镇街、多条产业链升级。① 例如，九江镇的南海家居链供需对接服务平台已吸引了超过1 000家家具产业链上下游企业和服务商进驻，平洲抖音电商直播基地自2020年5月试运营以来已吸引1 300多家直播企业在此集聚。

从土地与增长关系的视角来看，1978年以来南海从集体工业化到园区工业化，再到产业高级化，产业发展和经济增长对土地要素的依赖程度不断降低。园区工业化与集体工业化相比，需要的是更加连片聚集、基础设施更加完善、区位交通更加便利、管理服务更为有效的现代化产业园区，而不单是廉价的大量土地供应。这一时期的"三旧改造"盘活了存量工业用地，为新兴产业落地成长以及传统产业扩大产能、满足巨额的出口订单提供了空间保障。到了产业高级化阶段，南海制造业的发展驱动从外生的成本、市场等条件转向内生的创新，以及人才、信息、资本、组织、团队协作等流动性强的要素的投入和组合。与之相应，进入城乡融合发展阶段后，南海集中发力村级工业园改造和全域土地综合整治，从更大空间层面优化城乡土地资源配置，强化企业（包括研发机构）等用地主体的权利保障、提高用地灵活性，有力地保障了新发展阶段南海"两高四新"产业壮大、企业自主创新能力提升、数字化智能化转型。

---

① 其中，家具电商集聚区主要涉及九江，智能家居电商集聚区主要涉及里水，玉石珠宝电商集聚区、红木电商集聚区、汽车电商集聚区主要涉及桂城，纺织服装面料电商集聚区主要涉及西樵，花卉观赏鱼类电商集聚区主要涉及南海花博园、万顷园艺世界。

第二节　从半城市化到城乡融合

　　城镇化是伴随工业化发展，非农产业在城镇集聚、农村人口向城镇集中的自然过程，是人类社会发展的客观趋势，是国家现代化的重要标志。任何国家或地区要想成功实现现代化，必须在推动工业化发展的同时，注重城镇化发展。经典现代化理论基于传统—现代的二分法把现代化定义为从传统社会到现代社会的转型，主要包括经济工业化、政治民主化、社会城市化、文化世俗化等。[1] 从城乡关系的角度看，传统乡村的消亡和终结不可避免。如孟德拉斯认为，传统的小农生产方式以及农民将随着现代化的推进逐渐消失直至终结，取而代之的将是现代化的农业和现代农业工人。[2] 舒尔茨也认为，发展中国家的传统农业是不能对经济增长做出贡献的，只有现代化的农业才能对经济增长做出重大贡献，发展中国家需要通过增加人力资本投入等手段将传统农业改造为现代化的农业，传统小农也需要进行理性化的改造。[3] 国内也有学者提出过"村落的终结"[4]的观点，城镇化特别是"就地城镇化"是农村实现现代化的重要方向。[5] 随着实践的推进和理论的发展，人们逐渐发现，单纯靠发展城市吸纳乡村人口或土地的城镇化路径并未能彻底解决乡村发展问题，甚至使城乡发展不平衡进一步加剧，不利于国家整体的现代化。因

---

[1]　西里尔·E.布莱克.比较现代化.上海：上海译文出版社，1996.
[2]　H.孟德拉斯.农民的终结.北京：中国社会科学出版社，1991.
[3]　Theodore W. Schultz. *Transforming Traditional Agriculture*, New Haven: Yale University Press, 1964.
[4]　李培林.村落的终结：羊城村的故事.北京：商务印书馆，2004.
[5]　李强，张莹，陈振华.就地城镇化模式研究.江苏行政学院学报，2016（01）：52－60.

此，乡村的主体性和独立走向现代化的必要性逐渐受到重视。①

世界各国城市化的普遍规律揭示出，城市形成的基本前提是人口和产业的空间聚集。从 20 世纪 90 年代开始，南海在大踏步推进农村工业化的同时，城市化进程也在稳步发展。与当时以"地改市"行政制度改革为主流的城市化浪潮不同，南海的城镇化道路从一开始就与工业化模式一起注入了"自下而上""自主自发"的基因。到 21 世纪初，南海城镇化的主战场主要集中在镇域，其中桂城、罗村、狮山等街镇在行政区划调整后城镇化进程显著加速。2008 年金融危机后，南海的城市化进入新的阶段。依托千灯湖片区的开发和房地产经济的兴起，南海的城镇化进程也越来越趋向"政府主导的土地城市化模式"，与大城市和其他发达地区并无二致。新时代以来，在村镇自主自发和政府主导的两种城镇化模式基础之上，南海逐步开拓出了一条城乡融合的新道路，打通城乡要素资源双向流动渠道，实现了城、镇、村三层城市化体系协调发展。

一、从中心城区开发到融入粤港澳大湾区

2008 年金融危机以后，"四万亿"经济刺激计划掀起了全国范围内的"投资热"和"房地产热"。在珠三角地区进入急速城市化以及"广佛同城"战略导向的背景下，南海集全区之力打造千灯湖 CBD 城市中心，推动南海城市化进入了政府主导的以中心城区为主要载体的阶段。在打造千灯湖 CBD 和其他新城的过程中，南海区复制了"土地-财政-金融"三位一体的政府主导的城镇化模式。南海的城镇化在改革开放以来的村镇自主自发城镇化之外，又新增了政府主导的土地城市化模式，形成了"双轨"并举的城镇化路径。

---

① 邓智平. 城乡转型与中国式现代化. 广东省社会科学院工作论文，2022.

(一) 20 世纪 90 年代南海县城的开发建设

南海从 20 世纪 50 年代中期以来没有自己的中心城区，镇及农村的建设随意性大，杂乱无章。从 20 世纪 80 年代开始，南海通过征地来建设中心城区。南海城市中心区的建设开始于改革开放后县城的搬迁。20 世纪 80 年代以后，南海县城规模不断扩大。1984 年，佛山专区"撤地设市"，从驻地南海区切块设立地级市政府辖区，即现在的禅城区。1985 年，南海县政府从佛山市区迁出，选址桂园之东、岗之西、平洲水道之北、佛山水道之南的地段作为县城的新址，因为临近桂园而定名为桂城。在桂城建设中心城区后，才比较注重城乡的规划建设工作。

1992 年南海撤县建市后，城区规划面积和建设规模进一步扩大。[①] 建市后，市委市政府于 1993 年确定了"一城、二通、三园"（即建设现代化花园式城市，发展大交通、搞活大流通，营造大农业园、大工业园、大花园）的城乡一体化建设总体思路，并以规划为龙头、以交通为先导，狠抓规划建设管理和基础设施建设，有效地促进了全市的发展。1996 年完成的《南海市城乡一体化规划》和《南海市中心城区总体规划》明确：南海中心城市规模由 84.1 平方公里扩大为 209.93 平方公里，范围包括桂城、平洲、三山、大沥、盐步、黄岐六个区。1997 年对全市各镇（区）城区总体规划进行调整，对中心城区以外的 14 个镇（区）城区总体规划都进行了修编。[②] 1992—1998 年，南海市房地产业发展迅速，城乡建设总投资达

[①] 1991 年，南海县城规划建设管理办公室取代了原县城建设指挥部，并编制了《南海县城总体规划》，明确：(1) 县城规划面积由原来的 5.7 平方公里调整为 84.1 平方公里，范围包括桂城、平洲、三山（凤鸣）三个镇；(2) 要建设一个全县政治、经济、文化、科技中心，并建成在商业、工业上有一定竞争力的轻型工业城镇；(3) 新县城要按高标准进行建设，要体现南方特色、反映南海风貌，具有"绿化、净化、美化"作用的园林式小城镇。同时南海县还开展了《南海县域规划》的编制工作。

[②] 南海市统计局. 南海巨变 改革开放二十年（1978—1998）. 内部资料，1999.

170.37亿元，各类建筑面积达3 108.11万平方米。

(二) 1992年以来的三次街镇行政区划调整

2003年，南海区一级政府开始大力推动政府主导的城市化，统筹整合全区国土开发空间和土地利益再分配，通过行政体制改革提高城市集聚效应，加快城市形态向现代城市转型。一是南海撤市设区，在佛山市域实行城市整合；二是辖区内乡镇进行整合，并意识到对破碎农村社区工业化进行整合的必要性。为此，伴随着行政区划的整合，南海开始从整体层面对未来发展方向与策略进行谋划，在产业发展上，提出民营、外资"双轮驱动"的战略，即在发展民营企业的同时，加大引进外资企业；在空间布局上，提出"东西板块"战略，即在"西部"农村社区工业化进程相对较慢的地区推进政府主导的工业园区的建设，通过"园区工业化""再造一个南海"；在"东部"，推动农村工业化地区的城市化转型，打造"城市南海"。两个战略的实施都需要政府更加"有为"，通过重构全域土地利益获得发展空间。[1]

(三) 广佛同城的区域发展战略导向

2008年以来，随着促进珠江三角洲地区的发展成为国家战略，对"广佛都市圈"的同城发展提出了更高要求。随后，"广佛同城化"的事务在行政上进一步"尺度上移"，成为国家战略的支点。2008年12月，国家发展和改革委员会发布了《珠江三角洲地区改革发展规划纲要（2008—2020年）》（以下简称《珠三角纲要》），明确提出："强化广州佛山同城效应，携领珠江三角洲地区打造布局合理、功能完善、联系紧密的城市群。"2009年7月，《广州市佛山市

---

[1] 袁奇峰，郭炎. 城市化转型与土地资本化：珠江三角洲"二次"城市化中的南海模式. 北京：科学出版社，2021.

同城化建设合作框架协议》及两市城市规划、道路与交通设施、产业协作、环境保护4个对接协议正式签署，对未来两市在交通、产业和空间结构一体化等诸多方面提供了政策指引。同年，全国首个跨区域综合规划《广佛同城化发展规划（2009—2020年）》正式出台，提出建立健全同城化发展的体制机制。[①] 为了对接"广州向西"的战略布局，南海以东部片区的千灯湖、三龙湾为城市东西走向的主轴布局大规模城市建设。

在广佛同城战略的导向下，南海区以千灯湖片区为抓手，推动桂城作为中心城区迅速发展壮大，成为南海的城市中心，在人口聚集、服务业辐射等方面发挥了中心作用。"十四五"时期，桂城高速发展，加快产业结构向现代都市型经济体系转型，使现代服务业和都市型工业壮大成为经济支柱。随着千灯湖片区的建设和繁荣，桂城作为南海区的城市中心地位日益强化，作为中心城市的服务功能和规模效应显著增强，并带动了整个南海东部板块房地产业和消费经济的持续繁荣。2013年桂城街道行政"扩容"后，千灯湖片区的CBD功能日趋完善，带动整个桂城片区的高端服务业的聚集以及住宅市场的兴旺。2013—2020年，桂城街道的房地产投资占南海区的比重从38.75%增加到47.47%，社会消费品零售总额的比重从32.06%增加到32.62%，户籍人口的比重从19.46%增加到20.81%（见图2-12）。与之相比，2020年桂城街道常住人口占南海区的比重仅为19.99%，GDP占全区的比重仅为20.64%。综上，桂城街道以全区1/5的常住人口、户籍人口和GDP贡献了近一半的房地产投资和约1/3的社会消费品零售总额，其中心城区的居住、消费的聚集和服务辐射的能力可见一斑。2022年，千灯湖片区以佛山市

---

① 袁奇峰，郭炎．城市化转型与土地资本化：珠江三角洲"二次"城市化中的南海模式．北京：科学出版社，2021．

0.076%的土地面积贡献了全市约5%的GDP，经济密度达到226.9亿/平方公里，高于广州市天河区的64.53亿/平方公里、越秀区的107.99亿/平方公里。以千灯湖片区为依托，南海在粤港澳大湾区世界级城市群体系中的西部枢纽位置更加坚实，也为"南海制造"出海创造了一个内通外联的开放格局。

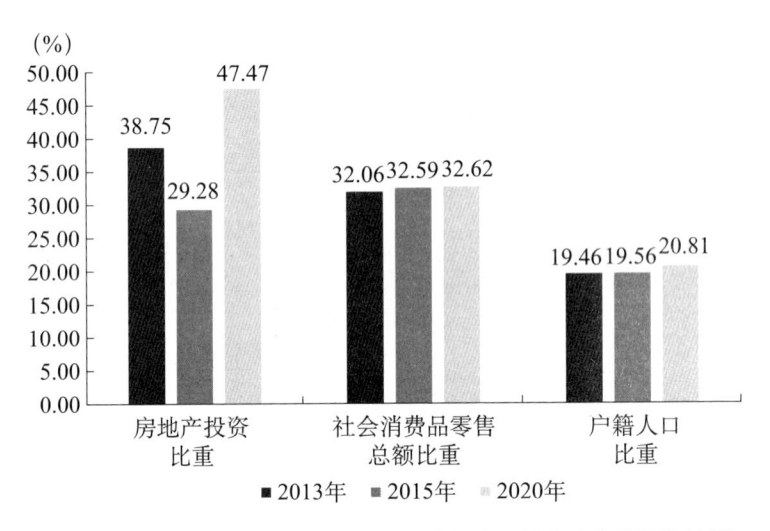

图 2-12 2013—2020 年桂城街道房地产投资、社会消费品零售总额、户籍人口占南海区的比重

资料来源：南海统计年鉴（2013、2015、2020）。

二、从候鸟迁徙到安居乐业

南海经济的"起飞"始于集体工业化，由此南海早在20世纪80年代就走出了农业部门就业"过密化"的陷阱。南海的工业化与其他沿海地区一样，得益于外来人口持续输入的"人口红利"，巩固了成本优势和竞争力。21世纪以后尤其是"十三五"时期以来，南海区的人口城市化模式进入了新的"循环"：首先，产业和城市服务业升级产生了规模更大的高级人才需求，南海的就业和工资收入吸引力强化。其次，政府抓住机遇迅速提升城市基础设施和公共服务水平，激活房地产市场活力，使得南海对外来高端人才的吸引力从就业、收入延伸到高质量住宅小区、优质学位、高水平医疗、联通广深港澳的便捷交通条件等方面。南海为"新南海人"提供了一整套优质、舒适的高性价比的现代化生活方式，再加上融入现代化要素的岭南文化的感召，南海成为新一代移民安居乐业的家园。最后，南海的人口增长模式也发生了转变，一方面可以毫不畏惧地与广深湾区核心城市争夺高端技术人才、管理人才（企业白领和公共部门人才）；另一方面，80后、90后新移民带来的新生儿增量也为南海下一阶段的高质量发展储备了新的"人才红利"。可以说，改革开放以来南海的人口城市化始于摆脱"过密化"（本地农业劳动力），发展于"候鸟式"的流动人口迁徙，初步实现了外来人口融入南海的人口高质量发展模式。

（一）外来人口规模迅速增长，推动常住人口规模急速扩张

改革开放以后，南海乡镇工业的快速发展促进了农村劳动力的非农化。1993年，南海78%的农村劳动力已进入非农产业。1992年邓小平南方谈话以后，南海区外向型经济进一步发展，吸引大量外来务工人员迁入南海，带动全区常住人口迅速增加。1992—2000年，南海区常住人口从111.57万人增加到198万人，净增加86.43万人，其中半年以上流动人口增加66.9万人，年均增长率为14.55%。2000年以来，南海人口规模进一步扩大。2000—2020年，南海常住人口从198万（包含南庄镇约16万人）增加到366.72万人，增长了85.2%，占佛山市常住人口的比重达38.61%，人口规模位居全市第一[①]和珠三角县域前列。放眼沿海发达地区，南海区人口规模的增长

---

① 数据来源于《南海区第七次全国人口普查公报》，为2020年11月1日零点数据，后文2020年南海区常住人口相关表述均以该时间为准。

具有典型性，即主要依靠流动人口输入，同时也带来了本地人口和流动人口"倒挂"的问题。2000—2020年流动人口增幅占常住人口增幅的近2/3（66.57%），截至2020年南海区流动人口和户籍人口之比为1∶1.21（见图2-13）。另外，流动人口的迁入也使得南海的人口年龄结构保持年轻化，从而为工业化、城镇化源源不断地提供了"人口红利"的有力支撑。

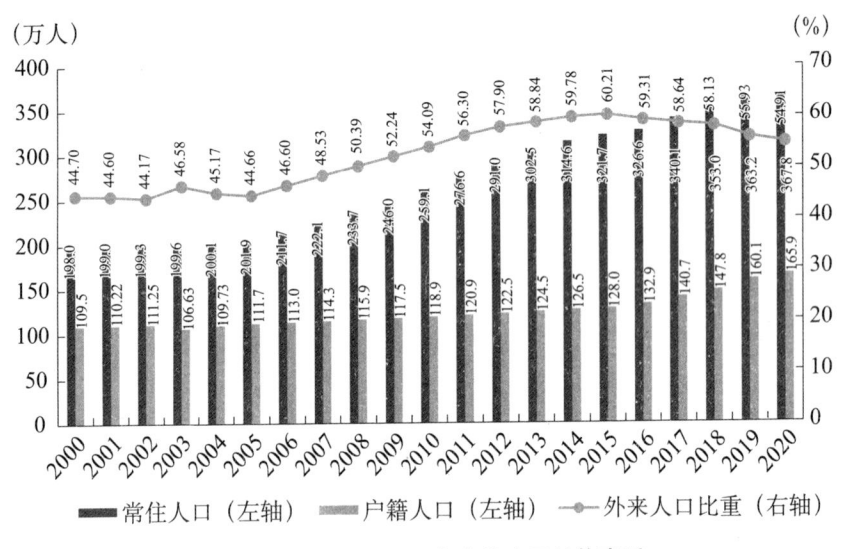

图 2-13　2000—2020 年南海人口结构变迁

资料来源：历年《南海统计年鉴》《南海区国民经济和社会发展统计公报》。

（二）户籍人口的城镇化：社员身份＋市民生活

改革开放 45 年来，土生土长的南海人一批批"洗脚上田"开办企业，或外出求学、参军、经商、务工，迁入城镇居住，从业方式从以农为生转变为市民式的生活。再加上村庄基础设施、公共服务和福利条件的改善，大部分村民享受到了与中心城区居民接近的教育、医疗、社保等福利条件，在生活方式上也完成了市民化转型。从统计数据来看，1978—2003 年南海非农户籍人口比重从 18% 增至 26.9%。这一时期，受 1992 年国家放宽小城镇落户政策影响，

1993—1994年南海非农人口比重迅速提升了10个百分点。[①] 到2004年7月，佛山市宣布取消原有的"农业户口""非农业户口""自理口粮户口"等户口类别，统一登记为"佛山市居民户口"之后，南海区也不再登记非农业户籍。

一方面，户籍人口的非农化取得了巨大成就，反映了南海本地乡村人口向小城镇的集中和就业向二三产业的转移。另一方面，尽管户籍登记上不再单独区分"农业户籍"，但南海的农村社员股东人数不降反增。2014年，南海区126.52万户籍人口中有约78万农村社员股东，占比61.7%；到2020年，全区165.85万户籍人口中农村社员股东人数高达90.12万人，占比约54.3%。也就是说，南海平均每两个户籍人口和每四个常住人口就有一个是经济社社员。其背后的主要原因在于：集体经济的繁荣和稳定、高标准的集体福利相比于城市户籍带来的市民权益，前者对集体经济组织成员吸引力更大，同时集体身份也为经历快速城市化的村民维系了与村庄共同体和宗族血脉的联系，并提供了心理的寄托与归属感。在一定程度上，"社员股东身份＋市民化生活"是南海本地村民的真实写照。

（三）"新南海人"的城镇化：从户籍转变到社会融入

南海区外来人口大规模增长主要是21世纪以后开始的：制造业的繁荣吸引了大量第二产业工人，二产就业人数的增长强化了对城市服务业的需求，吸引第三产业就业人员迁入。随着制造业和服务业向高端升级，以及广佛同城的推进，南海区东部三镇更是逐渐成为企业高层管理者、金融业从业人员、高级技术人员等中高收入群

[①] 1978—2003年，南海户籍人口规模从78.67万增加到106.63万，非农户籍人口从14.16万增加到39.29万。2004年以前，户籍人口非农化水平受特殊时点政策影响较大。1992年，广东省根据国家政策适当调整和放宽了小城镇户口迁移政策，允许对符合小城镇户口迁移条件的人员收取适当的城镇增容费。1993—1994年，南海非农业人口从26.04万人剧增至35.72万人，户籍人口非农化比重迅速提升了10个百分点。

体的迁入地，仅广东金融高新区成立14年内就吸引了多达6万金融业"白领"就业。在强大就业需求的吸引下，2005—2015年南海区常住人口增长119.84万人，户籍人口增长约16万人，到2016年南海区流动人口比重达到了60.21%的历史最高点。但这一时期新迁入人口落户比例低、流动性强，户籍人口增长明显放缓，人口"倒挂"趋势明显。

"十三五"期间，《国家新型城镇化规划（2014—2020年）》出台，中央提出"三个一亿人"的新型城镇化目标。南海积极落实国家新型城镇化战略，逐步放宽入户条件限制，破除人口落户的制度性藩篱，迎来了户籍人口加速增长的"拐点"。2017年以后，全面放开二孩、三孩等人口政策的重大调整，刺激了人们的生育意愿，南海户籍人口规模进一步增长。2016—2020年，南海常住人口和户籍人口分别增加约46万人和约37.85万人，户籍人口增速逐渐赶上和反超常住人口增速。其中，南海本地优质教育资源供给的快速提升，是80后、90后父母为新生儿注册南海户籍的一个重大推力。更值得关注的是，新南海人的城市化历程不仅反映在户籍转入上，更反映在社会融入上。对于80后、90后乃至00后的年轻一代而言，无论他们来自哪里，无论从事何种行业，是属于"体制内"还是"体制外"，"南海人"对其的意义已经超越了一纸户籍的影响。"新南海人"的身份认同和地域认同主要来自兼顾大湾区中心城市繁华便捷与高性价比生活的平衡，以及对岭南传统文化与现代文化融合的区域文化的高度认同。对"新南海人"而言，早茶、龙舟、醒狮、粤剧等已成为生活中不可或缺的一部分。

三、土地城市化与城乡空间"碎片化"

土地是南海经济高速发展在"人口红利"之外的另一个发动机。

从20世纪80年代开始，南海主要依托镇村自下而上的、集体自主自发的土地"农转非"为初始工业化打下了坚实基础。21世纪以来，房地产市场的兴起和城市基础设施带动城市建设用地急剧扩张，同时，农村集体建设用地和村庄居住用地面积也在增长，造成城乡建设用地"双扩"的局面，耕地面积和生态空间集聚缩减。在建设用地内部，城市用地和乡村用地、工业用地和居住用地、国有工业用地和集体工业用地这三对用地结构比重不断向城市、居住、国有倾斜，但集体工业用地存量规模仍然巨大。除千灯湖片区等少数新区外，南海城乡居住、生活、产业、农业空间呈现出高度"碎片化"格局。

（一）耕地和建设用地规模"此消彼长"，耕地面积大幅减少

21世纪以来，南海区的城镇化在空间上表现为城市建设用地的集聚扩张，尤其是建成区快速扩张导致国土空间土地开发强度大、以建设用地为主。根据历年土地变更调查结果，南海建设用地占辖区总面积的比例从1990年的10.7%增加到2015年的52.3%，到2020年仍然维持在52.13%的比重，农用地占比仅为36.62%。仅在2009—2014年间，南海区农用地面积减少了28 125亩，建设用地面积增加了47 325亩，其他用地面积减少了19 200亩（见表2-7）。城市扩张导致耕地面积"自然"缩减的结果进一步体现在"调规"中的耕地面积缩减上。2017年，南海区启动新一轮土地总规调整优化方案，通过总规调整减少耕地保护任务量。根据市区两级的调整方案[①]，南海区调整后的2020年耕地保有量为184 500亩，基本农田保护面积为163 500亩，建设用地总规模为847 080亩。根据省厅要求，新增建设用地可以全部作为城乡建设用地。根据市调整方案，

---

① 《佛山市土地利用总体规划（2006—2020年）调整方案》（佛国土规划通〔2016〕519号）和《佛山市南海区土地利用总体规划（2010—2020年）调整完善方案》。

到 2020 年，南海区耕地保有量指标为 184 500 亩，比 2010 年目标值减少 30 720 亩；其中基本农田保护任务为 163 500 亩，比 2010 年目标值土地利用总体规划减少 34 995 亩。到 2020 年，南海区建设用地总规模为 847 080 亩，比 2010 年目标值增加 18 390 亩，新增建设规模可全部作为城乡建设用地使用（见表 2-8）。总规耕地保有量目标值调整后，南海区各镇街，尤其是西部各镇街发展空间大大扩展。

表 2-7　南海区 2009—2014 年土地利用变化情况表

地类		2009 年		2014 年		2014 年比 2009 年增减	
		亩	%	亩	%	亩	%
农用地	耕地	192 420	11.97	184 155	11.46	-8 265	-0.51
	园地	69 030	4.29	64 050	3.98	-4 980	-0.31
	林地	105 990	6.59	102 345	6.37	-3 645	-0.22
	牧草地	0	0	75	0	75	0
	其他农用地	278 490	17.33	267 180	16.63	-11 310	-0.70
	合计	645 930	40.19	617 805	38.44	-28 125	-1.75
建设用地	城乡建设用地	657 945	40.93	696 960	43.36	39 015	+2.43
	交通水利用地	78 000	4.85	84 900	5.28	6 900	+0.43
	其他建设用地	27 405	1.71	28 815	1.79	1 410	+0.08
	合计	763 350	47.49	810 675	50.44	47 325	+2.95
其他用地	水域	126 855	7.89	126 105	7.85	-750	-0.04
	自然保留地	71 190	4.43	52 740	3.28	-18 450	-1.15
	合计	198 045	12.32	178 845	11.13	-19 200	-1.19
总计		1 607 325	100	1 607 325	100	0	0

注："+"表示增加，"-"表示减少；表中耕地不包括可调整地类面积。

资料来源：南海区政府. 佛山市南海区土地利用总体规划（2010—2020 年）调整完善方案，2017.

表 2-8 南海区土地利用主要指标（2020 年目标值）调整情况 单位：亩

规划指标	调整前	调整后	核减量（调整前－调整后）
耕地保有量	215 220	184 500	30 720
其中：桂城街道	450	150	300
九江镇	25 125	22 360	2 765
西樵镇	40 425	33 660	6 765
丹灶镇	49 500	42 200	7 300
狮山镇	49 770	43 850	5 920
大沥镇	5 445	4 830	615
里水镇	44 505	37 450	7 055
南海区	215 220	184 500	30 720
基本农田保护面积	198 495	163 500	34 995
建设用地总规模	828 690	847 080	－18 390

注："－"表示减少。
资料来源：南海区政府．佛山市南海区土地利用总体规划（2010—2020 年）调整完善方案，2017.

（二）工业用地占比最高，城乡居住用地"双扩"

在南海区建设用地大幅扩张的同时，建设用地内部结构也呈现出明显特征：

一是集体建设用地仍占据建设用地的"半壁江山"。2019 年"三调"初步成果显示，南海区建设用地有 546 平方公里，其中国有建设用地占比 46%，集体建设用地占比 54%。与之相比，2015 年南海区集体土地占比为 61.3%，国有土地占比在 4 年内约上升了 7.3 个百分点。[1] 尽管集体建设用地规模仍大于国有建设用地，但政府通过征地、城市更新补办手续等方式持续将集体建设用地国有化[2]，国有土地在空间规划、产业准入等方面更符合和满足城市建设和扩张的需求。

二是工业仓储用地占建设用地比重超过四成。依据"三调"成

---

[1] 2015 年的土地利用变更调查数据显示，南海区国有土地有 415.67 平方公里，占土地总面积的 38.7%，集体土地有 658.15 平方公里，占土地总面积的 61.3%。
[2] 值得注意的是，南海区广泛存在为村集体土地办"国有证"的做法，即一块土地尽管办的是《国有土地所有权证》，但政府通过划拨或象征性出让，将土地实际使用权和控制权交给了对应村社集体。这一现象也被称为土地自发"集转国"。

果，截至2019年底，南海区土地面积约1 071.8平方公里。全区现状建设用地合计546.2平方公里，其中城乡建设用地约474.6平方公里，交通水利及其他建设用地约71.6平方公里（见表2-9）。按全区范围内建设用地总规模计算，工业用地占比最高且超过1/3（37.7%），加上仓储用地合计占比为（40.2%），占据南海建设用地的最大份额。在工业用地内部，国有土地和集体土地仍然维持着"平分江山"的格局。据粗略统计，南海的集体建设用地占整个建设用地的比例超过50%，村级工业园用地占全区现状工业用地的将近60%。

表2-9 南海区"三调"土地土地利用结构

地类			面积（平方公里）	占城镇建设用地比例（%）	占城乡建设用地比例（%）	占建设用地比例（%）
建设用地			546.3	—	—	100.0
其中	城乡建设用地		474.6	100.0	—	86.9
	其中	城镇建设用地	388.1	100.0	81.8	71.0
		城镇居住用地	40.6	10.5	8.6	7.4
		公共管理与公共服务设施用地	23.2	6.0	4.9	4.2
		公用设施用地	3.8	1.0	0.8	0.7
		绿地与广场用地	5.8	1.5	1.2	1.1
		商业服务业设施用地	42.9	11.1	9.0	7.9
		物流仓储用地	13.4	3.5	2.8	2.5
		工业用地	206.1	53.1	43.4	37.7
		道路与交通设施用地	52.2	13.5	11.0	9.6
	村庄建设用地（农村居住用地）		86.5	—	18.2	15.8
区域性交通运输用地			48.0	—	—	8.8
其他类型建设用地			23.6	—	—	4.3

资料来源：佛山市自然资源局南海分局. 佛山市南海区国土空间总体规划（第一轮征求意见稿），2020.

三是城乡居住用地"双扩",城市居住及配套用地占比高于村庄。根据"三调"结果,南海区城镇居住用地占比 7.4%;与城市公共设施和公共服务密切相关的四类用地共占比 13.9%。城市范围内的居住用地以及公建配套的公共用地和商用用地比重超过 20%,这一比重超过了村庄建设用地(农村居住用地)占比(15.8%)。总的来看,城乡居民居住和生活服务的建设用地占比也超过了 1/3。此外,道路与交通设施用地占比 9.6%,区域性交通运输用地占比 8.8%,两类交通用地共占比 18.4%。

(三)城乡空间的碎片化

从 1979 年改革开放之初,南海就走上了一条以村组集体为主体的"碎片化"的土地利用模式:每个自然村、行政村依托土地所有权,在工业用地市场上开展土地出让、出租的交易,从而分享土地增值收益。到 1992 年以后,南海外来人口迅速增长,加上本地农业劳动力大规模转出农业到镇村二三产业部门就业,南海的人口在镇村的散布和相对集中趋势更加明显,即全区没有一个超规模的人口和经济中心,而是分为以近 20 个镇为空间载体的城镇化单元。这种分散发展的城市化模式,人口分散在各个镇街,必然会导致中心城市聚集度较低。一方面,中心镇和城市中心的产业、人口、消费集聚功能不够,城市基础设施、公共服务的规模效益低;另一方面,为了压低征地价格,回避拆除村民安置的补偿,政府只征用农地,绕开宅基地和农房,同时留给了村集体一些留用地,导致出现了大量"城中村""园中村",造成了城乡错落交叉的形态格局,形成了镇村土地开发的高度"碎片化"结构:一方面,在空间形态上:镇区、城中村、镇村工业园相互穿插、嵌套,镇村区域内的生产、居住、生活、公共设施等用地布局高度混杂,难以从功能上进行区分;另一方面,在产权形态上,镇村用地以集体土地为主,但镇区和村镇工业园区的部分土地又通过土地自发"集转国"成为国有用地。这种空间和产权双重的高度"碎片化"是支撑起镇村自发城镇的土地利用模式的基本特征。伴随城市产业升级及环境改善的需要，改变这种城市布局的压力越来越大。

四、专业镇经济的崛起

镇域是以建制镇行政区划为空间载体的空间单元。20世纪80年代初期，随着农村改革的推进和商品经济的复苏繁荣，长三角、珠三角的小城镇商品经济重现了历史上的繁荣，苏州、温州、佛山等分别代表了小城镇发展的"苏南模式""温州模式""珠三角模式"。费孝通先生将这一小城镇发展热潮概括为"小城镇、大问题"，并指出乡镇一级可以作为城乡的连接点，可以作为城镇化的支撑点之一，中国并非都要走欧美的大城市化道路。[①] 改革开放以来各地的城镇化实践也证明：在地方政府主导的城市化之外，中国还有一个轨道的城市化也在如火如荼地进行，那就是农民的离土、离农、出村，加入人口城市化的洪流。城镇化的这一轨道可以称为"农民自动自发的城市化"。[②]

镇域经济强大的生命力和活力是南海发展的最大底气和最根本的基础。1992年建市后，南海各镇的人口吸引力初步形成，城市化的基础设施和生活配套设施建设不断完善，全市8个镇街都在发展各具特色的经济（如桂城的人居商务经济、狮山的电子家电经济、大沥的有色金属加工经济等），城乡基础设施和市容面貌焕然一新。镇街成为南海城镇化体系和空间布局中的重要环节和节点。

---

① 费孝通. 小城镇 大问题//费孝通. 行行重行行：乡镇发展论述. 银川：宁夏人民出版社，1992.
② 刘守英，熊雪锋. 二元土地制度与双轨城市化. 城市规划学刊，2018（01）：31-40.

21世纪以来,以狮山、大沥、里水为代表的专业镇经济增长迅速,形成了一批产业基础雄厚、经济体量巨大的镇域经济实体(见图2-14)。南海镇域经济和综合实力在全国排名靠前。《2022年中国中小城市高质量发展指数研究成果》公布的2022年中国千强镇名单中,南海六镇全部入选全国百强。其中,区狮山镇排第三、大沥镇排第十四、里水镇排第十八、西樵镇排第二十三、丹灶镇排第六十五、九江镇排第九十二。《中国镇域高质量发展报告2022》公布的高质量发展500强镇榜单中,南海六镇镇均跻身榜单前100名,狮山镇在全国超2万个建制镇中位居第一,里水镇排第九、大沥镇排第十六、西樵镇排第四十六、丹灶镇排第六十四、九江镇排第七十八。在镇域发展的过程中,专业集群的发展吸引了大量外来务工人员,做实了产业基础;以镇为中心的半城镇化降低了外来人口落户就业的门槛,为镇域经济的起飞奠定了人力资本基础;镇域经济的壮大反过来又对镇域基础设施、公共服务、营商环境等提出了更高要求,助推了镇域治理水平的现代化。南海的产城融合在镇这一级得到了最好的体现。

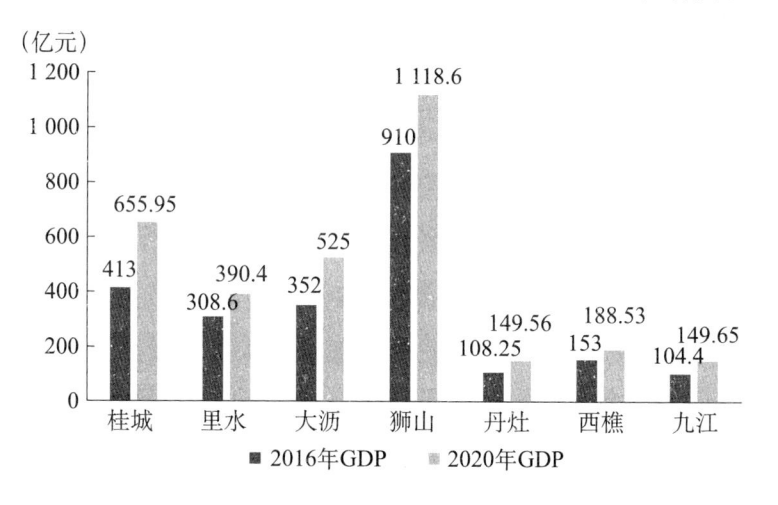

图2-14 南海区七镇街GDP(2016年、2020年)

资料来源:南海统计年鉴(2016、2020)。

更重要的是，东部镇街产业基础雄厚，是广佛片区乃至大湾区重要的制造业中心。2020年，狮山、大沥、里水三镇规模以上工业增加值合计1 002.14亿元，超过当年佛山市总量（4 859.48亿元）的1/5。值得注意的是，南海的三个产业重镇的产业结构并非"一业独大"，狮山镇除了整车生产，其他高科技产业和科技研发实力强大；大沥镇既是"中国铝型材第一镇"，也是广佛商贸物流重镇；里水镇传统产业基础雄厚，近年来发力高技术企业和农村一二三产融合产业，产业结构非常均衡（见表2-10）。

表2-10 2021年南海工业经济前三镇街产业发展基本情况

镇街	经济规模	主导产业	特色优势
狮山	GDP 1 226.64亿元；规模以上工业总产值3 805亿元	汽车整车及零部件制造、高端装备制造、光电、新材料、有色金属、生物医药等多个年产值超百亿元的支柱产业；规模以上工业企业1 665家	科技创新实力雄厚，集聚广工大研究院、佛山力合创新中心等科技创新平台15个，国家级科技孵化器6个，国家级众创空间5个，高新技术企业1 226家
大沥	GDP 567.2亿元	有"中国铝材重镇"之称。已形成铝型材、全铝家居、铝门窗、门窗五金等相关配套产业的产业链	佛山最成熟的商贸流通业集群；46个专业市场星罗棋布，年交易额超8 000亿元。6万多家工商户，产品畅销100多个国家和地区，这里有近200家金融和类金融机构，金融存款超千亿元
里水	GDP 390.35亿元，全镇工业总产值突破千亿元大关	一二三产融合发展，2021年实现农业总产值21.2亿元，"三花一鱼"（蝴蝶兰、百合花、三角梅、观赏鱼）品牌闻名湾区，全省首个农产品跨境电商试验区基地落户里水，现有省、市级现代农业产业园4个，各级农业龙头企业6家	高新技术企业430家，规模以上工业企业618家，各类工程中心235家，南海电子信息产业园成功纳入佛山大型产业集聚区——佛北战新产业园

专栏2-3　狮山镇的城镇化之路：从专业镇到产城融合

1995年，狮山街道成立。2004年，狮山和官窑、松岗、小塘4个镇街合并，成为新狮山镇。也是从这时候开始，狮山肩负起经济上"再造一个南海"的特殊使命，开始了高歌猛进的招商引资和产业发展进程。

2013年，南海区罗村街道、大沥西部5个社区并入狮山镇，扩区后的狮山镇横跨南海的中西部地区，位于北江干流以北、三水区以东、花都区以南，总面积达330.6平方公里，成为南海区最大的镇，发展再次提速，本田变速箱、一汽-大众、旭硝子、爱信精机、丰田纺织等世界500强企业相继落户狮山。

从产业上看，狮山已经是佛北片区的高地。2017年，狮山镇GDP突破1 000亿元，成为广东省首个千亿重镇。这一年，距离南海区GDP过千亿元刚好10年，狮山圆满完成了"再造一个南海"的任务。此后，狮山连续5年站稳千亿台阶。2021年GDP达1 226亿元，蝉联全国镇域GDP第一名。规模以上工业产值达3 805亿元，占南海全区比重进一步提升至51.56%，也是佛北片区规模以上工业总产值唯一突破3 000亿元大关的镇街。常住人口超百万，共有各类市场主体超10万户，拥有规模以上工业企业1 665家。完成工业投资95.33亿元，增长85.2%，比全区平均增速高40个百分点。新增规模以上企业380家，创历年之最，占全区的45.2%。

2022年上半年，狮山在新冠疫情的冲击下，顶住"三重压力"，继续发挥了南海工业"压舱石"的作用，稳住了南海发展的"基本盘"。2022年上半年狮山镇GDP达579.42亿元，同比增长4.1%，增速高于国家及省、市、区水平；规模以上工业增加值达355.77亿元，占南海全区比重超五成；工业投资总量累计54.51亿元，位居全区第一。

狮山同样是南海科创资源最为集聚的科技中心之一，拥有15个科创平台，占全区的50%；6个国家科技孵化器，占全区的66%；5个国家级众创空间，占全区的55%；120个创新创业人才团队，占全区的40%；1226家高新技术企业，占全区的41%。2022年9月，第三批南海制造业全国"隐形冠军"企业名单公布，在39家新出炉的"隐形冠军"中，狮山以12家的数量独占鳌头。至此，狮山制造业全国"隐形冠军"的数量达到了44家。

狮山的产业带动作用已经显现。狮山与三水西南街道、云东海街道及乐平镇接壤。而这三个镇街分别是三水的中心城区、重点发展的三水新城所在地和最主要的产业集聚区。以汽车产业为例，当前狮山与乐平交界位置的一汽-大众，已经带来了狮山汽配产业的集聚，也为三水乐平集聚起了大量汽车产业链的配套企业。从城市上看，狮山也被寄予厚望。《佛山市国土空间总体规划（2020—2035年）》草案中的发展愿景提出，佛山到2035年要成为全球重要的智能制造中心、特色鲜明的国家历史文化名城和粤港澳大湾区西部综合枢纽城市。

狮山的影响已从佛北片区扩大到整个珠江西岸产业带。佛山市三个城市愿景中，两个与狮山密切相关：打造"全球重要的智能制造中心"明确要形成"中部强核、东西两带、南北两圈"的产业空间发展格局，构筑佛山国家高新区、佛中人才创新灯塔产业园、三龙湾科技城的"一区一园一城"科技创新高地。其中，佛山国家高新区南海园、佛中人才创新灯塔产业园主体都在狮山，这"一区一园"同时也是中部创新中心强核的重要组成部分；狮山官窑货运站是东部现代商贸物流产业带的重要组成部分；北部战略性新兴产业集聚圈中,狮山及核心区的面积均占约三分之一的比重。

<small>资料来源:黄艳姿,等.佛山南海狮山锚定"双中心"再启新征途.南方日报,2022-10-10(AT32).黄艳姿.佛山空间新格局,城市狮山新猜想.南方+网站,2022-05-06.</small>

五、城镇化的动力机制

21世纪以来,南海区城市化进入加速期。尤其是2008年金融危机后,南海中心城区和东部板块的城市化也走上了其他发达地区的模式,对土地财政和土地金融的依赖越来越强,区域经济增长逐步从制造业的"单引擎"带动转为"制造业+房地产"的"双引擎"驱动模式。

(一)房地产经济的全面兴起

2008年后,南海房地产业全面兴起的主要趋势体现为商住用地出让面积增加和地价攀升,经济增长越来越依靠房地产业的驱动。

一是房地产投资增长远高于GDP增速,房地产开发投资成为固定资产投资的支柱。2010—2020年,南海区的产业基础仍然是制造业,全区工业比重基本维持在50%~55%;同期房地产业和建筑业占GDP比重维持在11%左右,远低于工业比重。但值得注意的是,2013年以来,除了2015年、2018年两个年份以外,其他年份房地产投资增速都高于当年GDP增速,其中2016年、2017年、2020年三个年份房地产投资增速分别比当年GDP增速高出26.4、16.2、19.3个百分点。此外,2012—2020年,房地产开发投资规模占固定资产投资规模比重几乎一路攀升,从38.8%增加到62.12%(见表2-11)。2020年,南海区房地产开发投资规模为809.3亿元,是工业投资规模(195.2亿元)的4.14倍。

表 2-11　2011—2020 年南海区房地产业占 GDP 和固定资产投资规模比重情况（%）

年份	一、产业结构			二、增速比较		三、房地产开发投资规模占固定资产投资规模比重
	工业比重	建筑业比重	房地产业比重	GDP增速	房地产投资增速	
2011	51.39	1.95	8.20	11.5	—	—
2012	51.93	1.88	8.11	5.3	—	38.80
2013	53.52	1.80	8.72	5.4	16.6	40.05
2014	55.24	2.26	8.86	5.9	26.9	45.75
2015	53.21	2.24	9.06	10.7	−0.4	39.09
2016	52.28	2.19	9.67	7.4	33.8	44.79
2017	50.88	2.25	10.82	8.6	24.8	45.81
2018	49.87	2.34	9.56	5.8	4.2	56.81
2019	53.02	2.13	9.00	7.0	7.3	56.81
2020	52.07	2.76	8.29	0.7	20	62.12

资料来源：历年《南海统计年鉴》。

二是住宅投资和消费是支撑起房地产经济繁荣的绝对主力。20世纪的第二个 10 年，南海的房地产经济经历了史无前例的繁荣。2012—2020 年，全区房地产开发投资额从 244.88 亿元增加到 809.33 亿元，增幅为 230.5%；商品房销售面积从 300.05 万平方米增加到 503.92 万平方米，增幅为 67.95%；商品房实际销售额从 254.1 亿元增加到 829.5 亿元，增幅为 226.45%。在房地产经济内部，住宅投资与销售占据绝对主力地位。2012—2020 年，住宅销售面积占商品房实际销售面积比重从 84% 下降到 71.1%，下降了 12.9 个百分点。同期，住宅投资占房地产开发投资比重却增加了 12.7 个百分点，从 60.5% 增加到 73.2%；住宅销售额占商品房实际销售额比重在 2015 年达到 92.1% 的顶峰后，2020 年仍然维持在 85.8% 的高位

（见表 2-12）。因此，南海区近 10 年的房地产市场繁荣主要是依托城市住宅的投资增长和销售增加带动的。

表 2-12　2012—2020 年南海区房地产开发投资和住房销售基本情况

年份	房地产开发投资（亿元）	住宅投资占比（%）	商品房实际销售面积（万平方米）	住宅销售面积占比（%）	商品房实际销售额（亿元）	住宅销售额占比（%）
2012	244.88	60.5	300.05	84	254.1	86.3
2013	285.42	66.9	348.66	85.6	368.12	82.9
2014	362.32	71.1	413.99	85.8	421.17	84.9
2015	360.88	74.2	572.24	90.9	557.37	92.1
2016	482.97	75.5	916.03	81.2	995.67	84.8
2017	602.71	71.9	1 202.18	70.8	1 485.25	75.5
2018	628.32	69.2	952.38	66.1	1 154.88	71.6
2019	674.33	65.8	459.58	75	651.98	84.1
2020	809.33	73.2	503.92	71.1	829.5	85.8
增幅（%）	230.50	—	67.95	—	226.45	—

资料来源：历年《南海统计年鉴》。

三是城市房价急剧上涨。表 2-12 中反映出，2012—2020 年南海区商品房实际销售面积只增长了 67.95%，而同期商品房实际销售额增长了 226.45%，房地产市场的基本需求远远大于商品房的供给。房地产市场的供需矛盾的一个重要结果就是平均房价上涨。2010—2022 年，南海区平均房价从 4 953 元/平方米上涨到 15 769 元/平方米，增长了 2 倍多（见图 2-15）。作为南海城市中心，千灯湖片区平均房价在 2013 年开发之初已高达 1 万元/平方米，2020年基本突破 2 万元/平方米，2022 年底突破 3 万元/平方米的大关。千灯湖片区不少新楼盘均价已超过临近的广州海珠、荔湾等老旧小区。

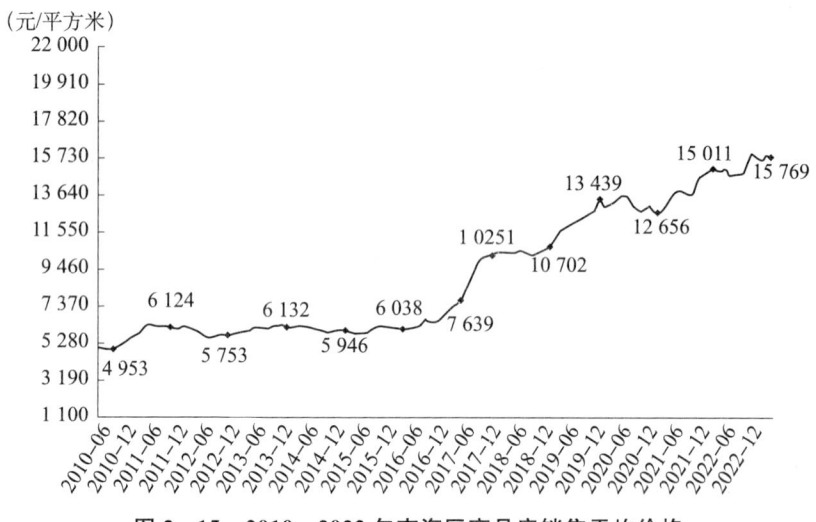

图 2-15　2010—2022 年南海区商品房销售平均价格

四是中心城区对房地产经济的依赖度更高。2002 年，南海市撤市设区，基础设施投入增加，这一阶段也是南海区房地产业迅猛发展的阶段。经济增长模式的转变和房地产业的迅猛发展促进了南海区人口结构的优化和增长结构的变化。从房地产投资占固定资产投资比重来看，东部三街镇远高于西部镇。2020 年，桂城街道房地产投资占固定资产投资比重达到了 83.64%，为全区最高，其次是同位于东部地区的大沥（75.45%）和里水（67.45%）。相比之下，狮山、西樵、丹灶的房地产投资占固定资产投资比重均低于 50%，九江镇仅为 25.83%（见表 2-13）。与房地产投资比重相对应的是，南海区国有住宅用地片区市场评估价也呈现出"东高西低"的格局：在从桂城到大沥和里水的南北向城市中轴上，住宅用地市场评估价几乎都在 1 万元/平方米以上，桂城的两个片区高于 1.4 万元/平方米；里水北部、大沥西部和狮山镇属于地价的"过渡地带"，片区地价在 6 000～7 000 元/平方米上下浮动；狮山以西的丹灶、西樵、九江三镇的片区地价处于5 000元/平方米以下的水平,九江镇海寿岛片区地价仅为3 230元/平方米,为全区最低。①

表2-13 2020年南海区各镇街房地产开发投资规模占固定资产投资规模比重情况

镇(街道)	固定资产投资(万元)	其中:房地产开发投资(万元)	房地产开发投资规模占固定资产投资规模比重(%)
桂城	4 593 927	3 842 243	83.64
九江	651 923	168 390	25.83
西樵	970 240	451 384	46.52
丹灶	673 916	311 969	46.29
狮山	1 681 105	726 051	43.19
大沥	1 720 504	1 298 041	75.45
里水	1 920 454	1 295 257	67.45

资料来源:南海统计年鉴(2020)。

(二)土地财政的形成与强化:政府税收收入和预算外收入越来越依赖于土地开发

一是政府预算外收入急剧增长,一般预算收入和预算外收入比重严重失衡。一个地区的可支配财力大致可分为一般预算收入、政府性基金收入、债务收入三大类,其中一般预算收入主要包括税收收入和非税收入。2010年以来,南海区一般预算收入随着GDP增长提升显著:2010年突破百亿元大关;2016年突破200亿元关口,达到203.34亿元;2021年达到266.57亿元。同时期南海区政府性基金收入规模从120.14亿元急剧增加至431.32亿元,净增了311.18亿元,而一般预算收入仅增加了163.91亿元;一般预算收入和政府性

---

① 佛山市自然资源局南海分局.关于公布佛山市南海区2022年国有建设用地区片市场评估价更新工作的通知.南海区人民政府官网,2022-09-21.

基金收入的比值从 1∶1.17 扩大到 1∶1.62（见图 2-16）。2017 年以后，在政府性基金收入以外，南海区的债务收入又开始急剧扩张。2017—2021 年短短五年时间内，南海区债务收入从 20.67 亿元扩张到 179.04 亿元，与一般预算收入的比值从 1∶0.09 扩大到 1∶0.67。到 2021 年，南海区一级可支配财力的三大来源中，一般预算收入占比仅为 30.4%，比 2017 年降低了 13 个百分点。如果以税收收入为基准，2021 年南海区税收收入（183.16 亿元）占主要可支配财力（876.92 亿元）的比重仅为 20.9%。可见，近 10 年以来，南海区一级政府可支配财力的基础已迅速从税收转向土地开发收入和债务收入。

图 2-16　2010—2021 年南海区三大主要财力来源比较

资料来源：南海区财政局．佛山市南海区政府决算（2010/2014/2017/2019/2021）．南海区人民政府官网．

二是政府税收收入对土地开发的依赖度越来越高。在一般预算收入内部，税收收入与非税收入之比约为 2∶1（2021 年为 68.8∶31.2），税收仍然是南海区预算内收入的基石。近 10 年南海区税收收入结构的一个显著变化就是对土地相关税收依赖度的增强。2010—2021 年，南海区与土地开发相关（包括房地产业和建筑业）的五类主要税收占税收的比重从 27.52% 增加到了 42.31%（见图 2-17）。其中，契税、土地增值税、房产税是三大土地开发类直接税种，2010—2021 年增幅分别达到 245.2%、418.6%、295.3%（见表 2-14），均接近或超过或接近同期一般预算收入增幅（160%）。如果加上与建筑业和房地产业相关的土地间接税，土地开发类相关税收占税收总收入的比重应该接近50%。[①]

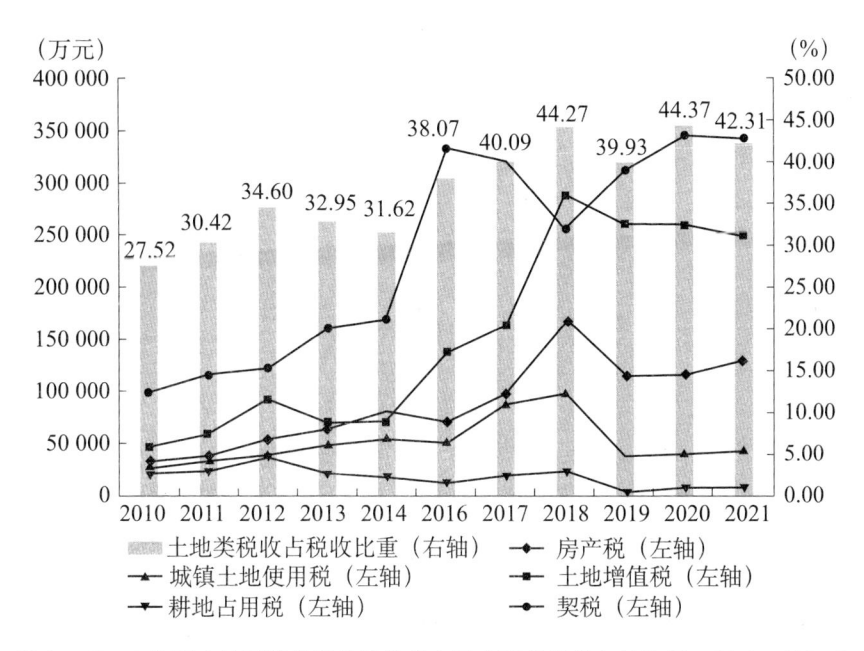

图 2-17 南海区土地开发类相关税收收入及占税收总收入的比重：2010—2021年

注：因正式统计资料缺乏2015年土地增值税、耕地占用税，2015年数据未列入。
资料来源：南海区财政局.佛山市南海区政府决算（2011—2021）.南海区人民政府官网；南海区统计局.南海统计年鉴（2010—2020）.南海区人民政府官网.

表 2-14 南海区五类土地直接税税收收入情况：2010—2021年

单位：万元

年份	房产税	城镇土地使用税	土地增值税	耕地占用税	契税	汇总
2010	33 086	26 887	47 989	20 933	99 484	228 379

[①] 根据周飞舟（2007）的估计，土地直接税、间接税和收费的关系约为1:2:1.5。其中，土地间接税主要包括与土地转让有关的营业税。这包括一些地方政府经营的土地开发公司的营业税、建筑业和房地产业的营业税及企业所得税。土地间接税占地方财政收入的比重约为4.8%。参见周飞舟.生财有道：土地开发和转让中的政府与农民.社会学研究，2007（01）：49-82.

续表

年份	房产税	城镇土地使用税	土地增值税	耕地占用税	契税	汇总
2011	39 101	34 115	59 090	24 375	115 826	272 507
2012	54 137	39 827	92 026	37 640	121 526	345 156
2013	64 067	48 290	70 799	21 123	160 918	365 197
2014	81 513	54 676	73 145	18 036	169 089	396 459
2016	71 432	51 052	138 130	13 438	332 801	606 853
2017	97 019	86 496	163 513	19 501	320 866	687 395
2018	166 881	99 153	288 194	23 102	255 296	832 626
2019	115 732	37 706	260 896	4 332	311 988	730 654
2020	116 302	40 814	259 997	7 781	346 083	770 977
2021	130 791	43 513	248 890	8 353	343 394	774 941
增幅（%）	295.3	61.8	418.6	−60.1	245.2	239.3

注：因正式统计资料缺乏2015年土地增值税、耕地占用税，2015年数据未列入。

资料来源：南海区财政局．佛山市南海区政府决算（2011—2021）．南海区人民政府官网；南海区统计局．南海统计年鉴（2010—2020）．南海区人民政府官网．

三是一般公共预算外收入对土地经营和城市开发的依赖度高。南海区的政府收入对土地开发依赖度高的问题，不仅存在于预算内税收部分，同样存在于政府性基金收入和债务收入之中。政府性基金收入主要来自国有土地使用权出让收入，后者从2010年的116.64亿元增加到2021年的417.28亿元，占政府性基金收入的比重一直维持在95%以上。另外，2017—2021年南海区债务收入的增长主要来自专项债收入的增长，从15.2亿元增加到163.32亿元，专项债占债务收入的比重从73.5%增加到91.22%（见图2-18）。专项债与一般债的最大不同在于，其主要用于城市内有一定收益的公益性项目的建设，以政府性基金收入（国有土地使用权出让收入）作为偿还担保，是随着城市建设规模的扩大和运营收益的提升而增加的。[①] 也就是说，当前的专项债的增加实质是城市未来土地经营收益的提前"预支"。

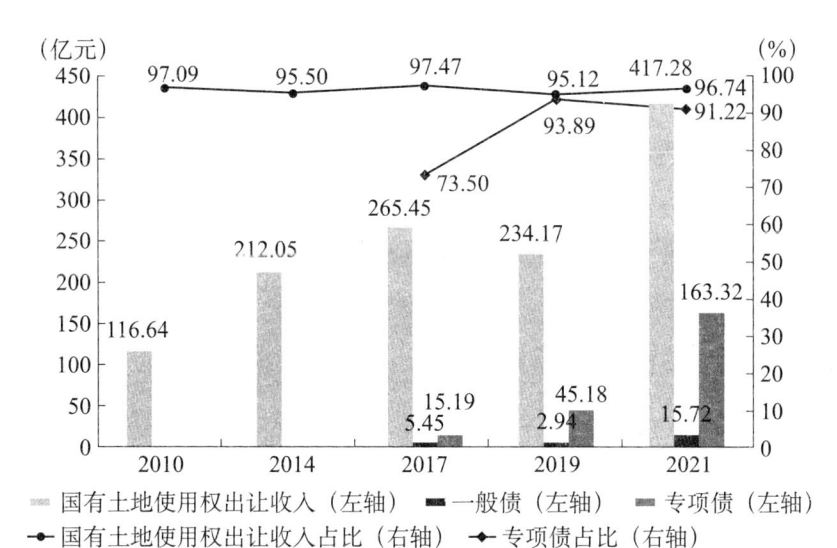

图 2-18　2010—2021 年国有土地使用权出让收入与和地方债务收入情况

资料来源：南海区财政局．佛山市南海区政府决算（2010/2014/2017/2019/2021）．南海区人民政府官网．

（三）土地金融与地方债的隐形危机

在政府财力和可支配收入越来越依赖于土地税收收入和土地抵押收入的情况下，南海面对的城市开发、建设、运营等刚性支出约束越来越强，并形成了潜在的债务风险。

[①] 地方政府专项债指省级政府为有一定收益的公益性项目发行的、以公益性项目对应的政府性基金收入或专项收入作为还本付息资金来源的政府债券，包括新增专项债和再融资专项债等。一般债和专项债的区别主要有两点：（1）目的不同。一般债是地方政府为了弥补一般公共财政赤字而发行的地方债券，可缓解地方政府临时资金紧张；专项债是地方政府为了建设某专项具体工程而发行的债券。（2）经营性不同。一般债主要投向没有收益的项目，偿还以地区财政收入做担保；专项债主要投向有一定收益的项目，偿还以对应的政府性基金或对应的项目收入做担保。

一方面，国有土地使用权出让收入和专项债收入用于城市建设开发的刚性支出压力越来越大。另一方面，国有土地使用权出让收入主要用于土地开发成本支出。尽管国有土地使用权出让收入规模增加显著，但南海区的城乡社区支出（主要包括城乡基础设施建设、运营，土地开发，公共环境等方面的支出）对国有土地使用权出让收入的依赖度一直维持在90%以上（见图2-19）。从具体用途来看，2018—2021年国有土地使用权出让收入的使用大致可以分为三类：第一类是土地开发支出，主要是土地开发成本，其占比从74.12%增加到91.11%；第二类是城市建设支出，主要是城市基础设施建设支出，其占比从10.94%降低为4.19%；第三类是补偿性支出，包括针对失地集体和农民的农村基础设施建设支出、征地和拆迁补偿支出、补助被征地农民支出，其占比从13.32%降为4.36%（见表2-15）。

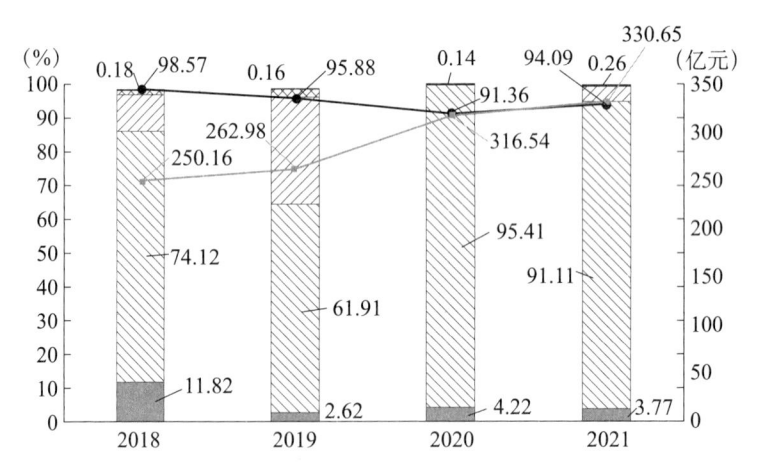

图2-19 2018—2021年南海区国有土地使用权出让收入主要支出项

资料来源：南海区财政局．佛山市南海区政府决算（2018—2021）．南海区人民政府官网．

表 2-15 2018—2021 年南海区国有土地使用权出让收入安排的支出结构

项目	2018 年	2019 年	2020 年	2021 年
国有土地使用权出让收入安排的支出（亿元）	250.16	262.98	316.54	330.65
土地开发支出（%）	74.12	61.91	95.41	91.11
城市建设支出（%）	10.94	31.47	0.15	4.19
农村基础设施建设支出（%）	1.32	2.57	0.02	0.33
征地和拆迁补偿支出（%）	11.82	2.62	4.22	3.77
补助被征地农民支出（%）	0.18	0.16	0.14	0.26
城乡社区支出中土地出让金占比（%）	98.57	95.88	91.36	94.09

资料来源：南海区财政局. 佛山市南海区政府决算（2018—2021）. 南海区人民政府官网.

另一方面，城市基础设施和公共项目建设资金对专项债依赖度高。2021 年，南海区政府债务余额为 502.79 亿元，比上年新增 116.34 亿元，其中一般债余额为 143.75 亿元，专项债余额为 359.04 亿元。2021 年上级财政部门下达南海区新增债券资金 99 亿元，全部为自求平衡专项债券，专项用于医院建设、生态建设和环境保护、铁路、文化、产城融合等项目。在表 2-16 中列举的 14 个专项债项目中，有 3 个项目的专项债资金比例超过 60%，7 个项目超过 20%。这些专项债的期限为 5~10 年不等。在大举借债的同时，南海区每年也需要偿还规模巨大的债务本金和利息。2021 年，南海区一般债和专项债到期还本额为 62.63 亿元、利息为 14.28 亿元，为了支付这些还本额和利息，南海区当年获批再融资债券 80.04 亿元（见图 2-20）。尽管南海区的地方债务水平离债务警戒线还有一定差距，但地方政府收支的"债务化"趋势越来越显著，其背后就是随着城镇化水平的提高，城市基础设施和公共服务项目建设、运营等支出压力越来越大。

表2-16 2019—2020年南海区发行的新增地方政府专项债情况表

编号	债券名称	债券规模（亿元）	债券项目资产类型	债券期限（年）	债券项目总投资（亿元）	债券资金占总投资的比重（%）
1	2019年广东省土地储备专项债券（三期）—2019年广东省政府专项债券（七期）	8.63	土地储备	5	70.66	18.24
2	2019年广东省政府专项债券（十期）	0.33	其他教育科学文化资产	5	4.20	35.24
3	2019年粤港澳大湾区土地储备专项债券（一期）—2019年广东省政府专项债券（十七期）	29.23	土地储备	5	330.30	15.47
4	2019年粤港澳大湾区城市综合发展专项债券（一期）—2019年广东省政府专项债券（二十期）	2.66	公立医院	10	28.06	70.94
5	2019年粤港澳大湾区城市综合发展专项债券（三期）—2019年广东省政府专项债券（二十一期）	0.45	公用事业资产	20	2.46	18.29
6	2019年粤港澳大湾区基础设施互联互通建设专项债券（一期）—2019年广东省政府专项债券（二十三期）	3.88	轨道交通	10	54.40	20.74
7	2020年粤港澳大湾区交通基础设施专项债券（三期）—2020年广东省政府专项债券（三期）	13.20	轨道交通、铁路、污染防治、体育场馆及设施、其他市政设施资产	30	511.74	5.94

续表

编号	债券名称	债券规模（亿元）	债券项目资产类型	债券期限（年）	债券项目总投资（亿元）	债券资金占总投资的比重（%）
8	2020年粤港澳大湾区生态环保专项债券（一期）—2020年广东省政府专项债券（五期）	0.80	污染防治	10	5.00	32.00
9	2020年粤港澳大湾区生态环保专项债券（二期）—2020年广东省政府专项债券（六期）	16.70	污染防治、自然生态保护	30	109.14	37.84
10	2020年粤港澳大湾区民生服务专项债券（一期）—2020年广东省政府专项债券（七期）	4.73	公立医院、其他教育科学文化资产	10	38.84	63.54
11	2020年粤港澳大湾区新基建专项债券（一期）—2020年广东省政府专项债券（三十期）	2.00	其他市政设施资产	10	38.03	13.15
12	2020年粤港澳大湾区交通基础设施专项债券（八期）—2020年广东省政府专项债券（三十六期）	3.00	其他市政设施资产	30	76.48	11.11
13	2020年粤港澳大湾区民生服务专项债券（五期）—2020年广东省政府专项债券（六十八期）	2.00	公立医院	20	22.50	80.00
14	2020年粤港澳大湾区市政和产业园区基础设施专项债券（五期）—2020年广东省政府专项债券（七十期）	5.70	其他市政设施资产、污染防治、体育场馆及设施	20	436.97	7.90

资料来源：南海区财政局．2019—2020年南海区地方政府债券存续期公开信息．南海区人民政府官网，2021-06-25.

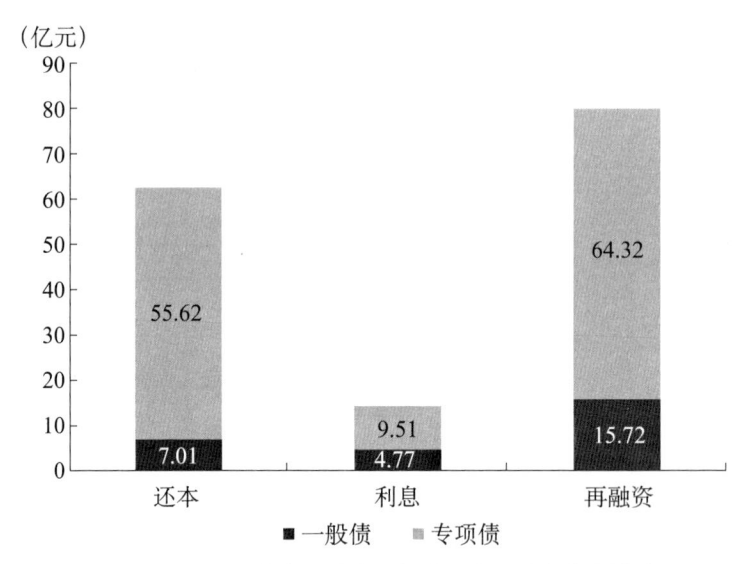

图 2-20　2021 年南海区政府一般债和专项债支出安排情况

资料来源：南海区财政局.2021 年佛山市南海区政府决算.南海区人民政府官网，2022-10-08.

一个地区的城市化进程离不开人口、土地、资本等要素的聚集、融合和优化配置。南海的城市化进程中，人口、土地、资本等要素的聚集、重组和融合既遵循了城市化的一般规律，也有南海自身的独特性。南海城市化有两条道路：一条是以镇为中心的半城镇化，另一条是政府主导的中心城区开发和融入大湾区的路径。从政府与市场的关系来看，自发的半城镇化中政府也发挥了重要作用，而中心城区开发和融入大湾区城市发展战略也离不开企业主体和市场机制"无形之手"的有力支撑。政府和市场（集体）双重主体推动的"双轨城市化"为新时代南海全面推进城乡融合发展奠定了基础。

第三节　岭南鱼米之乡的农业现代化

一个国家、一个地区的现代化不仅只有工业化和城市化，离开农业的现代化只能是"跛脚"的现代化。从世界范围来看，成功实现农业现代化的国家都具有如下共同性：一是农业产值份额与就业份额出现同步下降。伴随着经济发展和结构转型，发达经济体的农业发展都经历了农业产值份额与就业份额的同步下降阶段。经过较长时间的结构变迁，发达经济体农业的这两项份额均收敛于2%左右。二是农业生产要素实现不断组合与升级。发达国家的农业转型中农业要素组合普遍实现了升级：土地、劳动、资本、技术、服务等不同种类生产要素重新组合，农业产前、产中、产后的组织化、专业化带来了农业分工与要素配置效率的提高，农业产业链条延伸，市场化程度深化，农产品质量和安全性提高，农业产业体系不断成熟，农业竞争力得以增强。三是农业生产率获得提高。农业生产率提高是农业现代化的根本标志，按2015年美元不变价计算，高收入国家的劳均农业增加值为4万美元，与这些国家其他产业的劳均增加值相当。四是农业回报率得到提升。发达国家的农业现代化共同体现为农业的高报酬。以美国为例，从土地报酬看，1992—2021年，美国农田年均回报率为11.2%，超过股票与黄金的回报率。[①]

南海是珠三角制造业大区，也是典型的岭南鱼米之乡。改革开放以来，珠三角地区经济发展主要依托工业化，农业对于GDP的贡献非常有限。但以强大工业生产能力闻名天下的南海却有着深厚的农耕文化基础和先天资源禀赋优势，在历史上其实也是一个农业发达地区。作为桑基鱼塘生产模式的发源地，南海不仅拥有世界灌溉工程遗产桑园围，也有着在全省全国影响力举足轻重的水产养殖业和崭露头角的预制菜产业集群。到2022年，全区农林牧渔业总产值达125.76亿元，增长7.5%。在建设现代化活力新南海进程中，农业在南海产业结构中的战略意义更加凸显。

---

① 刘守英. 实现农业现代化：共同性与独特性. 光明日报，2023-04-18.

一、农业现代化起步[①]

自改革开放以来,珠三角地区对外开放进程的不断加速,带动了工业化和城市化的迅猛发展,南海由传统农业地区迅速成长为新兴工业化地区。20世纪90年代以来南海"三高"农业发展势头良好,使农业逐步由传统、粗放的低产、低质、低值农业向现代、集约的高产、高质、高效的"三高"农业转变。但总体上,直到20世纪末,南海乡村的发展呈现出工业化的快速崛起与农业的相对滞后的局面,即农业现代化滞后于工业化、城镇化。

(一)走出"过密化":农业就业与产值比重"双降"

1978—1998年的20年间,以1990年不变价计算,南海县的农业总产值(1990年不变价)从5.5亿元上升到18.6亿元,增长了2.4倍,翻了1.7番;同一时期,南海县GDP增加了25.6倍,工业总产值增加了79倍;农业总产值年均增速(6.3%)远低于同期工业总产值年均增速(24.5%)和名义GDP年均增速(17.8%)。同期,第一产业的产值和就业比重分别从1978年的30.5%和66.35%下降到1998年的8.5%和14.28%,第一产业"双降"特征非常明显(见图2-21)。总体上农业劳动力的下降速度快于农业总产值的降速,说明到1998年时更少的农业劳动力实现了更多的农业总产值。依靠农村工业化的强大推力,南海农业终于走出了"过密化"的桎梏,农业的劳均产值迅速提升,整个农业生产活动的性质发生了历史性、根本性的转变。

(二)农业要素重新组合带动农业生产率和农产品产量显著提升

20世纪80年代以来,南海农业生产稳步发展,劳动生产率显著

[①] 本部分数据来源:南海市统计局. 南海巨变 改革开放二十年(1978—1998). 内部资料,1999.

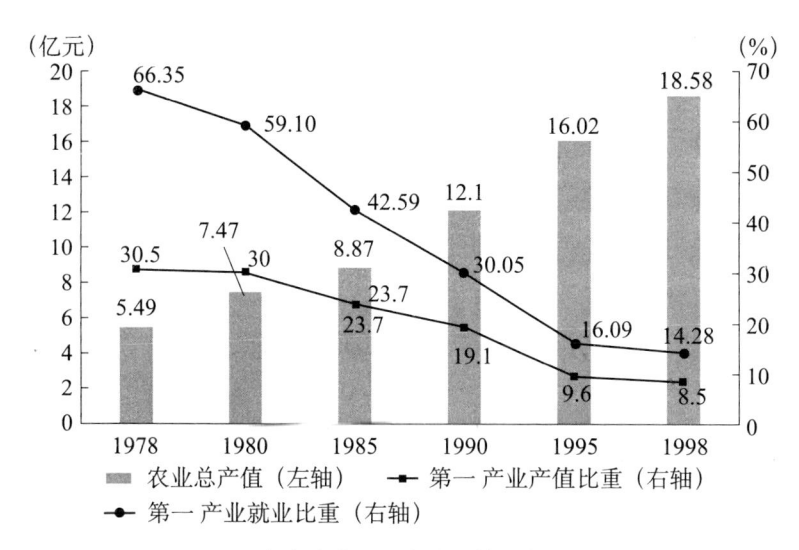

图 2-21 1978—1998 年南海农业总产值及第一产业产值、就业比重变化

资料来源：南海市统计局．南海巨变 改革开放二十年（1978—1998）．内部资料，1999.

提高。这一时期南海农业的大发展存在制度和技术两个方面的有利条件：一是 1983 年春到 1984 年全县完成了家庭联产承包责任制的改革，调动了广大农民的生产积极性，大大提高了农业劳动生产率；二是农业生产条件和基础设施的投入增加，1981—1983 年南海水利建设投入从 625.5 万元上升到 1.5 亿元，增长了 23 倍；农村用电量从 2 669 万千瓦时上升到 25.1 亿千瓦时，增长了 93 倍。在水稻生产中，1993 年以来南海广泛推广抛秧技术，引进水稻联合收割机，推广烘干机等，逐步实现了水稻的机械化生产，1998 年全市抛秧面积达 80% 以上。[1] 1981—1983 年，南海稻谷总产从 31.3 万吨上升到 37.3 万吨，增长了 19.17%；稻谷单产从 303.5 公斤/亩上升到 365.5 公斤/亩，增长了 20.4%。1978—1998 年，南海稻谷亩产增长

---

[1] 1993 年以来，南海全市水稻生产实现了优质化，生产适合人们口味的粳灿系列，推广应用塑料软盘育苗抛秧，配合应用除草剂，引进水稻联合收割机，推广烘干机等，从而消除了水稻生产中的"三弯腰"（插秧、中耕、收割），受到农民的欢迎。

了 21%，蔬菜总产量增长了 17.4 倍，水果总产量增长了 98.3%，水产品总产量增长了 3 倍，"三鸟"饲养量增长了 65 倍。农业综合生产能力的迅速提高、农业劳动力的大批转移、农村二三产业的迅猛发展，有利于按市场经济的要求优化组合农业生产要素，合理配置土地资源和劳动力资源，适当组织规模化、集约化、机械化生产，提高农村经济的综合效益。①

（三）完成面向市场需求的种养结构转型

改革开放以后，南海突破传统农业，农业生产结构不断优化并实现了根本性转变。南海传统的种植业如水稻、甘蔗和花生的比较优势降低，而与城市需求及出口创汇相关的种植业、养殖业如蔬菜、水果和鱼虾种养的比较优势上升，种植结构调整在市场自发力量的驱动下，逐步由传统的以种植业为主转变为种养业并举；种植业内部由以粮为纲向多种经营发展。一是农业内部产值结构发生了根本性调整。1978—1998 年，种植业产值占农业总产值的比重由 56.76% 下降为 35.17%，畜牧业产值的比重由 15.6% 上升为 29.81%，水产养殖业产值的比重由 12.08% 上升为 34.4%。二是粮食播种面积比重迅速下降。1978—1990 年，南海传统的种植业如水稻、甘蔗和花生的种植面积占全部种养植面积的比例从 83.1% 下降到 72.6%；其中，水稻的种植面积的比例从 75.3% 下降到 6.8%，蔬菜的种植面积的比例增加 2.2%，上升到 11.5%，鱼塘面积的比例由 7.8% 上升到 10.1%。

（四）农业初步实现规模化生产

1978 年以来，南海积极引导、扶持"三高"农业，促进农业向

---

① 农业生产绩效的提高为整个农村经济的活跃繁荣创造了条件；1978—1998 年，南海全市农村经济总收入从 3.5 亿元上升到 638.6 亿元，增长了 181.5 倍；农民人均年纯收入从 187 元上升到 6 214 元，增长了 32.2 倍；每亩农业用地的当年价产值从 313 元增加到 5 813 元，增长了 17.6 倍。

规模化、现代化和城郊型农业方向迈进。一是积极建设"六大基地，一大市场"。建成20万亩粮食生产基地，10万亩无公害蔬菜生产基地，3万亩花卉生产基地，10万亩优质鱼生产基地、禽畜生产基地和水奶牛生产基地。南海农业已跨入全国农业生产百名大县（市）行列。到1997年，全市有一定规模的农业生产基地发展到259个，涵盖优质粮、无公害蔬菜、花卉、优质鱼、水奶牛养殖和奶品加工、畜牧肉类综合加工等行业；"三高"农业规模经营专业户达19 142户；土地规模经营面积达27.2万亩，占总耕地面积的49%；生猪和"三鸟"规模经营分别达36%和85%，水产养殖规模经营达69%。二是禽畜生产基地基本实现集约化。禽畜生产采用了工厂化、集约化生产，并且实现了禽畜良种化。[①] 1998年有大型养猪场6个、养鸡场3个。生猪出栏量1978年为31.77万头，1998年上升为57.37万头。"三鸟"饲养量和出栏量分别由1978年的54万只和47万只上升到1998年的3 561万只和3 067万只，禽畜总产值由1978年的5 596万元上升到1998年的9.6亿元。三是外商投资农业带动外延农业扩大经营规模。全市有八个镇区引入外资发展"三高"农业，共投资6 889万元人民币，经营项目55个，面积达3 420.5亩，雇请工人568人。例如，台湾商人在平洲投资1 200万元建的花卉盆景场，在官窑投资650万元建的生产水鱼种苗的水产养殖场，在和顺建星管理区建的大面积种植优质番石榴的建豪果场等等。到外地租地发展"三高"外延农业的户数达1 006户，面积达65 400亩，输出资金1.8亿元，产值达5亿多元，这是南海较早的"公司＋农户"模式。

---

① 改革开放以来，南海引进和自我繁育了数以百计的优良品种，有瘦肉型猪、AA鸡、红布罗对角鸡、石岐杂优质黄鸡、狄高鸭、樱桃谷鸭；珍禽良种有美国皇鸽、鹧鸪、法国珍珠鸡等，还有自我培育的优质肉鸡品种"南海黄"。水奶牛养殖实现了产供销一条龙的现代化企业经营模式。参见南海市统计局．南海巨变 改革开放二十年（1978—1998）．内部资料，1999．

（五）以"三高"产业为抓手，做大面向市场的城郊型农业

南海紧临广州，农业生产和城乡居民消费市场紧密结合，城郊型农业的特点突出。南海区政府调整思路，将规模经营的重点由粮食生产转到水产养殖及水果、蔬菜、花卉生产上，并取得了初步成效。一是农产品市场发育快。1998 年南海有各类农副产品市场 109 个，占地面积达 75.25 万平方米，建筑面积达 41.42 万平方米。① 一系列农产品市场的建立，解决了农产品生产规模扩大后的销路问题，同时形成了一支民营的农产品流通队伍，把南海农产品、水产品带出珠三角、销往全国。二是许多镇、区、村开始发展各自的特色优势产业。如平洲的韭王、水奶牛，里水的速冻出口蔬菜，松岗的桃花，西樵和九江的缀鱼、桂花鱼等。1997 年，南海"三高"农业产值占农业总产值的 80%。因其效益、前景诱人，使不少"洗脚上田"者回师"三高"农业。三是农业商品化程度不断提高。1998 年农业商品产值达 36.19 亿元，比 1985 年增长 8.9 倍；农业商品率由 1985 年的 65% 提高到 1998 年的 84.2%，彻底改变了自给半自给的小农经济生产格局。

二、21 世纪以来的探索

21 世纪以来，南海的农业部门加速向现代产业转型。一方面，农村劳动力持续向二三产业转移；另一方面，农业规模和农业产业化水平不断提高，农业生产和经营活动通过市场化机制吸引了大量人才、技术、资金、信息等要素聚集和改造传统农业。南海的农业部门整体上已经成为一个高度市场化、竞争力较强、经营回报可观的部门。2019 年国家启动乡村振兴战略以来，南海立足于新发展理

---

① 南海建设有广东省农产品中心批发市场；沙头淡水养殖产品市场；大沥的畜牧市场；大沥、平洲、官窑的蔬菜市场；平洲的花卉市场；狮山的粮食市场；盐步的环球水产品交易市场等市场。

念和区域实际，聚焦传统农业转型，以创建国家现代农业产业园为牵引，积极发展都市现代农业和水产、花卉等特色优势产业，推进现代农业实现高质量发展和持续增长。

（一）农业的产值和就业比重持续"双降"，农业成长为高附加值的现代产业

一是农业的产值和就业比重持续降低。一国现代化的主要标志就是在工业化、城镇化进程中，第一产业在国民经济产值中比重和在就业人口中比重的"双降低"。21世纪以来，南海第一产业的产值、就业两个比重延续了20世纪80年代以来的"双降"趋势，农业在国民经济和就业中的比重更加协调一致。2005—2020年，南海区第一产业占GDP比重从4.28%下降到1.62%，第一产业就业人员占全社会就业人口比重从6.82%下降到3.45%（见图2-22）。尽管第一产业从业人员比重仍略高于第一产业占GDP比重，但改革开放以来第一产业从业人员比重的降幅仍显著高于第一产业占GDP比重的降幅。到2020年南海农业部门的"两个比重"水平与世界农业强国水平已经非常接近，在国内县域经济体中处于领先地位。正是由于南海从1978年启动农村工业化以来，大批农业人口转出农业部门，第一产业内部的人均产值显著提升，从1978年的424.5元/人提升到2020年的8.04万元/人，增长了188倍。农业部门从业人员比重的降低和农业部门内部人均产值的提高是南海农业走出"过密化"陷阱、成长为现代产业部门的基本前提。

二是农业内部结构不断优化，现代都市农业和特色优势产业势头迅猛。21世纪以来，尤其是2008年以来，在"城市反哺农村、工业反哺农业"的带动下，南海的第一产业增速基本快于同期GDP增速。第一，第一产业内部结构不断优化。2000—2021年，种植业和渔业的产值占比分别从46%和34.4%转变为41.4%和43.7%，到

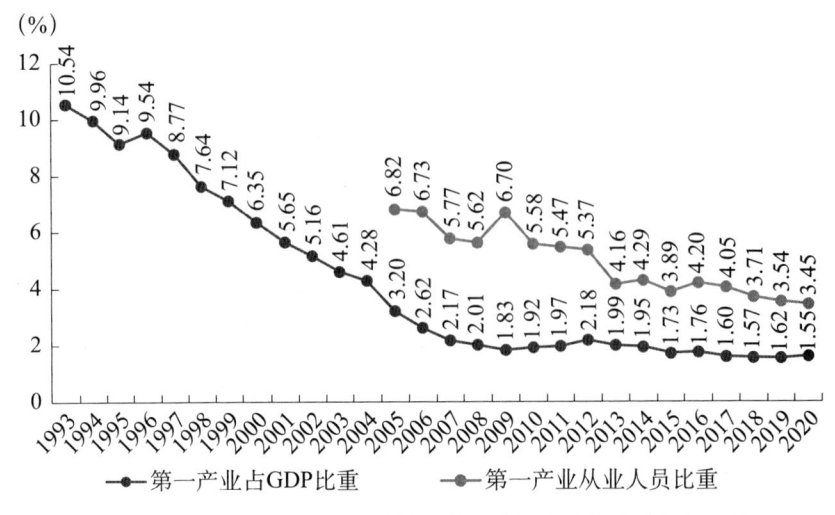

图 2-22 1993—2020 年南海第一产业产值比重和就业人员比重

资料来源：历年《南海统计年鉴》。

2021年渔业产值已经超过种植业，成为南海农林渔牧业中第一大行业（见图2-23）。2021年，南海区淡水养殖（含观赏鱼）产值为49.62亿元，如果算上上下游产业综合产值，南海渔业全产业链产值可达102亿元，与同期第一产业总产值（2021年全区农林牧渔业总产值约为113.53亿元）旗鼓相当。第二，农地种植和经营以收益高的非粮作物为主。2021年，南海区全年粮食作物播种面积为6 097亩；经济作物播种面积为78 592亩；花卉播种面积为48 745亩；其他作物播种面积为197 983亩。第三，农产品产出以面向城市居民消费的农副产品为主。2021年，南海区全年粮食产量为2 194吨，蔬菜产量为305 301吨，水果产量为3 497吨。全年肉类总产量为1.10万吨；其中猪肉产量为0.28万吨，禽肉产量为0.82万吨。全年水产品总产量为20.65万吨，其中淡水鱼养殖产量为20.62万吨。

三是农业附加值迅速提高。21世纪以来，南海区种植业和渔业不仅在产值结构上完成了替换，各自的亩均产值也实现了大幅增长，农业整体附加值显著提升。2004年，鱼塘养殖的亩均产值为1.13万

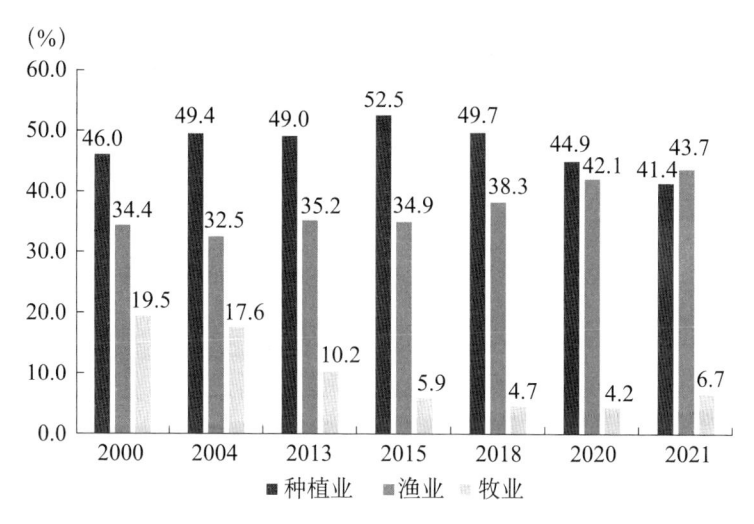

图 2-23　2000—2021 年南海种植业、渔业、牧业产值占农林渔牧业总产值比重

资料来源：历年《南海统计年鉴》。

元/亩，是种植业亩均产值（0.33 万元/亩）的 3.4 倍；2004—2021 年，鱼塘养殖业和种植业的亩均产值差距从 3.5∶1 缩小到 2∶1。更值得关注的是，2004—2021 年间，种植业和渔业各自的亩均产值分别增长了 3.14 倍和 1.14 倍。种植业的亩均产值提升主要发生在 2011—2015 年间，这一时期亩均产值提高了 145.4%；而渔业主要得益于 2015 年以来的高标准鱼塘整治和改造，2015—2021 年亩均产值提高了 224%（见表 2-17）。在 21 世纪的第二个 10 年内，南海的农业内部结构和农业发展驱动力发生了深刻调整，种植业和渔业已经从主要依靠劳动、化学等要素投入，转型成依靠技术、人才、资本、高质量基础设施等投入，同时需面对激烈市场竞争的高附加值农业。

表 2-17　2004—2021 年南海区种植业和渔业亩均产值比较

年份	种植业			渔业		
	亩均产值（万元/亩）	农作物总播种面积（亩）	产值（万元）	亩均产值（万元/亩）	鱼塘养殖面积（亩）	产值（万元）
2004	0.33	869 117	285 290	1.13	165 120	187 233

续表

年份	种植业			渔业		
	亩均产值（万元/亩）	农作物总播种面积（亩）	产值（万元）	亩均产值（万元/亩）	鱼塘养殖面积（亩）	产值（万元）
2011	0.37	738 866	274 201	0.95	269 519	255 343
2015	0.91	491 607	447 650	1.10	269 520	297 231
2021	1.69	278 263	469 900	3.56	139 300	496 200

资料来源：历年《南海统计年鉴》。

四是南海的农业已经告别了"化学农业"阶段，进入"生物农业"阶段。化学农业是指在农业生产过程中使用化学肥料、化工产品（各种杀虫剂、除草剂等）以及激素类、调节类催长剂等来催产、催效，它的实质是化学合成手段在农业上的综合应用。在农业生产中，化学农业的成效主要反映为农药、化肥施用量和农业机械总动力的增加等综合带动农产品单产和总产的提高。2005—2020 年，南海区农村化肥施用量从 55.1 万吨下降到 6.3 万吨，农药施用量从 770 吨下降到 260 吨；2005—2012 年全区农村机械总动力从 53 万千瓦下降到 29.2 万千瓦（见图 2-24）。随着化肥、农药、农机投入量的下降，同一时期南海主要农产品产出相对稳定，并未随之降低。2004—2018 年，南海区稻谷、蔬菜、瓜类三种农产品亩产相对稳定；2004—2015 年，花生亩产和塘鱼亩产也较稳定（见表 2-18）。这说明依靠化肥、农药、农业机械投入增加驱动的"化学农业"的增长模式在南海已经走到尽头。取而代之的是"生物农业"，即依靠生物基因和先进育种技术驱动农产品单产的稳定和提高，以及农产品质量的提升。

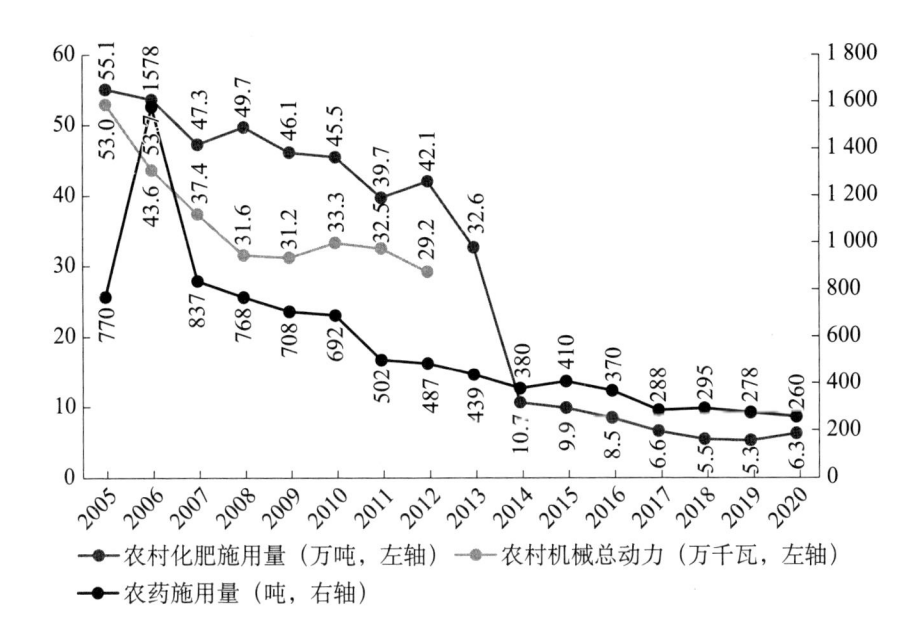

图 2-24 2005—2020 年南海区农村化肥和农药施用量、农村机械总动力情况

资料来源：历年《南海统计年鉴》。

表 2-18 2004—2018 年南海区主要农产品亩产情况　　单位：公斤/亩

年份	全年稻谷	花生	蔬菜	瓜类	塘鱼
2004	384	175	1 546	1 722	686
2011	354	274	1 405	1 902	650
2015	332	220	1 569	1 244	687
2018	350	—	1 676	1 656	—

资料来源：历年《南海统计年鉴》。

（二）立足特色优势产业，促进一二三产融合发展：水产品和预制菜产业的探索

预制菜一头链接田间塘头、一头链接市场餐桌，是"接二连三"的新渠道，是促进现代农业与食品产业集群高质量发展的重要载体。自乡村振兴战略启动以来，南海区在做优做活第一产业的基础上，依托强大的渔业基础和水产资源优势，积极发展中央厨房水产品预

制菜产业，打造现代化的农业产业链，提升价值链。南海作为传统水产养殖主产区，拥有原材料丰富、流通网络发达、食品加工技术领先等突出优势得以最大限度发挥。

首先，南海是著名的"鱼米之乡"，农业产业基础坚实，特别是渔业产业发展省内领先。作为桑基鱼塘生产模式的发源地，南海拥有世界灌溉工程遗产桑园围，是全国著名的淡水鱼苗之乡、加州鲈之乡、广东省水产养殖的优势区和集聚区。其中，南海区九江镇是渔业重镇，水产养殖已有500多年历史。年均鱼苗孵化量达1 000亿尾，约占全国产量的10%，其中加州鲈苗年产量约占全国产量的60%，是"中国淡水鱼苗之乡""中国加州鲈之乡"。

其次，南海是全国最大的淡水鱼养殖区、最大的淡水鱼苗繁育中心、最大的淡水鱼加工流通中心以及国家级水产健康和生态养殖示范区，淡水鱼苗繁育水平全国领先。2021年，全区水产品总产量为20.65万吨，其中淡水鱼养殖产量为20.62万吨，产业综合产值达到102亿元。[①] 其中，南海现代农业产业园以淡水鱼为主导产业，主导品种包括加州鲈、生鱼、黄颡鱼等优质淡水鱼，园区创建范围包括九江镇、西樵镇和丹灶镇，涉及422.29平方公里，产量占南海区淡水鱼产业的80.5%[②]，综合产值为84.5亿元，年鱼苗孵化量为1 898亿尾，产值达8.6亿元，被认定为国家级水产健康养殖和生态养殖示范区，发展水平全国领先。

最后，南海区现代农业产业园还具有大湾区淡水鱼加工流通集散地优势。目前，园区集聚了8家省市级农业龙头企业，形成了覆盖全国一百多个大中城市的成熟市场销售网络，优质鱼日均北运

---

① 南海区政府. 现代农业迎丰收！南海乡村产业振兴跑出加速度！. 南海发布，2020-10-15.

② 2021年南海区现代农业产业园淡水鱼养殖面积为10.67万亩，产量为16.62万吨。

量超 80 吨，占全省的 30% 以上。加工方面，保鲜鱼片、酸菜鱼等预制菜加工产业成熟，"生产＋加工＋科技"全链融合发展基础好。

自从实施乡村振兴战略以来，南海的预制菜产业步入"快车道"。2022 年南海区政府工作报告提出，以工业化理念推动现代农业发展，发展水产品预制菜产业。2022 年上半年，南海积极推动包括九江鱼兴港水产预制菜、西樵何氏水产预制菜、狮山好来客预制菜等 12 个预制菜产业项目签约落地，入选 2022 年国家现代农业产业园创建名单，已建成一批鱼片、腌制和速冻等水产加工生产线，推出保鲜鱼片、酸菜鱼等一系列预制菜产品，并成功创建了广东省级预制菜产业园。2022 年 4 月，南海区出台《关于推进十大国家级示范项目引领预制菜产业加快发展工作方案》，提出用 3 年时间，打造十大国家级预制菜产业发展示范平台，构建数字化、市场化、集群化、规范化的南海区预制菜产业发展新体系，链接起种业、养殖、加工、商贸，实现一二三产业协同发展，打造农产品工业化的新标杆，三年内实现年加工淡水鱼产值 100 亿元以上。

专栏 2-4　　西樵镇何氏美丽渔场和预制菜产业项目

广东何氏水产有限公司（以下简称"何氏水产"）位于南海区西樵镇。何氏水产主营水产品有桂花鱼、鲈鱼、鲴鱼等，品种丰富。近年来，何氏水产在鱼类加工产品和预制菜品上不断发力，成功打造出"何氏蹦蹦鱼""何鲜氏功夫鱼"等品牌，推出的黑鱼片、酸菜鱼快手菜成为预制菜市场爆款产品。自主品牌"何氏蹦蹦鱼"主打快煮鱼片预制菜产品，鱼片销售规模破亿元，销售网络覆盖全国，是鱼片预制菜行业头部品牌。

何氏水产投资的"美丽渔场"项目总投资约 1 800 万元，总面积为608亩，主要是对山根社区樟坑村和下沙村两个经济社集约的鱼塘进行标准化改造，通过对鱼塘进行方格化平整，建立进排水分离排灌系统，其中养殖池塘数量为58口，每口池塘的面积平均为10亩左右，建立了2套尾水治理系统，配套面积为31亩。项目建成后由何氏水产承包经营，通过企业经营200亩和以"公司+农户"模式经营400亩，池塘亩产加州鲈鱼超8 000斤，年养殖产量超2 400吨，产值超7 000万元，带动超100个农民再就业，进一步提高了当地农民的收入，改善了农村的面貌，充分调动了广大农民从事水产养殖业的积极性，进一步推动了乡村振兴战略的实施，促进了新农村建设。

资料来源：南海区政府提供。

（三）以现代农业产业园作为建设现代农业产业体系的关键抓手

南海依托国家现代农业产业园的创建这一载体，推动农业生产要素向园区集中、优势产业向园区集聚，推进农业产业化、多功能化经营，现代农业产业初成体系。

一是以农业示范园作为引领现代农业高质量发展的"新引擎"。南海充分发挥现代农业产业园的产业集聚、主体集中、要素集约的平台载体作用，加快延伸农业产业链、提升农业价值链、拓展农业多种功能、培育农村新产业新业态。[①] 目前，南海拥有在建国家现代农业产业园1个、省级现代农业产业园3个、市级现代农业园区6个；建成农业公园7个（其中省级2个、市级5个）、市"菜篮子"

---

① 2019年，南海提出"全方位全领域推动乡村振兴，大力发展农业新业态，打造一批一二三产融合发展的现代农业示范园区"；2020年，南海提出"用好用活全区60万亩农用地，积极打造一批连片规模现代农业园区"；2021年，南海提出"推动农业农村迈向现代化"；2022年南海政府工作报告更是提到，要以工业化理念推动现代农业发展，促进第一、第二、第三产业融合发展。

基地8个；拥有区级以上农业龙头企业48家（其中国家级2家、省级16家）、农民专业合作社65家、"一镇一业、一村一品"专业镇村13个；推进南海区现代农业产业研究院建设，搭建"一平台三基地多园区"①科研体系，其中九江镇水产研究中心已完成奠基仪式。提升农业基础设施建设，改造高标准农田1 229亩、鱼塘2 502亩（含西樵美丽渔场608亩）。5个万亩农业示范区②规划基本成型。引进国家级现代农业双创示范基地、恒兴水产、鸿景里水现代农业产业园等重点项目。2022年，南海区获批创建南海区国家现代农业产业园，这是佛山市第一个"国字号"现代农业产业园和全省第一个淡水鱼国家现代农业产业园。现代农业产业园体系为南海发挥特色农业优势、探索工业强区的现代农业高质量发展之路提供了坚实支撑。

专栏2-5　　南海区国家现代农业产业园建设情况

2022年，南海获批创建南海区国家现代农业产业园，成为全省第一个淡水鱼国家现代农业产业园。产业园以九江、西樵和丹灶三个镇为创建范围，涉及422平方公里，以淡水鱼为主导产业，养殖面积达到10.67万亩，产量达16.62万吨，占南海区淡水鱼产业的80%以上。

2022年以来，南海国家现代农业产业园淡水鱼养殖规模保持全国领先，园区养殖面积占全区的86.18%，立项改造鱼塘2.94万亩，

---

① "一平台三基地多园区"："一平台"指南海现代农业产业研究院，"三基地"指东部花卉苗木及观赏鱼养殖示范基地、中部现代生猪养殖示范基地、西部鱼花及淡水养殖示范基地，"多园区"指多个规模连片的现代农业产业园区。

② "5个万亩农业示范区"：南海区都市智慧农业示范园、丹灶镇良银心万亩农业示范园（原春风十里现代农业产业示范片区）、里水花卉园艺产业融合示范片区、九江鱼花科技创新示范片区、广东佛山基塘农业系统。

培育出佛山市级以上水产龙头企业12家，30亩以上养殖户达570户。区内培育育苗主体137个、佛山市级以上良种场9个，鱼苗孵化年产量约1 900亿尾，占全国的1/7。作为南鱼北运主供区，南海每日优质鱼北运量超348吨，占广东省的50%以上。

此外，园区还通过搭建8个科研平台，推动技术体系升级；建成3个水产数字平台，加快建设南海数智渔业综合服务平台；着力培育多个特色农产品品牌，拥有"中国淡水鱼苗之乡""中国加州鲈之乡"2个区域公共品牌；培育21个预制菜品牌、30多个粤字号品牌。在农业农村部农产品质量安全中心近日公示的2023年第一批全国名特优新农产品名录中，南海加州鲈成功入选，成为佛山唯一上榜的农产品。

南海国家现代农业产业园充分发挥带动作用，结合南海农村股份合作制，促进龙头企业和14个经济薄弱村（居）协同联结共同致富，建立利益联结机制农户95.4%以上；同时强化财政的引导撬动作用，规划用好1亿元中央资金，整合地方财政资金3.09亿元，撬动社会资金21.11亿元投入园区建设；出台农业用地集约整备等扶持奖补政策，配套建设用地231.5亩，集约农用地6 025亩；发布专门政策，从财政、金融、用地、科技、品牌等方面，全方位强化现代农业要素保障。

经过一年的建设，南海成功集约了各类资源，通过打造好政策、好机制、好产业、好技术、好品牌，有力促进了国家现代农业产业园规模化、集约化、技术化发展。

资料来源：南海创建全国一流现代农业强区，工业大区如何念好"农业经"？. 南方日报，2023 - 05 - 12.

二是以水产、花卉为两大特色农业支柱产业，南海有效打造优势特色产业集群。南海是全国最大的淡水鱼养殖区，也是全国最大的蝴蝶兰生产基地，全国每4株蝴蝶兰中就有1株出自南海。2021年，里水镇（花卉）被授予广东省"一村一品、一镇一业"专业镇的称号。目前，"九江鱼花产业园"已成雏形，已建成万顷园艺世界、梦里水乡百花园、南海花卉博览园、梦里花田等千亩特色农业园区。

三是规划布局和建设花卉、蔬菜、水产养殖三大特色农业产业带。《南海区农业发展"十四五"规划》明确，将围绕花卉、蔬菜种植、水产养殖等特色农业，结合文化旅游、休闲观光等现代服务业，发展花卉园艺区、休闲农业观光区和基塘农业集中区三大集中发展区（见表2-19）。南海区第一产业以粮蔬种植、花卉种植、鱼塘养殖为主。花卉种植主要分布于北部里水镇，已建成广东省现代农业产业园-南海花卉园艺产业园；粮蔬种植主要分布在中部狮山镇；鱼塘养殖主要分布于西部丹灶镇、西樵镇以及九江镇，已建成广东省现代农业产业园-九江鱼花产业园。例如，里水镇作为农业大镇，农地面积接近8万亩，近年来通过优化农业产业结构基本形成了以花卉、苗木、粮食、家鱼及观赏鱼为主的种养结构，2021年农业总体产值约为22亿元。

表2-19 南海区现代农业三大特色产业带

三大片区	核心区域	主导产业
花卉园艺区	里水镇；万顷园艺世界、梦里水乡百花园	花卉园艺种植、展示、休闲等产业
休闲农业观光区	狮山镇；南国桃园、东风水库等	特色花卉种植、休闲农业、乡村旅游等产业
基塘农业集中区	丹灶、西樵、九江地区的桑基鱼塘	休闲渔业、乡村旅游、体育休闲等产业

资料来源：南海区农业发展"十四五"规划。

> **专栏2-6　　　　南海花卉博览园和万顷园艺世界**

南海花卉博览园由广东花博生态产业有限公司投资经营，占地1 450亩。2016年开始基础设施建设和招商，目前已引进企业417家，客户累计投入生产经营设施超过10亿元，是全国最大的锦鲤和龙鱼集散中心。

园区有花卉企业143家，占地821亩，以蝴蝶兰生产、种苗生产、其他花卉生产为主。其中，蝴蝶兰生产企业有51家，年产蝴蝶兰近500万株，产值约1.5亿元；种苗、种球企业有7家，全国90%以上的百合、郁金香种球从园区发往各地；花卉电商企业有12家，其中子乐湾（鹏集园艺）在天猫花卉类榜单中排名第一，网上年销售花卉产品1.5亿~1.8亿元，全园花卉年产值约6亿元。

园区观赏鱼企业有274家，占地246亩，以锦鲤生产销售、龙鱼生产销售、魟鱼及其他热带观赏鱼生产销售为主，是国内最大的锦鲤集散中心，直接从事锦鲤养殖的客户有15家，鱼塘面积为3 000多亩，年孵化鱼苗1.2亿尾，经筛选后养殖成鱼100多万尾，产值为2亿~3亿元。龙鱼和魟鱼养殖企业有10家，年销售龙鱼、魟鱼近50万尾，产值为5亿元左右。专业从事观赏鱼销售和小规模观赏鱼养殖的企业有249家，带动周边等地观赏鱼养殖企业500多家，年销售观赏鱼成鱼约200万尾，年销售超过15亿元，其中观赏鱼电商直播企业有80多家，通过网络销售观赏鱼产品约3.8亿元，最大的奇彩龙鱼年网络销售近6 000万元，年网络销售在500万元以上的企业约20家，惠和锦在微拍堂平台观赏鱼榜单中排名第二。

万顷园艺世界项目辐射面积3.5万亩，首期建设面积为2 040多亩，项目预计总投资13亿元。园区自发展以来受到各级政府大力重视，获评"南海区区级农业龙头企业""佛山市农业龙头企业""广东省农业龙头企业""五星现代农业园区"等荣誉称号,并与华南农业大学等高校建立合作关系,获"华南农业大学教学实践基地"称号。

目前,园区已建成高档花卉温室栽培区、中国盆景大观园、国际花木交易区、花卉物流电子商务中心、粤台科技推广休闲体验区、小盆栽生产基地等多个功能区,并已成功招商,引入200多家国内外知名企业。园区已建成千亩温室栽培兰花产业园,正大力发展花卉物流及电子商务,争创华南地区最大的花卉物流中心,着力打造一个集生产示范、交易展销、科研推广、物流配送、信息培训、科普教育、文化交流、观赏旅游于一体的大型综合性高新农业园区。

未来,万顷园艺世界将致力于现代农业园区的开发,重点建设花卉研发、贸易、物流、会展、信息、培训等平台,立足于为广大花卉企业(农户)注入电子交易、物流信息等现代服务理念,利用现代化的信息服务技术和措施,改造传统的花卉产业,促进花卉产业网络电子交易,全面推动当地乃至全省各地花卉产业水平的发展,使产业效益水平得到较大的提高。同时,完善整个园区的旅游服务设施,开发具有市场吸引力的观光旅游项目,发展水乡农业,树立观光农业品牌,打造佛山市五星现代农业园区,使其成为广佛都市圈内最具岭南特色的生态旅游区。

资料来源:南海区相关部门提供。

三、迈向南海农业现代化

从世界农业强国发展经验来看,农业现代化应主要具备以下特征:一是农业成为一个可以盈利的高价值产业,要在全国、在世界有竞争力；二是农业的劳动生产率要提高，农业所创造的生产总值与就业人口之间的比例要匹配；三是农业的土地利用效率、土地亩均收入要提高。对于南海来说，农业现代化相对于工业化和城镇化滞后，是区域现代化的主要短板。[①] 21世纪以来，南海农业奋起直追，逐步呈现出现代农村、现代农业的新景象。

（一）坚持"长期主义"推进农业现代化，补齐现代化"四化"同步短板

中国式现代化要求坚持走中国特色新型工业化、信息化、城镇化、农业现代化道路，促进工业化、信息化、城镇化、农业现代化同步发展。

1978—2008年，南海同时经历了高速工业化和城镇化过程，第一产业占GDP份额和第一产业就业人员比重迅速降低。在这一过程中，农业在国民经济中逐渐成为一个边缘性产业。一方面是大量农用地的非农化，挤占了农业和关联产业的发展空间。农村遍布厂房和农宅，无论是农产品的加工，还是乡村生态、休闲和娱乐空间都极度缺乏用地支持。另一方面，由于传统种植业投入大、风险高、回报低，在非农产业及房地产经营和投资回报率较高的冲击下，资本、技术、人才等现代要素不愿意进入农业部门，农业内生性的生产效率并未随着城市化和工业化水平的提高而相应提高。因此，南海的"三农"陷入了一种"农村强、农业弱"的局面，农业成为经济结构中名副其实的一只"跛脚"。

2008年以后，南海农业现代化开始"补课"，逐步实现了与工业化、城镇化同步发展。中央实行最严格的耕地保护政策后，南海的现代农业的发展空间得到了保障。在政策支持下，资本下乡和农业

---

① 李清平. 经济学家刘守英谈南海. 珠江时报，2022-08-22.

规模化经营做大了农业的总盘子，而农业龙头企业则成为资本、技术、管理、市场、土地、人才等农业现代化发展急需的各类要素集聚的节点。与此同时，2008年以后，珠三角地区进入新一轮城市化高潮，市民对农产品的需求结构发生了根本性变化。珠三角核心区亿级的人口规模和十亿级的经济总量产生的高质量农产品的需求使得南海的农业获得了千载难逢的机遇。

随着2010年以后移动互联网革命的深入，南海农业抓住信息化和数字农业发展的历史性机遇，实现了从产业化到信息化的跳跃。南海加强现代信息技术在农业中的运用，促进了数字农业、智慧农业的快速发展。[①] 农业产业数字化不断实现跨越。广东（里水）农产品跨境电子商务综合试验区挂牌[②]，依托互联网技术，积极开展农产品跨境电子商务，探索建立农产品跨境贸易生态产业链，积极探索实施数字农业农村道路，里水与30余家农产品、跨境电商企业签约，帮助花商"触网""出海"。2021年，里水搭建"南海区花卉园艺产业园5G+数字农业云平台"，涵盖农业云名片系统、大数据可视化展示、区块链农产品质量安全溯源系统等应用，用科技疏通产业发展瓶颈。佛山市十大数字农业先锋企业中，南海占了5家（见图2-25）。南海的一些优质农产品快速"出圈"，比如广东何氏水产有限公司的"何氏蹦蹦鱼"等，通过创新农产品的流通渠道和销售方式，为农产品销售闯出了一条新商路。

[①] 南海不断加大对电商的扶持力度，《佛山市南海区促进电子商务发展扶持办法（试行）》就明确，符合条件的主播为南海企业年应税带货销售额达2 000万元以上，可获10万元起步的一次性奖励。企业获评区级以上人民政府或商务部门认定的直播电商示范企业，可获一次性奖励最高30万元。

[②] 2020年，里水镇获批创建"农产品跨境电子商务"综合试验区，成为广东省两大"农产品跨境电子商务"综合试验区之一。

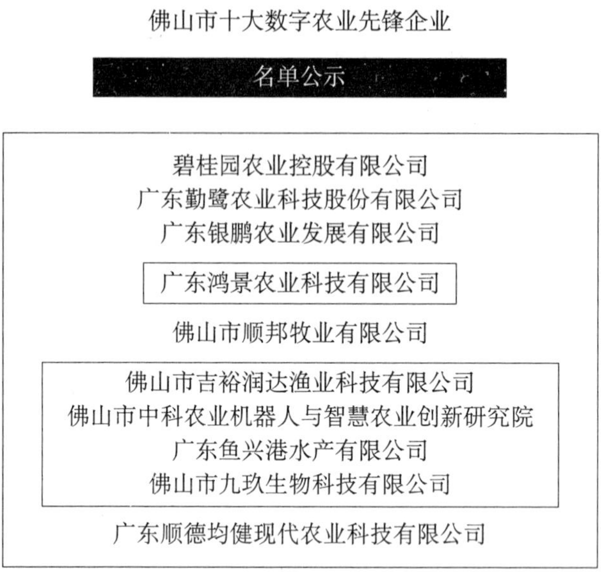

佛山市十大数字农业先锋企业

名单公示

- 碧桂园农业控股有限公司
- 广东勤鹭农业科技股份有限公司
- 广东银鹏农业发展有限公司
- 广东鸿景农业科技有限公司
- 佛山市顺邦牧业有限公司
- 佛山市吉裕润达渔业科技有限公司
- 佛山市中科农业机器人与智慧农业创新研究院
- 广东鱼兴港水产有限公司
- 佛山市九玖生物科技有限公司
- 广东顺德均健现代农业科技有限公司

图 2-25 2022年佛山市十大数字农业先锋企业南海区企业获评情况

（二）以工业思维推动农业产业化现代化和农业附加值提升

南海农业现代化走的是一条通过产业现代化实现高附加值的道路。现代农业与传统农业最本质的区别是生产和经营活动的产业化，即在生产端通过基础设施现代化、生产的机械化、优良品种的选育、加工运输自动化，以及销售端的市场化等实现了农业经营的可控化，从而能实现成本最小化和利润最大化，让农业附加值向工业看齐，成为与二三产业一样有利可图的行业。所谓高附加值的农业现代化路径，关键在于提高农业的附加值、劳动生产率和土地利用效率、土地亩均收入，因地制宜发展强农业，实现农业创造的利益与工业、城市产业创造的利益可竞争。

南海现代农业成功的前提和基础是有一批极具市场竞争力和原始创新能力的现代农业公司。在南海，21世纪以来现代化农业的主体已经从一般的农户转为一批现代农业企业。截至2021年，南海区有农业龙头企业51家，总资产规模超65亿元，包括国家级2家、省级16家、市级17家、区级16家。这些农业企业主要以工业化理念推动农业生产的规模化、先进化。一方面，现代化农业企业尤其是农业龙头企业在乡村范围内实现了管理、技术、资本、人才等要素的重新整合和全要素生产率、盈利水平的提高。另一方面，现代农业企业面向的是一个充分竞争的市场，通过市场优胜劣汰的机制倒逼农业经营效益的提高、管理水平的提升、创新能力的增强、营销能力的提升。

现代化农业企业对南海农业产业现代化的影响和贡献包括：一是三产融合发展。不少南海企业依托塘鱼养殖，将直营业务延伸至鱼片加工、冷藏转运，加速研发标准化成品及预制菜品，抢先布局预制菜板块。二是标准化生产。预制菜龙头企业以工业思维整合预制菜全链条，从活鱼分类、清洗、切片、腌制、打包、速冻到成品，建立"一条龙"的水产品自动化加工生产线和先进工艺，最终制成不同样式的预制菜产品。南海九江的广东香良水产有限公司通过自动化生产方式，每天的产量可以达到20万斤。三是电商销售。例如广东香良水产有限公司已组建电商团队，布局社区团购、商超团购等销售市场，同时通过大型流通产品、餐饮连锁等销售渠道，将预制菜做强做大。四是经营模式创新。除了公司＋农户模式以外，农业龙头企业建立了多形式股份合作型利益联结共同体，紧密带动农民增收，通过"公司＋基地＋农户""优质鱼苗＋配套技术＋订单模式"等模式带动全区9 000多户农民发展水产品。农业产业园内企业还组建了专门的联农带农团队，辐射带动省内外上游合作农户超1.8万户，带动水产养殖超30万亩。

在现代化的农业企业以外，南海区政府以工业化理念推动现代农业发展，提升农业规模化、产业化发展水平，推动现代农业驶入高质量发展的"快车道"。① 南海区政府推动农业产业现代化的主要做法包括：一是强化园区载体建设，承接产业项目。2019 年以来，南海区围绕发展现代农业的目标，积极推动预制菜、大型农业产业园区、全域养殖池塘改造提升等一批重大农业产业项目进行集中签约和动工。2022 年 4 月，南海入选 2022 年国家现代农业产业园创建名单，成为珠三角唯一入列此项的地区。推动包括九江鱼兴港水产预制菜、西樵何氏水产预制菜、狮山好来客预制菜等在内的 12 个预制菜产业项目签约落地，入选 2022 年国家现代农业产业园创建名单。2022 年 4 月 7 日，全国唯一以"现代农业融合专精特新创新发展"为主题的国家双创示范基地落户南海。在此基础上，南海还按照"东部花卉苗木、中部畜禽养殖、西部优质水产"的全区农业区域发展定位，加快构建"1+3+X"现代农业产业园联动格局，打造花卉、水产、预制菜等特色优势产业集群。二是加大农业基础设施现代化改造。2017 年以来，全域养殖池塘改造提升、万亩都市农业公园等一批重大农业产业项目动工，加快打造 5 个万亩农业示范区，明确 2022 年完成 5 000 亩鱼塘升级改造及尾水治理，明确至 2026 年底完成南海区全域养殖池塘改造提升，改善水产养殖耕作环境。三是完善农业现代化政策支持体系。南海区建立和不断完善科技与人才、农业金融服务、土地政策和财政投入，支持现代农业发展。大力探索和推动"农业保险+融资""政银保""信贷直通车"等，切实为农企（户）生产经营提供资金支持、降低融资成本，纾困解难。2022 年 1—7 月，为南海当地农户提供经营性资金 150 万元，助力养殖发展；推动保险公司与中国建设银行、中国银行等机构为水产养

---

① 孙景锋. 工业大区如何念好"农业经". 南方日报，2023-05-12.

殖企业、预制菜企业通过农险保单贷款融资超千万元。

（三）把培育自主科技创新能力放在提升农业部门市场核心竞争力的首位

农业出路在现代化，农业现代化关键在科技进步。农业技术创新尤其是先进育种、栽培等核心技术大大促进了农业产量和效率提升，为传统农业向现代农业转型提供了有力支撑。

南海早在20世纪80年代就非常重视水产养殖优质化、科技化、多元化。1988年南海水产养殖场攻克"桂花鱼人工繁育与高产养殖技术"和南方大口等优质鱼人工繁育的难关，为南海水产业朝高科技含量、品种多元化方向发展奠定了基础。同时，南海重视推广科学的养殖方法，如"四大"家鱼的科学混养、密养，优质鱼精养、增氧机和精饲料的使用等技术的应用，促使南海的水产养殖业年年增产增收，亩均产量从1978年的202公斤提高到1998年的526公斤，净增324公斤，增长1.6倍，1996年南海获"广东省淡水渔业先进市"称号。

为提高研发创新能力，近年来，南海农业产业园区和核心龙头企业与科研院校建立了产学研一体化的紧密科研合作关系，成功研发了大口黑鲈"优鲈1号"、长珠杂交鳜等经农业农村部审定的新品种，累计获得发明专利13项、实用新型专利80项，形成了粤字号农产品14个、水产品牌10多个、注册商标150多个。全区共有"鱼兴港"鲈鱼、"豆世界"原味即食豆腐花、"百容"草鱼苗、"皇永顺"土猪等36个品牌产品入选"粤字号"农业品牌目录；百容水产的杂交鳢"雄鳢1号"入选国家水产新品种，自主培育的"长珠杂交鳜"获国家级认可，企业还入选了"大口黑鲈强优势阵型""黄颡鱼、鳢补短板阵型""四大家鱼破难题阵型"。

针对区内缺少农业科研机构、农业科技水平不高和农村政策研究力量薄弱的现状，南海依托广东省农业科学院、中国水产科学院珠江水产研究所等科研院所的人才、科技、平台及成果转化优势，全面搭建"一平台三基地"科研体系，加快建设南海区现代农业产业研究院、乡村振兴研究院，以种源技术攻关为重点，持续提升水产、花卉、产业融合、"三农"政策等领域的研究推广工作成效，为农业农村发展提质赋能。南海区现代农业产业研究院水产研究中心以九江为中心，辐射西樵和丹灶，将开展新品种培育、资源挖掘与应用等研究，并承担淡水鱼种资源建设以及水产养殖科研攻关工作等。国家大豆改良中心广东分中心育种基地、国家现代农业产业技术创新中心示范单位等落户于鸿景里水现代农业产业园。2023年5月，南海发布《南海区种业＋发展规划（2022—2031年）》，明确用10年时间构建现代种业产业体系。南海是全国最大的淡水鱼养殖区、广东花卉主产区之一，但南海区种业存在小、散、弱的短板，大量的知识产权、核心技术不在手中。为此，南海提出坚持长期主义，集中资源在区内打造东部"种业＋花卉""种业＋功能性食品""种业＋乡村振兴（农文旅）"、中部"种业＋畜禽""种业＋乡村振兴（农文旅）"、西部"种业＋水产""种业＋乡村振兴（农文旅）"的三大"种业＋"产业集群，努力打造农业科研成果转化的前沿阵地，抢占未来现代农业"芯片竞争"的制高点。[①]

现代农业一手牵起城市繁荣，一手带动乡村振兴，肩负着服务城市、富裕农民的重任。南海区第十四次党代会报告明确提出，要推动乡村全面振兴，大力促进农业产业化，积极发展现代都市农业

---

① 梁慧恩，程虹. 打造中国式现代化城乡区域协调发展南海样板. 珠江日报，2023-05-05.

和特色优势产业。南海深刻认识到,在打造现代化活力新南海中,农业的基础地位将更加稳固,农业的重要价值将愈发凸显。南海要在工业与农业、城市与乡村间找到契合点,既要算经济账,还要算政治账,既要算眼前账,更要算长远账。如今,南海正以工业优势带动农业发展,让工业经济、城市发展与乡村振兴同频共振,奋力创建全国一流农业现代化强区。

第三章
南海土地制度的演进及其独特性[①]

南海已经进入城乡融合阶段，呈现出比其他地区更为显著的城乡融合特征。南海城乡融合形态的演进与南海经济社会发展方式和体制机制改革具有密切关系，而其中土地制度创新是根本性的驱动机制之一，对促进南海城乡融合发展具有关键性作用。

在第一轮工业化革命中，南海将原来承包到农户手上的集体土地集中起来，折成股份，组建股份合作组织，然后进行以经济社和经联社为所有权单位的集体土地开发，包括直接出租土地和修建厂房招商引资，农民凭股权分享土地非农化的增值收益。这个阶段土地制度创新的核心是以允许农民的集体土地进入集体建设用地市场，来推动地方的工业化建设，打出了世界制造工厂的影响力。

在第二轮城市化革命中，南海通过"三旧"改造等土地制度改革，实现了集体土地和国有土地从原来的所有权的分歧走向利益的平衡，使土地价值级差收益一部分流到农村，一部分用于城市，以

---

① 本章执笔人：黄志基，中央财经大学政府管理学院副教授；廖炳光，广东省社会科学院改革开放与现代化研究所助理研究员。

解决南海城市化过程中的土地来源和城市建设的资金来源问题。同时，通过土地功能的调整促进了土地利用结构的优化。在这个阶段，南海通过推动土地制度的权属改革、利益分配改革和功能规划改革，实现了城市的集聚、城市功能的提升和城市文化的呈现，推进了城市化的进程。

现在，南海从第一轮的工业化、第二轮的城市化，进入第三轮的城乡融合。2019年7月，广东省委全面深化改革委员会同意南海区建设广东省城乡融合发展改革创新实验区，并于2020年9月印发《佛山市南海区建设广东省城乡融合发展改革创新实验区实施方案》，标志着南海区全面进入城乡融合发展改革创新阶段。两年多来，南海区通过深化农村土地制度改革，推动了城乡土地结构性调整，为再造高质量发展新南海提供了动力。总结来看，未来南海推动城乡融合改革破局的关键仍是深化土地制度改革，其核心是通过市场化的土地配置方式实现城、镇、村、业在土地价值级差收益分配上的均衡。本章将从土地制度改革的角度出发，梳理驱动南海区城乡融合发展的制度创新探索，为下阶段南海区持续深入推动城乡融合高质量发展提供启示。

第一节　从包产到户到乡村工业化（20世纪80年代）[1]

改革开放初期的南海是一个农业县。1978年，全县第二产业增加值不到1亿元，工业总产值也只有6.88亿元。[2] 薄弱的工业和毫无活力的集体农业折射出当时农村的"一穷二白"：全县人均年收入

---

[1] 本部分内容主要参考：刘宪法."南海模式"的形成、演变与结局/张曙光，刘守英. 中国制度变迁的案例研究（土地卷·第八集）. 北京：中国财政经济出版社，2011.

[2] 南海市统计局，1998。

不足两百元，普遍处于缺衣少食的状态。地方政府也面临着严重的财政问题。1980年南海财政总收入为9074万元，上缴6648万元后，地方留成只有2426万元，基本只能解决政府的"吃饭"问题。

一、农地家庭经营的意义

1983年下半年，南海开始全面推广家庭联产承包责任制（简称承包责任制），并于1984年年中基本完成，是全国最晚实行家庭联产承包责任制的地区之一。但不久，家庭联产承包经营方式与传统的"桑基鱼塘"的生产方式发生了冲突。由于基塘具有不可分割性，无法按人口或劳动力将其均分到各家各户，因此，"大包干"式家庭联产承包经营方式不能适应基塘作业的生产方式。为了解决这一矛盾，南海农民就开始自发尝试集中有偿投包方式，并没有对基塘实现分田到户。

基塘投包经营的主要内容是：首先，村集体经济组织将承包到农户的基塘收回和集中。其次，按照"价高者得"的原则在村内竞投。竞投方式一般为村集体先将要投包的基塘张榜公示若干天，例如3天，然后召开村民代表大会或户代表大会对基塘进行竞投。再次，取得基塘经营权的竞投人与村集体经济组织签订投包合同，并支付投包金和押金。

到了1989年，全南海的基塘面积发展到17万亩，约占全部农地的16%，同时开始了大规模推行基塘有偿投包的经营形式。随着大量的农村劳动力转入非农就业领域，南海开始将有偿投包的范围由基塘逐步扩大到所有的农地。每家农户除了保留少量的房前屋后自留地之外，将大部分农地均纳入了有偿投包的范围。到1990年年底，南海政府决定对除基塘之外的农用土地实现有偿承包。1991—1992年，土地有偿承包的试验在南海全面推开。到1992年年底，全南海的 1 470 个村集体经济组织，实行土地有偿承包的有 1 228 个，占比为 83.5%，实行有偿承包的土地面积为 55.22 万亩，占全部农地的 77.8%。

与全国其他农村普遍实行的"大包干"家庭承包经营制相比，南海实现的投包经营形式具有显著特征：一是村集体将分散在农户手中的土地集中起来，通过对土地的投包，实现了土地支配权、土地使用权及土地收益权的"三权分离"。二是投包经营也是土地承包权流转的一种形式，而这种形式的土地承包权流转是建立在村级土地市场基础上的。三是投包经营在合约安排上的一个显著特点是，村集体在土地流转过程中牢牢地控制着对土地的支配权。

二、农村集体建设用地入市推动乡村工业化

以上有偿投包经营形式主要集中于集体农地，而高速工业化和城市化的发展极大地刺激了对土地农转非的需求，土地转用的价值凸显。按照当时南海政府的财力，单靠土地的国有化，来实现大规模的土地农转非是不现实的。与此同时，村集体也发现了巨大的土地升值潜力，不愿意让政府剥夺其发展机会，而且，乡镇企业的长足发展也为村集体自行配置自己的土地提供了可能。村集体自行配置自己的土地的主要方式就是，农村集体土地进入建设用地市场。

1992 年以后，南海制度试验的重点就从通过土地流转实现农业生产的规模经营，转为以土地为资本，参与工业化和城市化的发展，即通过农村集体建设用地的入市，使农民能够分享工业化和城市化发展的收益。在南海，农村集体建设用地入市的基本做法是：村集体首先将其所属的农用地转为建设用地，开发村集体工业园区和建

造工商物业，然后对外招商引资，出租或转让土地或物业使用权，以此取得收益。

这种村集体以出租物业或土地的方式，获取土地增值收益，分享工业化和城市化成果的做法，是珠三角地区最具代表性的集体土地进入市场的形式。这也是"南海模式"区别于在苏南地区普遍实行的，村集体通过在自己的土地上办企业、发展经济的"苏南模式"的一个重要特征。在这种制度安排下，农村集体建设用地入市为乡村工业化提供了前提条件。

第二节　集体土地股份制改革（1994—2007年）

一、从"包产到户"到"土地股份制改革"

家庭联产承包责任制在南海推行的时间较晚，终结的时间却很早，大体存在了10年，即一个土地承包的周期。面对承包责任制带来的农用地细碎、产权不稳、责任与意愿不符，以及工业发展对规模化用地转用的需求，在当时农用地流转还被禁止的情况下，南海创造性地"再集中"分包到户的农用地，搞"土地股份合作制"，通过集体土地股份制改革，将农用地成员承包权转换为成员股权。以村庄为单位的土地功能划分和土地承包权变股权，开启了集体土地租赁，促进了"农村工业化"的进一步发展。

（一）农村土地"再集体化"：土地股份合作制的形成

20世纪80年代初，集体土地上兴建的乡镇企业推动了南海"农村工业化"的发展，但这需要大量转用农用地，并且随着企业的逐渐兴盛，用地需求逐渐呈现规模化特征；另外，乡镇企业吸纳了大量的农业转移劳动力，降低了人们从事农业的意愿，土地抛荒导致了资源的闲置和浪费。

于是，20世纪90年代初，为应对工业快速发展对农用地转用的需求，南海自发创造了土地股份合作制，以农村集体土地的"再集中"解决承包责任制下农用地破碎的问题。1992年，罗村镇下柏管理区推出了农村土地股份合作制。它们在行政村级成立了下柏农业股份公司，将村民小组所有的农田、鱼塘、空地统一收归股份公司；将全村土地划分为"三区"，其中"农业保护区"1 300亩、"经济发展区"1 700亩、"商住区"60亩。公司将农业保护区和经济发展区以出租的方式招标经营；年底将所获租金等收益向股东进行分红。股份按照成年劳力每人1股，16岁以下每人0.5股进行配置。随后，里水镇的沙涌、平洲镇的夏北等14个村，开始学习推行土地股份合作制，自主将土地承包权转换为股份收益权，逐步拉开了制度改革的序幕。

1993年8月31日，在家庭联产承包责任制推行近10年后，南海发布了《关于推行农村股份合作制的意见》。该意见认为，作为继家庭联产承包责任制之后对农村生产关系所做的又一重大变革，土地股份合作制有助于化解家庭联产承包责任制中存在的问题，有助于改革产权模糊的集体经济组织，遂在农村全面推行该制度。

除了宅基地，农村土地股份合作社将农户分散承包的所有其他土地集中起来，实行统一经营管理，使土地经营权"再集中"到集体经济组织手中。上交土地承包经营权后，村民成为土地股份合作社的股东，持有年底获取分红的股权。股份设置大多兼顾了公平（如基本股）与贡献（贡献股），一改承包责任制下收益按人头分配的状况。合作社对属于集体所有的土地、固定资产和存留的现金等集体资产，进行清资核产和资产评估，资产量化（集体资产总额）后由股东按股权"共同占有"。南海市政府规定合作社年终净收益中，40%以上需要留成以作公共支出、村民的福利和再投资，剩余部分按照村民所持有的股份进行分配。

截至1994年底，南海市18个镇（区）初步建立了1 574个土地股份合作组织[①]；管理区（行政村）、村民小组两级集体经济纯收入达到26.24亿元，比1993年增长了26.49%。这一改革盘活了农村资产，在很大程度上理顺了农村经营管理体制，调动了农民的积极性，同时也可以说为南海第二波的"农村工业化"铺平了道路。

（二）集体土地租赁经济：土地股份合作制的发展

外部经济环境的变化助推土地股份合作制，进一步向农村集体土地"租赁经济"发展。1993年，南海普遍推行土地股份合作制时，正是乡镇企业快速发展时期。集体经济组织除了打理发包农田外，主要业务还是经营村、组的集体企业。然而，随着全球化加速，国内短缺经济结束。1997年亚洲金融危机后，由于在企业模式和产权结构上的缺陷，乡镇集体企业在与外资企业、民营企业的竞争中逐渐败落，开始衰退、消失或者转制。集体企业在南海工业总产值中的份额从1998年的50.2%急剧下降到了2008年的2.9%，而外资和民营企业产值占比则从40.9%增加到了96.4%。[②] 集体经济组织也纷纷从直接的集体企业经营中退出。

土地股份合作社的经济发展面临挑战。作为配合集体企业转制的临时政策，政府允许土地以转国有和出租的形式随企业流转，为很多集体经济组织带来了"第一桶"土地流转的收入（租金）。一方面是集体企业的退出，使合作社面临对股东分红的压力，另一方面是大量涌入的外资、不断发展壮大的民营经济对土地的需求。因此，

[①] 南海区农业局，2003。

[②] 郭炎，朱介鸣，袁奇峰. 福利型村社体制约束与集体建设用地改造突围：以珠三角南海区为例. 现代城市研究，2016（12）：69-76.

南海的土地股份合作社逐步扮演起了"地主"的角色，开始有计划地实施农用地转用，出租给工商企业，获取更多租金收入。虽然农用地转用、集体土地出租是一种"非正式"制度，为集体土地开发带来了不确定的外部制度环境，但对村民集体而言，只要拥有更多建设用地就能增加收入，就可以"有水快流"。每个集体经济组织，不管大小，都是一个独立的土地资源经营主体，都随意在村域内开发工业用地、建设房屋。直到2007年国家强力保护耕地后，这种情况才得以扭转。

二、开放集体土地权利的工业化

南海将原来承包到农户手上的集体土地集中起来，折成股份，组建股份合作组织，然后进行以经济社和经联社为所有权单位的集体土地开发，包括直接出租土地和修建厂房招商引资，农民凭股权分享土地非农化的增值收益，这个阶段的核心是允许农民的集体土地进入集体建设用地市场，来推动地方的工业化建设。同时，默许农村集体以出租的形式将集体建设用地投入到工业化的进程中，也使得农村地区分享了工业化发展红利。

集体经济组织通过"土地股份合作制"加速了"农村社区工业化"，从而使得农村迅速"非农化"：土地不断地转为建设用地，农民不断转向非农就业，集体经济成为脱离实际生产的地租经济，村社治理形成以土地股份合作经济组织为核心的"村社共同体"。村庄的"非农化"顺利实现了增加农民收入，改善他们生活水平的初始目标。南海之所以能成为中国式现代化的城乡融合样板，也正是因为经历了农村社区工业化后，它的乡村有较好的发展基础，它的工业化率先在乡村发生、土地价值的提升率先在乡村发生。由于南海模式特有的在集体土地上建设城市，南海并没有因为城市的发展拉开城乡差距,乡村农民的收入与城市市民的收入之间的差距也没有拉开。南海的发展过程一直是有乡有城,以城带乡、以乡促城。

纵观这两个时期,南海通过自下而上地对农村集体土地进行创造性开发,促进了两次"农村社区工业化"的发展,这对于农村经济的增长有着直接的助推作用,也给南海农村地区留下了较好的工业基础。也有学者在相关研究中,把这两个时期的探索分别称为"南海模式1.0"和"南海模式2.0"。但终归,两次"农村社区工业化"带来的不是真正意义上的"城市化",在政府与集体经济组织就集体土地产权边界界定不清的情况下,这种"非正式"的农用地转用、出租,激励着上千个农村社区在其狭小的地域内实行自给自足的工业开发,微小的、"五脏俱全"的社区拼贴成城市,形成城市空间破碎、村民就地"非农化"、村庄治理体制延续等多重特征并存的"半城市化"景观①,并带来了经济发展内卷化、土地利用低效的困境。因此,在2003年行政区划调整后,南海区政府开始了自上而下地对于土地制度改革、城市化转型的诸多探索。

第三节 "三旧"改造与南海"二次"城市化的土地制度创新(2007—2015年)

一、南海"三旧"改造提出的背景和历程

(一)提出背景——现实土地资源困境和城市二次发展需求

佛山市南海区是我国首批"三旧"改造实施落地的试验田。

---

① 袁奇峰,赵杨,陈嘉悦,等. 国土空间规划背景下城市更新落地的探索:以佛山市南海区夏北村"三旧"改造为例. 西部人居环境学刊,2021(03):11-18.

2007年南海区率先探索"三旧"改造政策、启动存量建设用地改造，旨在推进土地制度改革和"二次"城市化转型。

南海"三旧"改造的提出落实主要是由于现实土地资源困境和城市二次发展需求之间的矛盾。改革开放初期，南海人凭借"敢干敢闯"的精神，率先解放思想，分权到村、到组，发动一切力量，全面发展农、工、商经济，开创民营经济发展奇迹。散落在农村社区的村办企业和民营企业，共同推动了南海第一波"农村社区工业化"。随着20世纪90年代中后期，集体企业退潮、分税制改革和房地产市场发展等外部环境和制度变化，南海开启了"双轨"城市化并行的局面。以集体经济组织为单位，实施农用地转用、转租，发展农村工业，开启以集体"租赁经济"驱动第二波"农村社区工业化"；与之相对应的是，地方政府也开启了依托国有土地开发的城市经营之路，于西部建设工业园区，于东部建设城市中心区，以土地财政培育产业财政。到2007年，"农村社区工业化"推动了南海区一大半的农用地转用，而政府的"园区工业化"也成功实现了在"农村社区工业化"之外"再造一个工业南海"的目标，城市中心区也初现雏形。

21世纪初，我国提升对耕地保护的管控措施，限制新增建设用地指标的供应，土地增量指标也几乎戛然而止。"农村社区工业化"走到了尽头，政府通过增量获取土地财政和产业财政的道路也被截断。无论是"农村社区工业化"，或是"园区工业化"，这两种低成本的用地模式都难以为继。留给南海的是大量低效利用的存量集体建设用地、农村低端制造业、"非正规"经济、大量常住的进城务工人员等。第二次全国土地调查结果显示，到2009年底，佛山市全市建设用地总量已达195.56万亩，占辖区面积的34.33%。而南海这个地处广佛城郊的行政区，建设用地已经超过全区土地总量的50%，未来增量空间十分有限，这种"以空间换发展"的城市发展道路亟须转型。第三次全国土地调查结果显示，南海区到2019年底，共有耕地8.4万亩，且其中42%分布在狮山镇，而城镇村及工矿用地约为82万亩，占南海区土地总面积160.5万亩的51%。南海的开发强度已经很大，且分配的新增建设用地空间较少，年均新增建设用地仅约3 000亩。同时，自2008年全球金融危机后，我国进入经济结构调整期，经济发展由"增量"向"求质"转变，城市开发与建设模式也被要求创新来改变以往低效、粗放式的蔓延，加强对建设用地增量的控制力度。

在此背景下，盘活土地存量成为地方政府在转型发展中不得不采取的应对策略。南海开始启动城市化转型：启动存量建设用地改造，释放土地增值，延续土地财政；通过改造，"腾笼换鸟"，推动经济转型升级；通过土地财政和相对较好的产业财政，在"二次"城市化中，弥补"农村社区工业化"中政府缺位造成的公益性设施不足，打造"城市南海"；划定产业发展保护区，夯实制造业基础，引导资本循环进入科技研发，积极创建"科创南海"；伴随产业升级，引进高技术、高购买力的人口，优化人口层次结构，为资本进入"第三重循环"提供支撑。2007年开始，南海作为广东省的试点启动"三旧"改造，并逐渐将"三旧"改造深化为城市更新，初步建立了城市更新制度体系。

（二）南海"三旧"改造的发展历程

1. 试点先行（2009年以前）

2005年，广东省就提出了"腾笼换鸟"的计划，试图腾退低效产业，挖掘低效利用的存量空间，以推动产业转型升级和空间品质重塑。然而，在该政策推行的初期效果并不理想，尤其是在农村存量集体建设用地方面。这些政策努力为集体建设用地流转合法化

"开了一扇窗,但没关上'经常出入'的门",加速了农用地的非法转用。2007年,中共佛山市委、市政府基于佛山市规划局南海分局的建议出台了《印发关于加快推进旧城镇旧厂房旧村居改造的决定及3个相关指导意见的通知》(佛府〔2007〕68号),南海区紧接着就出台了《关于加快推进旧城镇旧厂房旧村居改造的若干意见》(南府〔2007〕182号),为"三旧"改造吹响了号角。

2008年,南海区颁布了《关于理顺历史遗留建设用地使用权确权问题的意见》(南府〔2008〕46号),提出对于历史遗留建设用地,同时符合该意见中提出的六项条件[①](以下称"海六条")的可进行确权。虽然该意见获得原国土资源部领导的口头支持,但这个做法违反了当时的《中华人民共和国土地管理法》(主席令第28号)。以"海六条"为开端,南海区《关于集体建设用地转为国有用地的意见》(南府〔2009〕60号)、《关于进一步理顺"三旧"改造建设用地使用权确权问题的意见》(南府〔2009〕84号)、《印发加快推进旧城镇旧厂房旧村居改造补充意见的通知》(佛府办〔2008〕296号)等文件相继出台,构建起了较为完整的"三旧"改造政策体系,也奠定了南海作为广东省"三旧"改造政策发祥地的地位。

这一时期的"三旧"改造面积和改造项目数量不断增加,但改造速度相对较为缓慢。综合改造历程来看,此阶段是包括南海在内的个别试点城市对"三旧"改造进行试验的初步摸索阶段,并没有形成自上而下的、统一的政策指引,整体制度环境仍存在较大不确定性,即摸着石头过河。

---

① (1) 已取得集体土地所有权证、属建设用地性质的土地;(2) 经区政府认定纳入区"三旧"改造或"节能减排"项目的土地;(3) 符合2003年编制上报的《佛山市南海区土地利用总体规划大纲》及按照该大纲编制的规划草图范围的土地;(4) 在2002年《南海土地利用现状图》上,显示已为建设用地的土地;(5) 在1999年《南海航空拍摄正射影像图》中,显示已被开发使用的土地(含已填土);(6) 不涉及基本农田保护区的土地。

2. 初步探索（2009—2013 年）

经过一年多的试点，广东省政府与国土资源部于 2008 年底签署了《国土资源部广东省人民政府关于共同建设节约集约用地试点示范省的合作协议》，协议有效期为 2009—2012 年。次年，基于南海等地近两年的试点经验，广东省出台了第一个"三旧"改造政策——《关于推进"三旧"改造促进节约集约用地的若干意见》（粤府〔2009〕78 号）。协议的签订和政策的出台，标志着"三旧"改造正式获得了国家自上而下的认可，形成了正式的"新制度"。

2010—2013 年，南海区出台了一系列关键性的政策[①]，逐渐将"三旧"改造深化为城市更新，并初步建立起了城市更新制度体系。此阶段，就每年新开工"三旧"改造项目数而言，呈现出明显的逐年递增趋势：2009—2012 年为改造进展较好的时期，开工改造的面积占改造总面积的 70%。其中，2011 年达到最高峰，改造面积为 8 182 亩，占总量的 22%；2012 年次之，占总量的 20%。

虽然"三旧"改造得到了自上而下的认可，但作为实用主义的地方试验探索，具体制度处于不断变化中。南海区在 2007—2011 年期间，有 20 多项规章、条例或意见发布，且大多数政策每年都会发生变化。直到 2011 年 5 月，南海区政府才颁布了首个相对完整的"三旧"改造实施条例，即《佛山市南海区城市更新（"三旧"改造）实施办法》。总体而言，在此阶段，从国家、省政府层面自上而下地肯定了"三旧"改造。该计划落地的时效性与未来不确定性共同导致了一波"三旧"改造热潮。

---

① 包括《佛山市南海区关于推进旧村改造的实施意见》（南府〔2010〕160 号）、《印发关于村集体"三旧"改造商住项目用地公开交易的若干规定的通知》（南府〔2010〕161 号）。2011 年 5 月，《佛山市南海区城市更新（"三旧"改造）实施办法》及配套法规政策正式出台，标志着"三旧"改造成为全区的基本政策。2013 年 7 月，《佛山市南海区城市更新（"三旧"改造）实施意见》出台，南海区正式建立城市更新政策体系，"三旧"改造进入新阶段。

3. 稳步深入（2013年至今）

经过试点先行和初步探索两个阶段，地方和中央共同推进"三旧"改造实践后，该阶段开始逐步回归理性、回归长远、回归基于综合效应的经验探索总结和深化阶段。

2012年底，国土资源部和广东省签订的第一个合作协议到期，直到2013年中，中央才肯定了"三旧"改造试点工作的成绩。新开工的项目，不管是数量还是占地面积，从2012年至2013年都经历了一个突然下降（见表3-1）。2013年，"三旧"改造开工面积急剧回落，从7 642.6亩降至2 807.54亩。这可能因为，一方面，2012年截止日期前大量项目已经抢先上马，另一方面则是制度的不确定性。但2013年，南海区政府又印发了《佛山市南海区城市更新（"三旧"改造）实施意见》，其中规定了项目退出机制，即"自认定日起，三年内未办理上述手续，项目认定批复自动作废。不需办理手续的，自认定之日起，两年内未领取《建设工程施工许可证》，项目认定批复自动作废"。强制的项目退出机制促进了2014年的项目开工，所以项目数在2014年又有了回升。

2013年，国土资源部发布《国土资源部关于广东省深入推进节约集约用地示范省建设工作方案的批复》（国土资函〔2013〕371号），对"三旧"改造计划的实施而言，这是一个重要的关键事件。这首先意味着中央政府对前期试点工作的认可，其次也预示着"三旧"改造将是长期的计划。该方案的实施，为"三旧"改造工作的推进奠定了一个更为稳定的外部制度环境，为地方政府和村民集体提供了更多时间评估前期各项试点政策的实践效果，以全面深入地探索可持续的、多样化的改造模式与路径。

综上所述，从2007年至今，南海区大致经历了"试点先行"、

"初步探索"到"稳步深入"的三个阶段。第一阶段向第二阶段转型的标志是广东省政府正式出台的"三旧"改造政策。第三阶段的开启则以广东省与国土资源部签订深化试点协议为标志(具体情况可见表 3-1 和表 3-2)。

表 3-1　2005—2015 年南海区开工项目

开工年份	面积(亩)	项目个数(个)
2005	246.00	3
2006	70.75	2
2007	1 479.40	33
2008	1 512.69	52
2009	5 792.61	86
2010	4 702.32	95
2011	8 182.43	112
2012	7 642.60	125
2013	2 807.54	61
2014	4 810.06	21
2015	146.87	3

表 3-2　南海区"三旧"改造的进展情况

土地权属和用途类型		2007 年总用地面积(亩)	截至 2015 年 6 月广东省标图建库用地面积(亩)	截至 2015 年 6 月已实施"三旧"改造项目		
				用地面积(亩)	占 2007 年总用地面积的比例(%)	占标图建库总用地面积的比例(%)
集体用地		1 118 168.66	221 012.24	26 380.04	2.36	11.94
其他	旧厂房	361 185.20	136 805.70	16 418.75	4.55	12.00
	旧村居	165 619.40	64 692.64	2 594.28	1.57	4.01
	农用地	560 608.58	16 645.27	3 375.88	0.60	20.28
	其他建设用地	30 755.48	2 868.63	3 991.13	12.98	139.13

续表

土地权属和用途类型		2007 年总用地面积（亩）	截至 2015 年 6 月广东省标图建库用地面积(亩)	截至2015年6月已实施"三旧"改造项目		
				用地面积(亩)	占2007年总用地面积的比例(%)	占标图建库总用地面积的比例(%)
国有土地		480 423.63	75 852.12	11 013.23	2.29	14.52
其他	旧厂房	129 351.91	40 916.94	7 350.71	5.68	17.96
	旧城镇	67 930.02	17 590.59	1 595.12	2.35	9.07
	其他建设用地	283 141.70	17 344.59	2 067.40	0.73	11.92

二、南海"三旧"改造中的土地制度创新

"三旧"改造是指对南海辖区内的旧城镇、旧厂房、旧村居进行改造。"旧城镇"改造，主要是对区、镇（街道）城区内国有土地的旧民居、旧商铺、旧厂房等的改造。"旧厂房"改造，是对镇（街道）、村和工业园区内的旧厂房进行改造，包括严重影响城市观瞻的临时建筑。重点改造范围是 20 世纪 90 年代及以前建设的单层简易结构旧厂房。"旧村居"改造，是对"城中村""园中村""空心村"等推进农民公寓建设、旧物业改造和村容村貌整治。

广东省的"三旧"改造并非一蹴而就，而是遵循我国渐进式改革的基本逻辑，试点先行，通过实践不断完善，进而推动制度的渐进式改革，完成新、旧制度的转换。南海在"三旧"改造进程中起到了先行先试的引领性作用和创新性指引。

"三旧"改造看上去是一种对城市破旧形态的改造，背后的实质是土地制度如何支撑工业化到城市化的制度跨越。南海推动低成本"农村社区工业化"向高质量城市化转型，是建立在南海引领全国的

土地制度改革基础上的：从享誉全国的农村土地股份合作制、集体土地租赁，让农民分享工业化中的土地增值收益；到政府"不求所有，但求所用"，不求征地转国有单一用地方式，鼓励集体土地加入"园区工业化"，与村民集体合作；再到存量改造下，对存量集体土地进行确权，承认其流转合法性，打通集体建设用地与国有土地出让通道，实现了集体土地从生产资料到资产再到可资本化的演变。在集体建设用地与国有土地"同等入市、同权同价"，城乡一体化土地制度和市场建设方面，南海探索出了一条独特的发展道路。

"三旧"改造以政府严控村民集体的非法农用地转用开始。南海区规定，以2007年10月为时点，唯有此前转用的集体建设用地方可纳入"三旧"改造政策的范围，并严令禁止新的非法转用。该政策的实施一开始也引起了农村集体经济组织的不满，甚至冲突：一方面，一些集体经济组织在未经政府部门批准的情况下，公然违规转用土地；另一方面，面对维持集体收入增长的渠道（新增建设用地）被切断，集体经济组织也以实际行动抵抗政府征地。

为了化解政府与村集体间的利益矛盾，"三旧"改造政策尊重历史格局，划定存量与增量边界，严控增量并提供存量合法化的途径，推进存量建设用地流转市场的正规化，逐步将其纳入政府统一管理。首先是对所有权的确权。集体所有制中的"集体"一直以来都是不明确的。"三旧"改造政策基于土地股份合作制对所有权的规定，认可各级集体经济组织为所有权主体，并通过对用地进行定量、定位、定界，以发放土地所有权证的形式将土地确定为归实际土地持有主体所有。集体所有权主体得以明确，并得以法定化。由于土地所有权确权无须缴纳任何费用，农村集体都较为积极。其次，在所有权清晰明了的基础上，土地所有权的权利束方可进一步界定。其中，最核心的是集体土地的使用权。使用权的界定在尊重现状的原则上，以是否办理了土地转用，是否领取了土地使用权证为依据，区分合法与否。对于2007年10月之前非法转用的建设用地，政府允许按时间节点分类补交农用地转用的费用和罚款后，按现状用途颁发土地使用权证。取得两证的集体建设用地才可以纳入合法的土地流转市场、列入"三旧"改造计划，即"集体建设用地入市"。对于纳入"三旧"改造计划的集体建设用地，村民集体既可选择保留集体土地性质，也可以在保留所有权的前提下登记变更为国有土地。针对这两种情形，"三旧"改造政策开辟了多样化的集体建设用地入市方式和收益分配方式，分类界定了土地的转让权、收益权和开发权：

（1）在不改变集体土地性质的前提下，土地使用权可以出租、出让、转让、抵押等形式流转，土地可用于商品房地产开发以外的其他用途。针对这些交易，政府仅收取增值税和基础设施配套等费用，并鼓励土地所有权人改造土地。

（2）"三旧"改造政策的最大创新之处，在于开辟了集体建设用地在保留所有权的前提下转国有建设用地的渠道，打破了原来只有政府征地才可以出让的传统供给方式。村民集体可自愿向政府土地主管部门申请改变土地所有权性质。如果申请获批，土地可按以下三种情况相应地流转：

第一种情况是村民集体自主改造。土地流转方式又按集体经营性建设用地与旧村居改造分为两类：①对于集体经营性建设用地，村民集体可选择自行开发成自持物业，集体建设用地可由政府登记为国有土地，然后予以划拨。针对自持物业的开发，村民集体仅需向政府缴纳增值税和基础设施配套费。如果自持物业使用权发生转移，村民集体需要补交转让部分对应的土地出让金。②对于旧村居改造，土地可以通过"收回协议出让"的方式变成国有土地供地，协议出让给集体经济组织自行成立的全资公司或集体经济组织选定的合作开发企业。对于这种方式，政府获得协议的土地出让金。

第二种情况是转国有后交由开发商改造。对于由集体经营性建设用地转换来的土地，政策规定应以"收回公开出让"的方式供地；对于旧村居改造的，则可以带建筑物形式"不收回公开转让"方式供地，或以"收回公开出让"的方式供地。集体建设用地以公开出让或转让的方式给开发商开发的，政府与村民集体共享土地增值收益，具体比例在不同时段有所不同。实际改造项目中又以具体协商为准。

第三种情况是依据政府产业用地改造政策实施改造。南海区出台了《佛山市南海区人民政府办公室关于印发佛山市南海区产业用地提升指导意见（试行）的通知》（南府办〔2017〕37号）等政策对产业用地的供应方式等进行创新。

三、南海"三旧"改造推动城乡融合

"三旧"改造是盘活存量建设用地以优化城市空间布局的主要方法。南海区全面推进旧城镇、旧厂房、旧村居改造，通过土地制度和利益分配机制的创新，构建政府、集体与农民利益共同体，保障农民利益，促进土地集约有效利用，推动了产业升级和城市空间的集聚。"三旧"改造推动了土地制度创新。在"三旧"改造的过程中推动了集体土地确权，以及集体建设用地通过转为国有土地的方式入市。

"三旧"改造推动了集体土地的确权。南海区推行"三旧"改造时，为了严控新增集体建设用地的低增长，禁止农村集体转用农地，引起了村集体的不满。为了化解矛盾，"三旧"改造政策通过界定集体土地产权规范了集体土地市场。首先是明确了所有权。改造政策将土地所有权界定给了股份合作制自发形成的村民小组，向股份合作社发放集体土地所有权证，解决了是行政村还是村民小组代表集体行使所有权的问题。其次是界定集体土地的使用权。以尊重现状为原则，以是否办理了土地转用手续及领取了土地使用权证为依据。对于2007年10月之前非法转用的建设用地，政府允许按时间节点分类补交农地转用的费用和罚款后，按现状用途颁发土地使用权证。

确权的集体建设用地可以通过"三旧"改造合法入市。集体建设用地入市的方式是多样的，一是可以在不改变集体所有的前提下，以出租、出让、转让、抵押等形式流转土地使用权，政府仅收取增值税和基础设施配套等费用。二是通过村集体自愿申请改变土地所有权性质的"集转国"的形式入市。集体建设用地转国有建设用地，突破了传统的政府征地后再供地的模式。所有权性质转变后，村集体可以自行主导改造，由政府登记为国有后以划拨或协议出让的方式交给村集体或其选定的企业开发，也可以在转国有后交给开发商开发，政府与集体分享土地出让金。集体建设用地通过"三旧"改造的方式，转变为国有土地入市，变相地获得了较为完整的产权，推动了农村集体建设用地的资本化。

从本质上来看，"三旧"改造是一场为集体建设用地"确权"和"赋权"的"运动"，即通过土地确权承认村民集体对集体建设用地拥有的相应产权。虽然在上一轮的土地制度创新中，集体土地股份制改革为集体土地参与工业化提供了保证，开放了集体土地租赁权利，保障了农民分享工业化的收益，但是它并没有为集体土地产权提供参与城镇化的通道。在"三旧"改造中，南海区将原来已经开发但是产权不完整的集体建设用地转变为享有相对完整产权的、合法的集体或国有用地，通过土地的"正规化"使用，打通了集体建设用地由"资产"到"资本"的转化渠道，使之成为可以在市场上完全自由流通和融资的"资本"，为打破城乡建设用地"二元"困局、节约集约土地探索了一条有效可行的途径。[①]

因此,通过创新集体土地产权制度,南海以"三旧"改造推动"二次"城市化,同时也为形成城乡融合发展形态提供了机遇:一方面,进行集体土地产权确权、消弭集体建设用地与国有土地的制度边界,通过明晰产权推动集体建设用地"资本化";另一方面,制定村民集体共享增值收益的政策,以市场化盘活集体建设用地;同时,培育土地改造的市场,促进城市升级、产业转型。

专栏3-1　　　　村际整合改造(联滘地区):"垃圾村"的蜕变

(一)概况

联滘地区是典型的"农村社区工业化"地区,是这些村庄土地"租赁经济"的产物。2007年,南海区政府接受"千灯湖北延"方案,计划将千灯湖中心区由南向北延伸,从战略层面将联滘地区纳入了未来城市核心区打造范围。

(二)改造制约与对策

1.改造的核心制约:破碎与整合中的利益平衡问题

①明确福利型经济组织的基本利益诉求;②权属空间破碎从三个方面推高了改造的交易成本;③政策不明确使村民集体对改造"忧心忡忡"。

2.破解制约的努力:多样化对策的提出

①政府首先明确村集体经济组织是参与协商、签订协议的基本单位,虽然涉及诸多村民小组,但须由村集体经济组织代理。通过补偿,政府在一定程度上化解了村民的敌意,赢得了他们与政府协商改造的积极性。②在对利益分配和推动改造的迫切性形成初步共识后,进行

[①] 袁奇峰,钱天乐,杨廉.多重利益博弈下的"三旧"改造存量规划:以珠江三角洲集体建设用地改造为例.城市与区域规划研究,2015(03):148-165.

落实政府主导的土地重划和基于重划的"政府统租"。市地重划确保了政府用地,也满足了各个集体经济组织看重土地物理边界清晰的需求。③超越制度约束,多样化改造。联滘地区的改造是用实践探索这一命题的先行者。原有制度只设定了国有用地建城市的单一途径,对在集体土地上建城市形成了制约。政府和集体经济组织作为受制度约束的行为人,从化解内生性矛盾、切实需求、实现未来发展目标三个角度出发,不断超越既有制度约束,探索新的做法。

(三) 改造成效经验

联滘地区的改造展示了对传统土地开发模式前所未有的改变。在"三旧"改造中,村民集体持有土地所有权和使用权,并以此切实获得地租收益,而地方政府则依法持有土地开发权,决定着土地未来增值收益。可以看到,不管是村民集体还是政府,都同意并积极地参与后续改造,以实现期待的土地增值。通过不断地重复交易,村民集体和政府对改造前景的信心在不断增加,相互之间的信任也同样如此。其中,最根本的是,地方政府认同村民集体的既有利益,并进行足额补偿,同意与之分享未来利益;政府通过确权赋予其参与改造的主动权,并通过统一承租土地获得了统筹整个地块改造的话语权(下图为改造前后该地区土地价值的变化)。

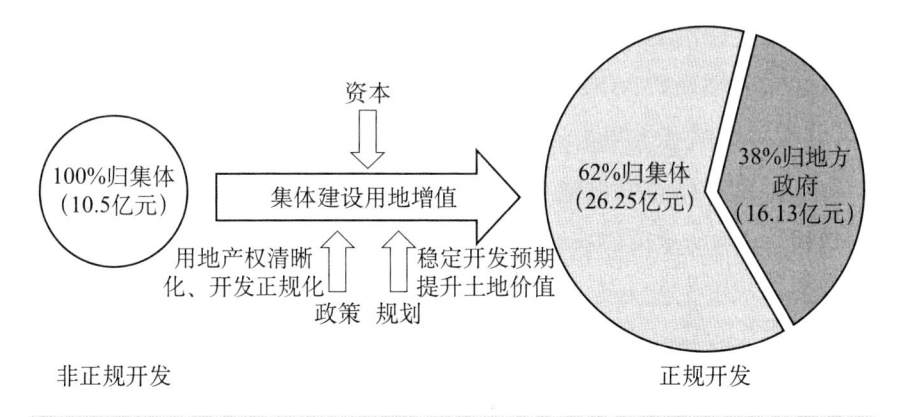

非正规开发:100%归集体(10.5亿元)

资本 → 集体建设用地增值 ← 用地产权清晰化、开发正规化(政策)、稳定开发预期提升土地价值(规划)

正规开发:62%归集体(26.25亿元),38%归地方政府(16.13亿元)

四、"三旧"改造的完善空间

"三旧"改造推动了集体土地以"集转国"的方式入市,让村集体获得了更多的合法转让权,但是村民及集体为了获得土地的最大收益,希望"工改工"改造为房地产项目,不愿意改造为产业项目及公共服务配套,与政府发展产业及城市的初衷相悖。"三旧"改造的推进与存量的集体建设用地相比仍较少。已实施的"三旧"改造项目总面积占存量待改造面积的比例仅为 2.34%。

"三旧"改造是通过土地的功能置换来实现"土地经济租金差"的,也是土地增值收益在既得利益主体之间的再分配。这必然涉及社会公平与公正的问题,至少包括土地经济价值在社会各群体间的分配、社会公益价值的维护,以及从公正角度出发对弱势群体的包容三个方面。集体建设用地改造,涉及土地出让收益在村民集体、村民和城市各级政府之间的分配,涉及政府如何进行开发管控和公共服务设施配套,保证社会公益价值,更包括对居住在村庄的外来务工群体的公正对待。

(一)土地经济价值的分配

"三旧"改造政策实施后,集体建设用地被确权为合法资产。由于确权是按既存用地性质实施的,村庄间的集体建设用地的量差因此被定格。转用土地多的村庄获得了更多的建设用地资产。政府主导的集体土地确权以村庄为单位,分化了"有产者"和"无产者"。确权后,"转国有+利益分成"的改造开辟了集体建设用地资本化的道路,进一步释放了土地增值。在改造进程中,村民集体在与政府的地租争夺中掌握着主动权,获得了绝大部分的土地增值。这种改造在一定程度上拉大了贫富差距。[1]

---

[1] 郭炎,李志刚,王国恩,等. 集体土地资本化中的"乡乡公平"及其对城市包容性的影响:珠三角南海模式的再认识. 城市发展研究,2016(04):67-73.

(二) 社会公益价值的妥协

在改造带来的制度转型中，不充分的制度供给，包括法定规划控制的缺失和土地增值收益分配制度的不完善，使土地经济价值和社会公益价值之间，以及前者在村民集体和政府之间的分配边界模糊。土地价值被无序争夺①，表现为村庄"把持"政府，使社会公益价值向土地经济价值转变，而后者向村民集体的"私人口袋"转移。为推动改造，政府唯有在"半公共口袋"里的资金与维护规划控制之间取舍。然而，不管是哪种妥协，都是社会公共利益的损失。

(三) 土地资本化与社会包容性的拉锯

维护社会公益价值是村民集体与政府之间的竞争与合作的平衡，是协商型的。因此，政府在社会公益价值的维护中往往是机会主义的，取决于具体项目的协商方式。同时，外来务工人员作为弱势群体也未得到必要的包容与公平对待。"非农化"村庄的发展，虽然为外来务工群体提供了就业机会，为其提供了临时栖身之所，但不可否认的是，在改造过程中，外来务工群体要么随着企业而搬迁，另谋栖身之所，要么面临失业与再择业。

第四节　"三块地"改革与集体经营性建设用地入市 (2015—2019 年)

一、南海"三块地"试点改革

在城镇化、工业化进程快速推进的同时，我国城乡二元土地制

---

① 郭炎，袁奇峰，邱加盛. 非农化村庄整体改造中的把持陷阱与规划应对：以珠三角地区为例. 国际城市规划，2016 (05)：95-101.

度的存在使得城乡差距不断拉大，城乡土地间矛盾与弊端逐渐突出，土地管理制度与社会主义市场经济体制不相适应的问题日益凸显，改革势在必行。为此，2014年12月，中央全面深化改革领导小组和中央政治局常委会审议通过《关于农村土地征收、集体经营性建设用地入市、宅基地制度改革试点工作的意见》，对农村土地制度改革进行顶层设计。会议指出，坚持土地公有制性质不改变、耕地红线不突破、农民利益不受损三条底线，在试点基础上有序推进。2015年2月27日，十二届全国人大常委会第十三次会议审议通过《关于授权国务院在北京市大兴区等三十三个试点县（市、区）行政区域暂时调整实施有关法律规定的决定》，授权33个试点地区暂时调整实施相关法律，授权期限截至2017年12月31日，进行为期三年的"三块地"试点改革，即农村土地征收制度改革试点、农村集体经营性建设用地入市改革试点、农村宅基地制度改革试点。根据该决定，在包括南海在内的33个试点县（市、区）行政区域，暂时调整实施《中华人民共和国土地管理法》第四十三条和第六十三条、《中华人民共和国城市房地产管理法》第九条关于集体建设用地使用权不得出让等的规定；明确在符合规划、用途管制和依法取得的前提下，允许存量农村集体经营性建设用地使用权出让、租赁、入股，实行与国有建设用地使用权同等入市、同权同价。此后经历两次延期，"三块地"试点改革延期至2019年年底。

广东省佛山市南海区便是以上全国33个土地改革试点地区之一，同时也是广东省的唯一试点。在获批试点后，为进一步提高农村集体经营性建设用地使用效率，增强农村发展动能，南海区创新机制，以农村集体经营性建设用地入市改革试点工作为主要抓手积极开展试点工作。近年来，南海区在释放集体经营性建设用地权能、规范入市交易规则、健全监管机制、建立收益分配制度等方面开展了系列探索，并形成了"1+N"政策体系。此后，南海区更是相继启动开展农村土地征收制度改革与农村宅基地制度改革试点工作，努力落实"三块地"试点改革，并已取得较显著的成效。本节将重点围绕南海集体经营性建设用地入市改革展开论述。

二、南海农村集体经营性建设用地入市创新

20世纪八九十年代，农村集体经营性建设用地仍然是受到严格限制的，1982年出台的《国家建设征用土地条例》明确规定禁止任何单位直接向农村社队购地、租地或变相购地、租地；农村社队不得以土地入股的形式参与任何企业、事业的经营。而在1998年修订的《中华人民共和国土地管理法》中，则予以了有限放开，规定符合土地利用总体规划并依法取得农民集体所有的建设用地的企业，因破产、兼并等情形可以将土地使用权出让、转让或者出租用于非农业建设。这一文件释放出的集体建设用地使用权流转适度"松绑"的信号，使得同时期部分地区也展开了局部创新探索，例如，广东省在土地征收中存在返还给村集体"返还地""自留地""留用地"等集体建设用地的做法，使得集体经营性建设用地的开发利用及流转存在着现实需求。为鼓励村集体用好用活集体经营性建设用地，提升用地使用效率，广东省于2005年颁布了《广东省集体建设用地使用权流转管理办法》，正式允许省内集体建设用地直接进入市场交易，允许集体建设用地使用权出让、出租、转让、转租和抵押，标志着广东省农村集体建设用地使用权流转进入市场化阶段。

南海亦是借此契机，展开集体经营性建设用地入市的系列改革探索。早在1995年，南海市政府就提出对集体建设用地征收有偿使用费，但因与法规冲突未能推行。但该时期，由于缺乏具体条例规

范引导，公开流转的集体土地占比相对较小，大部分是自发性的隐性流转，易产生随意占用耕地出让、转让和出租用于非农建设等问题。2008年，南海出台《关于理顺历史遗留建设用地使用权确权问题的意见》，规定已开发建设的土地上，没有办理土地所有权证和土地使用权证，符合六项条件的可以给予确权发证，大幅放宽了土地确权条件。但就实际而言，完全符合这六项条件的项目并不多，且土地确权后要转换为国有用地，仍需要走很多程序，因此大部分土地仍难以确权。在此基础上，2009年南海出台了《关于集体建设用地转为国有用地的意见》，规定符合经区政府认定纳入区"三旧"改造的土地等六项条件的集体土地可直接转为国有用地，大大优化了土地使用功能转换和土地国有性质办证的流程，进一步推动了南海"三旧"改造快速推进。为强化集体经济监管，2010年，南海建立了集体资产管理交易、集体经济财务监管和股权管理交易"三平台"，创建起"统一平台、管理动态、交易阳光、监控实时、信息共享"的"三资"管理新模式，确保"三资"管理交易在阳光下运行。

2014年9月10日南海区发布《佛山市南海区集体建设用地使用权流转实施办法》，赋予了集体建设用地更充分的权能。规定通过流转方式取得的集体建设用地不得用于建设住宅或类似住宅的居住用房，也不得将地上已有的其他用途用房改为居住用房；但经批准利用集体建设用地建设保障性住房及村居社区公寓除外。至此，南海开展了一系列土地改革探索并取得了显著成效，并初步开启了对于集体经营性建设用地入市改革的实践探索，为后续深化全面改革做出了充足的前期准备。同时自然资源部也给予南海以充分的肯定，进一步支持其创新实践，正式开展集体经营性建设用地入市改革。

三、"三块地"试点与集体经营性建设用地入市

2015年3月，南海区成为广东唯一入选全国33个农村土地制度改革试点的地区，承担农村集体经营性建设用地入市改革试点任务，之后更是被追加了"农村土地征收""宅基地制度改革"重任，开展"三块地"改革。本部分重点从集体经营性建设用地入市改革入手探讨土地制度创新对城乡融合的影响。

（一）完善集体经营性建设用地权能

在权利主体方面，在前期股份制改革的基础上，南海强调以集体经济组织作为入市主体，并进一步明晰入市实施主体。2016年10月，南海区挂牌成立全国首个集体土地整备中心，此后陆续在区、镇两级都成立了对应的集体土地整备机构，给予了南海集体经营性建设用地入市改革的组织保障。2020年底，《佛山市南海区农村集体经营性建设用地整备管理试行办法》出台，提出用"托管"的形式，对零星碎片的建设用地进行整理，村集体可以本着自愿的原则，将符合入市条件的集体经营性建设用地以托管或者委托经营的方式，交由整备中心进行整合并统一招商入市。在获得集体土地开发收益的同时，村集体则根据《托管合同》向整备中心支付相关托管和经营费用。由此逐步形成"产权托管＋统筹开发"的入市模式，大大提高了土地利用效率。这种通过集体土地整备实现对碎地整合利用的做法也进一步获得了全省推广，鼓励借鉴南海经验。

同时，南海也积极探索规范南海区农村集体经营性建设用地产权登记规则，于2017年出台了《佛山市南海区农村集体经营性建设用地产权登记管理试行办法》，明确了租赁方式入市的产权登记、集体土地储备的登记、产业载体项目的分割登记、产权不一致的登记以及权属调整办理登记等问题，注重维护入市交易安全，以依法保

护权利人的合法权益，进一步推动农村集体经营性建设用地与国有建设用地"同权同价"。

（二）规范集体经营性建设用地入市规则

2015年12月，南海出台《佛山市南海区农村集体经营性建设用地入市管理试行办法》，明确了农村集体经营性建设用地入市范围，即须符合以下条件：符合土地利用总体规划、城乡规划、环保要求、区产业导向目录及相关产业规划；土地权属无争议，已取得集体土地所有证和集体土地使用证；须经村（居）集体经济组织表决同意，并形成正式的书面表决材料。该文件为加强农村集体经营性建设用地利用管理，规范农村集体经营性建设用地使用权市场秩序提供了政策依据。

2019年3月，南海区发布《佛山市南海区人民政府办公室关于印发佛山市南海区城市更新（"三旧"改造）实施办法的通知》，规定符合条件的可采用"毛地"入市方式进行改造。但该文件对于这种类型的项目如何落实操作并无明确规定和指引。2021年2月9日，在该文件的指引下，大沥镇率先印发"毛地"入市项目选取市场改造主体工作指引，明确"毛地"入市的用途只能为工业仓储、商服用地等，不能为住宅用地和公寓用地；"毛地"入市项目应属于纳入"三旧"改造标图建库范围或者农村集体经营性建设用地标图建库范围，已办理土地所有权证；面积则必须达到20亩以上，对项目规划容积率也有一定的要求。2021年8月，南海区大沥镇沥北湖马工业区改造项目地块顺利摘牌，为佛山市首个通过"毛地"入市政策在平台上公开竞投引入投资开发商、实现村级工业园连片开发改造的"工改工"项目。"毛地"入市机制的纳入，放宽了集体经营性建设用地入市的标准，也进一步打开了产业升级的空间，能够更充分地利用市场力量，盘活土地资源，对众多农村集体土地的改造升级产生积极示范作用。

为进一步提高农村集体入市意愿，盘活低效建设用地，提升集体建设用地利用水平，《佛山市南海区城市更新（"三旧"改造）实施办法》提出允许并鼓励采用跨性质、跨用途、跨空间的混合开发模式推动连片改造，即在城乡建设用地供应环节，将收益属于村集体的存量建设用地、通过"三旧"改造部分转为国有建设用地与保留集体性质的经营性建设用地一起实施土地统一供应、统一建设，以平衡不同改造方的利益，调动各方参与改造的积极性。其中，混合开发项目现状必须是"三旧"改造标图建库的集体建设用地或已发证的国有建设用地，以及集体经营性建设用地，集体土地可部分或全部转为国有土地后使用，也可部分保留集体土地性质使用。在此政策支持下，南海区政府积极引导村集体把部分集体建设用地改变为公共设施用途或复垦为农用地，建立"国有"＋"集体"、"住宅"＋"产业"、"出让"＋"出租"三个层面的混合开发模式，有效推动了土地连片开发，突破了国有用地和集体建设用地置换的操作难题，在试点许可的范围内，创造性地实现了多个开发主体同区域土地无障碍连片置换。

（三）建立入市增值收益平衡机制

为实现"收益共享""同责"的试点目标，2015年，佛山市南海区发布《佛山市南海区农村集体经营性建设用地土地增值收益调节金与税费征收使用管理试行办法》，通过开展土地增值收益平衡测算，按照土地用途和交易类型，确定入市土地增值收益调节金收取的合理比例，明确非城市更新、综合整治项目的农村集体经营性建设用地使用权出让调节金的征收比例为10%～15%，集体经营性建设用地使用权转让调节金的征收比例为2.5%～3.5%，实现土地征收转用与集体经营性建设用地入市取得的土地增值收益在国家和集体之间分享比例的大体平衡。同时南海积极探索实施公共用地预留制度，规定入市的农村集体经营性建设用地应履行与国有建设用地同等义务，预留20%~25%的集体土地以满足城乡公共基础设施和公共服务设施的用地需求，引导农村集体经济组织在享受集体土地入市带来收益的同时，除了按规定缴纳土地增值收益调节金外，也合理分担公共服务责任。此外，为健全集体经济组织内部收益分配机制和监管制度，2022年6月，南海发布《关于深化农村体制机制改革推进基层治理现代化的意见》，强调支持各镇（道、街）探索完善农村集体经济组织章程和优化经济社选举办法，以确定和监管集体经济组织与成员间的收益分配。

（四）健全入市服务和监管机制

集体经营性建设用地是产业项目的重要用地来源。鉴于现有房地产开发、商品房经营等有关规定仅适用于城市规划区范围内国有土地房屋经营，集体经营性建设用地的开发经营常常面临无法可依的困境，且部门监管职责不清，由此产生了"商改住""以租代售"等违规建设、违规经营的诸多开发经营乱象。为了提高佛山市南海区农村集体经营性建设用地入市监管力度，弥补集体经营性建设用地入市的监管漏洞，2019年5月，南海区制定出台了《农村集体经营性建设用地及房屋开发经营监管试行办法（征求意见稿）》，并于2022年6月发布正式稿，对于农村集体经营性建设用地交易及房屋建设、销售、出租等行为提出明确的监督管理办法。该文件提出从源头上对集体经营性建设用地入市交易、开发建设、房屋经营等多个环节建立监管机制，明确集体经营性建设用地性质属于租赁性质、不得以租代售等，进一步填补集体土地开发经营监管的空白，以此提升农村集体土地产业项目质量，维护农村集体、开发单位各方合法权益，促进城乡融合发展。

四、集体经营性建设用地入市与城乡融合

经过多年的试点改革实践与探索，佛山市南海区集体经营性建设用地入市改革的多项相关数据在全国33个试点中位居前列，探索做法获得自然资源部的肯定，在建立健全城乡统一建设用地市场、保障发展用地需求、共享土地增值收益分配等方面取得了一定的成效。

（一）初步形成了国有土地与集体土地互补的城乡统一建设用地市场

佛山市南海区形成了集体土地以租赁工业、商服用地为主，国有土地以出让住宅、商服用地为主的，国有建设用地与集体建设用地各自分工的城乡建设用地市场。参照国有建设用地市场管控机制，从规划管控、住建要求、动态监管、闲置处置、诚信制度建立到统一信息系统建设等多方面，建立起了集体建设用地入市的全程监管体系。截至2019年底，南海区集体经营性建设用地入市地块共158宗，面积达252.35公顷，成交总金额达到148亿元；抵押融资地块有57宗，抵押土地使用权面积达83.39公顷，抵押价值为40.5亿元；整备地块5宗，共18.87公顷。

（二）践行了收益共享的土地增值收益分配模式

集体经营性建设用地入市释放了集体经营性建设用地权能，增加了农村集体经济组织的直接收入和成员的股份分红收益。2015年、2018年佛山市南海区集体经济组织成员人均股份分红分别为5 172元和5 994元。以合理的配套基础设施提升区域综合地价，如入市项目预留九龙公园、集体教育用地入市用于建设幼儿园等，带动周边区域发展，有助于进一步引进品质更高的企业，提升区域综合发展效益。通过明确税收征管指引、入市调节金缴纳责任，强化了集体

经营性建设用地入市的税费义务。

（三）保障了地区经济发展的用地需求

佛山市南海区提出的集体土地整备制度、片区综合整治制度，实现了对国有土地和集体土地的统筹开发。丹灶镇通过整备后的1 000亩集体土地，成功引入长江氢能源汽车整车项目；大沥镇全球创客小镇集体土地连片整治后打造城市产业社区；丹灶镇物流中心原为低矮厂房，集体土地连片整治后用于建设区域性现代综合物流中心区。这些探索在减轻了政府征地压力的同时，有效解决了集体土地的物理上连片、所有权属零散的特征与现代大工业的用地路径存在的矛盾。入市宗地涉及教育、医疗、商业综合体、汽车配套产业等用途，保障了城乡融合发展的用地需求。

但与此同时，为了巩固现有改革成果，放大推进改革效力，助推城乡融合高质量发展，南海区还可以进一步从以下几个方面优化完善。一是进一步推动集体土地和国有土地平等进入市场，明确土地同价同权。适度放宽集体土地入市条件，健全农村集体土地入市政策体系，全面激发空间重构的社会活力和市场动力，提升农村土地权能，不断活化农村土地资源，推动农民切实增收。二是继续推进建立城乡统一的建设用地市场。南海区现已构建形成城乡统一、国有土地和集体土地（简称国集）互补的建设用地市场，但城乡发展不均衡问题仍未得到全面解决，仍需加强城乡要素流通，健全并落实集体建设用地使用权流转制度、集体建设用地共用登记制度、集体建设用地抵押融资制度等，加快建设城乡统一建设用地市场。三是建立完善兼顾国家、集体、个人的土地增值收益分配机制，探索构建城乡利益共享的土地增值收益分配机制，重点保障农民公平分享土地增值收益，切实维护农民土地权益。

第五节　城乡融合实验区与全域土地综合整治（2019年至今）

2019年7月31日，广东省委全面深化改革委员会同意佛山市南海区建设"广东省城乡融合发展改革创新实验区"，要求南海为粤港澳大湾区世界级城市群城乡高质量融合发展探索新模式，为全省城乡高质量融合发展提供新鲜经验。

作为广东省唯一的省级城乡融合发展改革创新实验区，三年来，南海围绕"以空间大集聚推动城乡大融合"的解题思路，聚焦解决城乡土地利用碎片化及由此带来的一系列制约高质量发展的难题，以土地制度改革为着力点，以全域土地综合整治为突破口，打开新时代城乡高质量融合发展密码。

一、国有土地与集体土地同权同价

在之前的农村社区工业化中，星罗棋布的民营企业将南海的土地利用切割为破碎的板块，导致城乡空间格局不成型、产业不连片不成带，使得南海城市面貌和产业提升难以突破瓶颈。而土地连片开发，面临着国集不同权不同价的难题。为了推动土地的连片利用，南海在土地制度改革上，不断推进国有土地和集体土地的价权同一。

对于国集不同权不同价的难题，南海区以集体土地入市机制为核心，率先探索租赁产权登记，在全国首创允许租金收益权质押，允许集体土地上的产业载体办理预售及分割登记、分拆销售，推动城乡土地同权同价，初步形成了城乡统一、国集互补的建设用地市场。[1]

---

[1] 孙景锋. 土地大连片　城乡更融合. 南方日报，2021-08-17.

（一）探索集体土地租赁产权登记

创新实施租赁产权登记制度，允许承租人办理土地使用权登记，为用地企业提供有效的权益保障。允许承租人办理土地使用权登记，有效保障了用地企业权益，大大提高了集体土地的市场吸引力。当前，南海区集体与国有建设用地逐步趋向同权同价，城乡统一、国集互补的建设用地市场初步形成，70%以上的产业用地来源于集体建设用地，工业用地成本明显降低，腾龙数据中心等百亿级项目在集体土地上落户。市场参与空间重构的积极性高涨，目前有社会资本参与的村改项目占比达79.7%。

（二）畅通集体建设用地抵押/质押融资渠道

允许农村集体建设用地使用权抵押融资，并在全国首创允许租金收益权质押融资，盘活农村集体资产价值。截至2021年6月底，集体建设用地累计融资贷款超50亿元，破解了长期以来农村集体土地无法抵押的融资难题。

（三）探索产业载体项目分割销售

允许集体土地上的产业载体办理预售及分割登记、分拆销售，进一步释放集体建设用地权能，帮助用地企业提高资金运转效率。允许被认定为工业载体的集体经营性建设用地入市项目，一定比例的产业用房按审定的房屋单元分割登记、分拆销售，充分释放集体土地二级市场活力，提升集体建设用地市场价格。该政策的实施极大地完善了集体土地权能，使得更多高规格重点建设项目的投资者把目光投向集体土地。

西樵镇的五八科创产业园，是全国首例集体建设用地产业载体分割销售项目。通过创新集体建设用地入市流转出让模式，实行"一次性收取流转出让金＋逐年收取公共设施租金"，既保障了村集体长期收益，又降低了集体土地入市门槛。首期产业用房经分割销售，吸引了智能装备制造、新材料、电子信息等高新企业入驻。[①]

专栏 3-2　集体工业载体分割登记分拆销售案例——西樵五八科创产业园项目

项目概况	西樵五八科创产业园项目总面积约 400 亩，位于西樵镇环山路与青龙路交会处东侧。项目改造模式是集体土地"工改工"，所有权人为山根经济联合社、山根村樵阳经济社、山根村樟坑经济社，由山根经济联合社作为土地前期整理方，将地上建筑物全部拆除并完善用地手续，通过集体土地流转出让给佛山五八众创园科技有限公司。 西樵五八科创产业园定位为以产业互联和智能应用为主导，重点引入智能制造、工业互联网、产业大数据、研发设计等创新业态，打造以"高技术制造、研发中试、检验检测、展览展示"为核心功能的科技创新产业载体，补链强链当地优势产业，打造南海区标杆产业社区。经区政府批复认定为农村集体经营性建设用地工业载体项目，其产业用房可按一定比例分拆销售，分拆销售的每套单位建筑面积不少于 800 平方米。
具体做法	（一）西樵五八科创产业园（山根经济联合社村级工业园改造项目）是南海区首例可分拆销售的农村集体建设用地入市流转的"工改工"项目，在全国也属首创。五八科创产业园经区批复认定为农村集体经营性建设用地工矿仓储产业载体项目，其产业用房可分割登记、分拆销售，且分拆销售的每套单位建筑面积不少于 800 平方米。 （二）创新集体土地流转出让收益的模式，即"一次性收取流转出让金＋逐年收取公共设施租金（设定递增方式）"，这种方式既能让村集体感受到集体建设用地入市和村级工业园提升改造的政策红利，又保障了村集体因流转出让带来未来收益的减少，同时降低了受让方（投资开发商）的前期资金压力。

二、建立城乡统一的土地市场

（一）深化集体土地整备机制

通过建立集体土地整备中心，开展集体土地整备，促进集体土地统筹综合利用。出台《佛山市南海区农村集体经营性建设用地入市管理试行办法》及一系列配套政策，成立区、镇两级集体土地整

---

① 孙景锋. 土地大连片　城乡更融合. 南方日报，2021-08-17.

备中心，根据村集体自愿和双方协商原则，在不改变集体土地所有权的前提下，村集体将具备开发建设条件的农村集体建设用地的一定年限的土地使用权托管给整备中心，由整备中心按照规划要求对土地进行前期整理和基础设施配建后，统一招商入市。

专栏 3-3　集体土地整备案例——九江镇河清社区集体土地整备产业项目

项目概况	九江镇河清社区集体土地整备产业项目位于南海区九江镇九江大道河清四村段北侧，项目用地为农村集体建设用地，土地用途为工业用地，总用地面积为 79 451.5 平方米（折合 119 亩），分别属于九江镇河清社区四村中区股份经济合作社（以下简称"中区经济社"）和九江镇河清社区四村下区股份经济合作社（以下简称"下区经济社"）所有。2015 年 2 月，九江镇土地资源开发有限公司（以下简称"九江镇土资公司"）向中区经济社和下区经济社租用上述 119 亩土地，租金单价为每年 10 000 元/亩。租赁土地后由于项目地块属于不同权属单位，无法实施整体报建开发使用，故完成填土平整后项目一直未开发建设。
具体做法	通过集体土地整备推动项目整合。为解决不同权属单位土地无法整体报建开发使用的难题，九江镇与中、下区经济社协商，终止其与九江镇土资公司原租赁合同，重新签订托管协议，将已租赁的 119 亩土地托管给九江镇集体土地整备中心（以下简称"九江镇整备中心"）。其中，中区经济社托管面积为 71 820.1 平方米（折合 108 亩），下区经济社托管面积为 7 631.4 平方米（折合 11 亩），托管时间至 2044 年 12 月 31 日。 托管协议签订后，九江镇整备中心分别将两宗地的不动产权证登记在其名下，且办理了宗地合并，打通了两宗土地不同权属单位的桎梏，实现了 119 亩土地的连片整合。
整合开发前土地租赁情况	图例：九江镇土资公司原租赁开发区域示意图 河清四村下区 11 亩 河清四村中区 108 亩

续表	
整合开发后入市情况	(卫星图) 图例 连片整合后入市情况 已出租给污水处理厂26亩 协议出让给九江镇土资公司93亩

(二) 探索片区综合整治模式

探索片区综合整治模式,对连片低效集体土地划定片区范围,通过土地利用总体规划和城乡规划的修改和报批、土地复垦、地类变更、土地权属调整等措施,实现土地按性质和用途在空间上的相对集中,推动连片开发和集中利用;在片区内重新划分宗地并确定产权归属,统一进行土地前期整理和基础设施配套建设,推动集体土地的连片整合开发。[①] 鼓励社会资本参与片区综合整治的前期整理,提高整治和开发效率。通过上述两大举措,推动形成国有建设用地与集体建设用地互补、城乡统一的建设用地市场。目前,南海区除住宅房地产项目和基础设施项目用地主要由国有土地供应外,其他用途如工矿仓储和商服用地供应量的70%以上由集体建设用地供给。

---

① 叶红玲. 探索集体经营性建设用地入市新模式:广东南海农村土地制度改革试点观察. 中国土地,2018 (07):4-9.

三、建立城乡统一的收益分配体系

南海区通过全域综合整治改革，初步建立了城乡统一的收益分配体系。具体措施包括：第一，完善入市调节金征收政策。完善农村集体经营性建设用地入市调节金征收政策。以空间规划为基础，构建同区域土地增值收益平衡机制，允许同区域土地无障碍置换，推动国有建设用地、集体建设用地、农业用地的归并使用。探索农村集体土地税收区级留成的增量部分，按照一定比例奖励给农村集体经济组织。第二，降低入市税负。努力降低入市税负，实现土地出让除企业所得税、印花税外的零税负。明确规定集体土地入市收益85％以上归属村集体，工业用地"集转国"出让地价款全额返还给村集体。同时，引导村集体提留不少于40％的收益用于村集体长远发展。第三，建立"三旧"改造挂账收储制度。创新利益分配，调动土地权属人和市场改造主体的改造积极性。建立"三旧"改造挂账收储制度，将土地的征前补偿调整为挂账收储公开出让后的土地增值收益分配，将农村集体的土地收益和土地市场挂钩，实现政府和原权属人共享土地增值收益。第四，建立土地前期整理制度。建立土地前期整理制度，构建市场改造主体和土地权属人的竞争性收益分配机制，公开引入市场改造主体垫资进行土地前期整理，土地整理出让后按照约定的条款进行收益分配，实现原权属人和市场改造主体共享土地增值收益。第五，丰富土地出让收益分配方式。城市更新项目涉及收回公开出让的，可采取货币补偿、物业补偿、货币与物业补偿相结合的形式，减少土地市场价格波动对原土地权利人利益造成的影响，充分保障了原土地权利人的合法收益。

四、"三券"制度与全域土地综合整治[①]

通过构建"地券""房券""绿券"三项配套政策体系，以市场化机制为抓手，统筹推进系列农用地整理、建设用地整理和生态修复保护项目，推动国土空间布局优化，逐步实现产业用地集约连片、农用地集中连片和生态格局提升（见图3-1）。

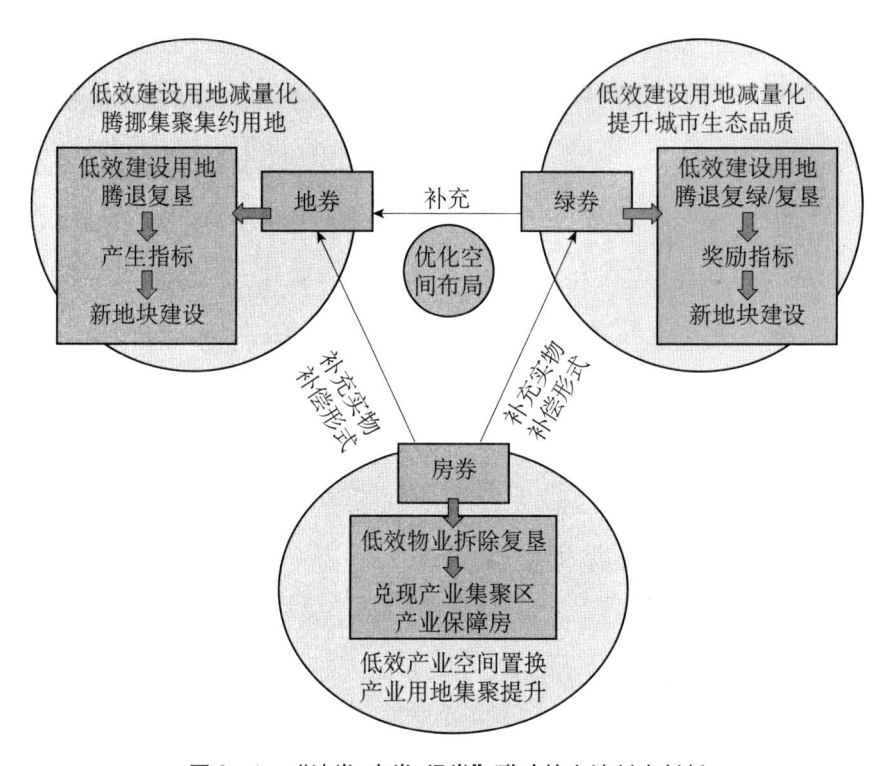

图3-1 "地券-房券-绿券"联动的土地制度创新

注：对于同一项目，地券或绿券可与房券同时产生，但不叠加发放给同一主体。

---

① 本部分政策内容主要参考：《佛山市南海区人民政府办公室关于开展"三券"推动全域土地综合整治的指导意见》（南府办〔2022〕18号）、《佛山市南海区地券实施管理暂行办法》、《佛山市南海区房券实施管理暂行办法》、《佛山市南海区绿券实施管理暂行办法》，以及肖乃花，邹文征. 广东佛山南海区"三券"制度助推土地腾挪归并. 中国自然资源报，2022-09-27.

(一)设立"地券",解决用地空间腾挪问题

地券是指在国土空间规划引领下,运用相关土地管理政策,土地权利人自愿将其低效、闲置、废弃的建设用地腾退并复垦为农用地后形成的指标凭证,包含建设用地指标、建设用地规模、耕地数量指标和水田指标。设立区级"指标池",助力项目加快落地。为减少因等待地券指标耽误重点工程开展的情况,建立区级地券周转"指标池",地券项目通过立项审批后,各镇街可根据实际情况向区自然资源部门申请地券周转指标先行用于建设。设立地券交易保护价,显化地券价值。允许地券在镇街内自用、区内镇街协商转让及区内公开交易,设定公开交易最低保护价,建设用地指标30万元/亩,建设用地规模20万元/亩,耕地数量指标10万元/亩,水田指标30万元/亩。地券交易指导价原则上根据上级文件和指标调剂市场行情3~5年调整一次。

通过运用地券制度,将低效建设用地腾退复垦形成的指标再集中建设,有助于解决用地指标紧张、建设用地零散问题,可为城乡融合改革创新发展提供连片产业用地。

(二)设立"房券",解决村(居)发展权保障问题

房券指在产业用地集聚提升过程中开展产业用地腾退时,根据村(居)集体经济组织所有的集体经营性建设用地或国有划拨留用地以及地上房屋(非住宅用途,以下简称"物业")现有租金收益、实施成本以及可奖励情况,在实施物业拆除及土地复垦复绿工作后向村(居)集体经济组织以及其他实施主体提供的未来特定时间内兑现产业保障房的权利凭证,也是村(居)集体经济组织兑现过渡期租金收益的权利凭证。设置房券奖励制度,提高村居积极性。允许各镇街按照物业清拆进度及新增稳定耕地划入永久基本农田的情

况，将房券作为奖励方式兑现给村（居）集体经济组织，引导产业用地连片集聚，鼓励农用地连片整理。

通过房券形式，转移原物业的发展权，使村（居）集体经济组织继续获得可持续稳定收益，解决权益痛点。

（三）设立"绿券"，平衡城市发展与生态保护问题

绿券是指现建设用地因不适宜复垦为连片农用地，但通过复绿后符合城市绿地发展或具有一定生态价值，验收后按照一定比例兑换新增建设用地指标的奖励凭证。绿券作为地券的补充，结合南海区腾退低效建设用地工作需要，统筹考虑各镇（街道）发展诉求，解决部分低效建设用地因面积过小、不宜复垦等原因无法通过地券立项产生指标的问题。但较地券而言，绿券限制更多，比如属于奖励性质指标，仅限于镇街内自用，不能公开交易及转让。除民生、公益类项目外，绿券需累积到30亩以上，并在政府指定的产业集聚区内一次性使用。通过运用绿券，实行建设用地指标奖励，鼓励边角地复绿，助力提升城市生态品质。

（四）支撑制度：指标周转、指标分离、资金保障

为了确保以"三券"制度为核心的全域土地综合整治顺利开展，南海区还综合集成了一系列支撑保障制度，形成"1+3+4"的全改制度体系。其中地券周转指标制度、增减挂钩指标分离制度、多元资金保障制度作用关键。

第一，"地券"周转指标池。为支持各镇街开展低效建设用地复垦，南海区设立3 000亩区级地券周转"指标池"和地券周转指标机制。地券项目通过立项审批后，各镇人民政府（街道办事处）可根据实际情况向区自然资源部门申请地券周转指标，申请的地券周转指标面积不大于建设用地复垦项目立项面积的50%，到期等价值归

还。同时，3 000 亩"地券"周转指标单独分离管理①，区内审批，大大缩减了土地报批周期、减小了镇街政府对土地整理回报兑现的顾虑。

第二，增减挂钩指标拆旧建新分离管理制度。南海区"地券"的原理与耕地和建设用地"增减挂钩"相同，但"增减挂钩"制度对拆旧区和建新区"一一对应"的关系要求更严格。南海区的主要突破包括：一是简化表决流程，争取增减挂钩审批权下放；二是探索指标分离拆解和跨镇街落地依据项目实际情况，分离拆旧复垦过程形成的建设用地指标、建设用地规模、耕地数量指标、水田指标，允许同一项目拆旧地块产生的挂钩指标对应多个建新地块，建新地块可以通过区公开交易平台跨镇街实施，实现资金收益叠加，激发参与主体积极性；三是采用多种合作开发模式，突破拆旧复垦只能由所有权人实施的限制，各镇街可根据实际情况，自主选择自行复垦、委托复垦、合作复垦等多种方式进行拆旧复垦。

第三，多元的资金保障机制。以区级财政资金撬动镇（街道）级财政资金、公有资产企业、其他社会主体及专项债融资投资参与村级工业园改造、连片产业用地整备、产业保障房建设、低效建设用地腾退复垦复绿等项目。一是设立 150 亿元区级全域土地综合整治专项扶持资金，各镇街落实资金预算安排 60 亿元，村（居）集体自筹资金约 50 亿元，区、镇、村三级扶持资金达到 260 亿元。二是金融机构融资。截至 2023 年 8 月，南海农商行等 8 家商业银行授信支持南海全域土地综合整治项目累计 77 个，授信金额合计 312.76 亿元，累计发放 139.17 亿元。中国农业发展银行将在未来五年内为南海全域土地综合整治提供 300 亿元的投融资支持。三是申报专项

---

① 南海区级 3 000 亩周转指标来自两方面：国务院大督查奖励南海用地指标 1 000 亩；省自然资源厅先行下达 2 000 亩周转指标，允许南海更加灵活地使用地券周转指标池，对地券指标进行分离管理。

债资金,目前申请发行的专项债券融资超过 310 亿元。截至 2023 年 7 月 3 日,专项债已拨付 98.33 亿元。

五、全域土地综合整治改革促进城乡融合

全域土地综合整治是南海在进入城乡融合发展阶段后,土地制度综合改革的"升级版""集成版",突出反映了南海在全面深化改革中的系统集成思维和长远谋划,在探索形成协同高效的城乡土地制度上迈出了坚实的一步。经过一年半的探索,南海全域土地综合整治改革对城乡融合的促进作用体现在以下几点:

(一)释放连片产业发展空间,全面激活镇域实体经济活力

各镇街是南海经济增长的"发动机",是实施"百千万"工程的主战场。全域土地综合整治的实施主体和范围都是镇域,主要解决镇域土地开发强度高(东部超 50%)、碎片化严重、空间功能杂乱、土地权属交错等难题。从前期工作的推进情况来看,各镇街在推进"全改"方面非常积极。2021 年底以来,南海各镇街相继成立桂城战队、九江战龙、西樵尖兵、丹灶先锋、狮山雄狮、大沥铁军、里水突击队,推动镇街"全改"全面铺开,动员激发街镇依靠自身力量破解用地"碎片化"问题,强化连片产业空间和土地要素供给。通过全域土地综合整治,一批产能落后的村级产业园被腾退出来,重新整理的建设用地上,一个个现代化产业项目正拔地而起。例如,狮山镇新材料产业园两期项目整理用地超 360 公顷,引入及在谈项目超 10 个,总投资额超 340 亿元,其中包括两个百亿级项目;九江镇通过土地整理打造 3 000 亩临港国际产业社区,已引入东丽纺粘无纺布、东丽水处理膜、林氏木业智慧调度中心等 20 多个标杆项目,形成绿色家居和医用卫生材料(无纺布)两大产业链。从全区来看,全域土地综合整治通过释放产业空间,在保障工业投资和项目落地

方面效果显著。2022年，南海国有工业用地出让面积、招商引资签约金额创出历史新高。2023年上半年南海出让工业用地2 033亩，计划下半年再出让4 500亩；完成工业投资超过210亿元，完成全年目标任务（400亿元）过半；招商引资签约总额度达712.44亿元，再创历史新高，各项指标均居佛山五区第一。

（二）农业、城镇、产业、生态四类空间布局更加合理

南海在改革空间上突出全域，在国土空间规划基础上，对土地资源进行重新布局谋划，划定农业、城镇、产业、生态四类整治片区，并以"四集中"为引领，推进农用地整理、建设用地整理、生态保护修复、探索腾挪集聚促进土地高效利用的创新路径。针对不同地类空间，南海因地制宜推出全域整治＋连片产业用地整备、＋产业保障房建设、＋产业园升级改造、＋生态保护修复、＋低效建设用地腾退、＋一二三产融合发展等6种整治模式，既瞄准土地利用粗放问题，又着眼土地之上的产业转型、城乡融合等问题，初步实现了城镇、产业、农业和生态四大空间同步整治、协调发展。自2022年初获批成为省级"全改"试点以来，南海完成4个"超万亩"的连片整治：拆除改造村级工业园1.6万亩、综合整治5.5万亩，持续改善城镇面貌；整备连片产业用地1.2万亩，建设产业保障房152万平方米，为产业高质量发展打开新空间；集约农用地2万亩，新增耕地及垦造水田超4 280亩，推动农用地集中连片；建成12个万亩千亩公园，复垦复绿约6 170亩，有效实现生态空间"留白"。[①]

（三）理顺和完善土地整理中区、镇、村、企四方利益共享机制

作为全域土地综合整治工作中的一项工具，"三券"的核心就是

---

① 毛蕾. 新机制破解土地碎片化之困. 佛山日报. 2023-07-04.

利益的平衡机制。其考虑了土地腾退中价值分离的问题、上盖资产长期收益的问题、改造周期的问题等，保障各方利益不受损。例如，丹灶镇良登村孔边股份经济合作社水田垦造项目就提出与"房券"挂钩，每亩水田配套 20 平方米异地代建产业保障房的"房券"，物业建成后租金收入归村集体所有。每垦造一亩水田，村集体可以增加 3 600 元的收益。政府虽然垦造工作有所投入，但是可以在相关建设项目占用水田时减少对购买省内水田指标的依赖，同时也减轻了财政压力。① 再例如，国集合作的混合开发模式也强调了建立利益平衡机制：一是保障农民的当前利益和长远利益，出于混合开发需要，一方面将部分集体土地转为国有住宅用地，让农民立即享受"三旧"改造的土地增值收益，另一方面将部分土地保留为集体产业用地，维护农民的长远和持续的收益；二是土地成片连片开发可适用不同土地权属人的差异化改造诉求，一并实施连片开发，兼顾不同权属人主体的利益诉求。

综上，南海已经进入城乡融合阶段。南海区土地制度改革创新为城乡融合发展提供了强大动力。20 世纪 90 年代，集体土地股份制改革部分放开集体土地权利，允许集体土地租赁，集体土地成为集体"资产"。2007 年以来，"三旧"改造将原来已经开发但是产权不完整的集体建设用地转变为享有相对完整产权的、合法的集体或国有用地，打通了集体建设用地由"资产"到"资本"的转化渠道。② 2015 年"三块地"改革试点规范集体经营性建设用地入市，给予集体经营性建设用地更多的权能。2019 年以来，城乡融合实验区建设推动了新一轮全域综合整治改革，进一步推进集体土地与国有土地

---

① 毛蕾，刘浩斌. 巧用三张券 跨越三道坎. 佛山日报. 2022-08-22.
② 杨廉，袁奇峰，邱加盛，等. 珠江三角洲"城中村"（旧村）改造难易度初探. 现代城市研究，2012（11）：25-31.

同权同价,建立了更加完善的城乡一体化土地市场和土地分配体系(表3-3)。

表3-3 不同阶段南海区土地制度创新促进城乡融合发展的机制

序号	阶段	土地权利	土地市场	土地增值收益分配	土地利用格局
1	集体土地股份制改革	部分放开集体土地权利,允许集体土地租赁,土地成为"资产"	—	允许农民分享集体土地工业化收益	优化工业化格局
2	"三旧"改造阶段	将原来已经开发但是产权不完整的集体建设用地转变为享有相对完整产权的、合法的集体或国有用地,打通了集体建设用地由"资产"到"资本"的转化渠道	以市场化盘活集体建设用地,培育土地改造的市场	允许农民分享集体土地城市化收益	优化城市化格局
3	"三块地"改革	规范集体经营性建设用地入市,给予集体经营性建设用地更多的权能	逐步建立国集互补的城乡统一建设用地市场	给予农民更多集体经营性建设用地入市收益	—
4	全域综合整治改革	进一步推进集体土地与国有土地同权	建立更加完善的城乡一体化市场	建立城乡统一的收益分配体系	优化了全域土地利用格局
5	下一步深化"城乡融合"阶段	推动土地制度改革从以权属为主转向以利益平衡为主	推进土地市场化再改革,形成统一的土地市场体系	实现城、镇、村、业的土地利益均衡	土地功能要进行更明确的规划,土地利用结构要继续优化

进一步总结各个时期南海土地制度创新的主要内容，可以发现改革开放以来南海的土地制度改革的内在规律：首先在法律框架下确定了城乡建设用地"同地、同权、同价"的原则，其次构建集体建设用地交易平台和交易规则，接下来政府与集体进行谈判确定了土地增值收益分配，最后集体土地入市收益用于村内公共支出和村民福利保障，由此实现了公有制条件下土地增值收益的持续增长和合理分配。

第四章
国家、集体和农民产权关系演变：
一个理论分析[①]

第一节 农民与农村的产权增长是南海模式的本质

一、集体土地长出了丰富的产业与城市形态

南海模式与其他城市的重要区别，是在集体土地上长出了丰富的产业与城市形态。与珠三角其他城市相比，南海不但有数量繁多的村级工业园，以及驻扎其中的大批制造业企业，而且在集体土地上长出了大量的科技创新型企业、金融机构、现代城市服务业等新的业态。

南海的创新型企业数量在佛山居于首位。以国家工信部组织评定的专精特新企业为例，截至2023年8月，佛山市共有国家级专精特新"小巨人"企业78家，其中南海34家，占全市43.6%；广东

[①] 本章执笔人：路乾，中央财经大学经济学院副教授。

省专精特新中小企业 1 407 家，其中南海区 577 家，占全市 41%；省创新型中小企业 3 415 家，其中南海区有 1 597 家，占全市的份额近半。相比之下，顺德区 2022 年的 GDP 比南海区高出约 400 亿元，但是顺德仅拥有国家级专精特新"小巨人"企业 16 家、广东省专精特新中小企业 455 家、省创新型中小企业 663 家，各类企业均不到南海的一半。截至 2022 年底，南海区共有 3 715 家高新技术企业，连续八年位居全市第一。南海涌现出了慧谷科技、原点智能、峰华卓立、瑞州科技、金赋科技、创兴精密等一大批专精特新企业，在技术与产品创新方面在全国乃至世界范围内领先。

南海不但有数量众多的创新型制造业企业，而且通过"三旧"改造，在原有的村级工业园中长出了富有现代城市特征的新业态。在美轮美奂的千灯湖边新长出了一批现代科技金融企业，吸引着汇丰环球营运中心等知名金融企业入驻。千灯湖创投小镇聚集了 IDG 资本、保利资本等诸多知名投资基金。大沥镇集体土地连片开发后新建的全球创客小镇，吸引了西门子、微软、联想等全球科技企业。

令人印象深刻的是，在桂城街道夏南二村工业园改造后的海逸新经济小镇，涌现了马术、婚纱、livehouse 等只有大城市才有的现代服务业。骑乐马术俱乐部占地 3 000 平方米，配备 25 匹专业马匹，是目前大湾区最大的纯室内马术俱乐部。万德涞婚礼艺术中心内设包括求婚、订婚、婚庆、婚宴等 6 大主题宴会厅，包含中西多种不同风格，总建筑面积达 10 000 平方米，是目前华南最大的婚庆中心。据介绍在万德涞婚礼艺术中心举办一场婚宴的价格高达 10 万元。X-TAGE 占地 3 100 平方米，是目前国内面积最大的 XR 录制基地以及 livehouse 演出空间。

居住在北上广深的读者对于上述现象或许习以为常，但是对于广大的城中村和农村地区，上述现象是极为少见的。人们对于佛山的印象，更多地停留在低端业态交织错落的城中村和村级工业园。这些新冒出的现代城市形态及新业态，表明在珠三角乃至全国范围内，南海率先实现了城乡融合。

二、新业态的增长反映了乡村产权的多样性

南海在集体土地上长出来的新业态，反映了南海乡村产权形式的多样性。南海乡村产权延展出了多种变化，这是南海乡村比全国大部分乡村地区更发达的重要原因。

这些新冒出来的科技创新企业及城市新业态表明，南海集体土地产权的具体表达与珠三角其他城市有着较大的不同。南海一定是做对了什么，才使得城市品质在集体土地上得以不断提升，新产业得以不断增长。

在集体土地上长出新业态的基础，是南海农村所具有的较强且相对完整的土地产权。南海农村经过股份合作制改革、"三旧"改造、集体建设用地入市等一系列改革创新，培育出了农民对于集体土地相对合法且完整的使用权、转让权、收益权。南海农村可以将农地转变为建设用地，出租用于建设厂房，或者通过"三旧"改造或集体建设用地入市出让土地。土地转让权的发育，不但让农民分享了土地增值收益，也为使用土地的企业提供了稳定的产权保障，让企业对于投资具有稳定的预期。可以说，为土地转让权提供保障及稳定性的产权制度创新，是南海城市品质提升及新业态不断涌现的重要基础。

三、产权强度对于长期繁荣的重要性

问题是，我国大部分农村地区的产权并不完整，为什么南海乡

村出现了稳定而丰富的土地产权形态?

上述问题的答案与产权强度有关。在我国,不仅仅在南海乡村长出了产业,20世纪八九十年代的乡村普遍有产业的发育,但是,大部分城市的乡村产业已经消失殆尽了。许多城市要么将原来驻留在乡村的企业集中在产业园区,要么以生态环保的名义,强令要求在乡村开办的企业关闭或迁走,要么以征地的方式直接征收乡村土地。乡村产业热闹了一段时间,但最终没有实现长久地维持,更没有资本积累及创新的可能。如果乡村产权缺乏稳定性,无论多么丰富的产权形态终将消逝,无论多么繁荣的业态终将萧条。

美国著名经济学家阿尔钦将产权定义为"一种通过社会强制而实现的对某种经济物品的多种用途进行选择的权利"。这种强制有赖于"政府的力量、日常的社会活动以及通行的伦理和道德规范"。在人类社会中,伦理、道德规范、习俗是普遍存在的影响产权边界的力量。例如,奴隶在古代社会是一种可以接受的财产形式,在现代社会却不符合道德规范。道德规范本身就足以约束奴隶这种财产的正当性,限制这种产权的存在。

但是,伦理、道德规范、习俗不足以保证产权得以有效的实施,在现代社会,国家强制力对于产权强度有着至关重要的影响。当国家能够为产权提供持久的保护时,民间的产权强度会比较强,人们对于产权保护的预期更加稳定,从而更愿意开展投资并从事大规模的生产与交易。此时经济增长、品质升级,以及创新活动就更有可能发展。但是,当国家从事破坏产权的行为时,产权强度会变弱,人们的信心不稳,不敢进行投资或者更早地撤回投资,创新就失去了资金,从而导致经济的萧条。善用国家强制力会带来繁荣,反之则带来衰败。

四、诺斯悖论：为什么国家提供产权保护？

问题是，国家并不会自然地为民间自发生长的产权提供强有力的保护。国家既可能保护产权，也可能破坏产权。诺贝尔经济学奖得主诺斯认为，国家具有双重目标：一方面，国家向不同的利益集团提供不同的产权安排，从而争取国家租金最大化；另一方面，国家还试图降低交易费用，以推动社会总产出的最大化，从而增加国家的税收。但是，这两个目标经常是冲突的，当国家追寻税收最大化时，会提供有效的产权保护；当国家追求租金最大化时，有可能制造无效的产权制度，破坏产权交易，乃至攫取产权。残缺的产权带来了投资者不稳定的预期，从而造成经济的衰落。诺斯悖论描述了国家与社会之间既互相联系，又有利益冲突的关系，即"国家的存在是经济增长的关键，然而国家又是经济衰退的根源"。

诺斯悖论对于我们理解城乡关系有着重要启发：国家既可能为乡村提供有效的产权安排和强有力的保护，鼓励社会资本向乡村投资，促进乡村工商业的发展，也可能破坏乃至攫取乡村产权，例如通过大规模廉价征地来获得乡村土地资源，赶走或关闭乡村企业来减少其对国有企业的竞争。因此，国家强制力发挥积极作用而不是消极作用，是有条件的。问题是，在什么条件下，国家会保护乡村自发生长的产权，又是在什么条件下，国家会破坏乡村产权的发育？

五、南海政府的产权制度创新

在改革开放前，南海与其他地区一样，对乡村产权的发育有较多的限制。国家不但控制了城市的资源要素，包括城市土地、劳动力及资金的产权，也通过人民公社控制着乡村土地、生产资料及劳动力的配置。整个乡村被组织进了一部行政主导的体制系统中，土地及农民劳动力的使用权、转让权及收益权实际上由政府支配。

包产到户与包干到户，实质是将土地产权重新归还给农民，提升农民在土地上投入劳动的积极性，从而提高了农地的种植收益。在此基础上，珠三角等地区凭借其良好的区位优势、经商的文化传统以及与东南亚华侨的广泛网络联系，允许在集体土地上兴办社队及乡镇企业。政府默认村社具有集体建设用地使用权，可以将农地转为建设用地，出让或出租给企业。改革开放推动国家采用了更有效率的产权安排，政府的角色从产权攫取走向了产权保护。

珠三角地方政府已经在保护乡村产权上形成了长期的文化。然而，农村自发的土地流转始终没有得到国家法律的认可。这也意味着，国家的强制力得不到法律的约束，始终有着破坏乡村土地转让权的可能性。问题的关键及艰难之处在于，如何让地方的产权保护政策上升为国家的法律制度。只有探索出从基层实践到国家制度的有效路径，才有可能为乡村产权的发育提供持久的保障。

南海与珠三角其他城市的不同之处在于，南海不但为农村产权提供了有效的地方保护，而且通过开展一系列改革试点、地方政策等制度创新，帮助农村自发的产权形态从地方政策上升为国家制度。南海的一系列改革探索，从地方实践上升为国家认可的合法化路径，促进了南海乡村产权的增长与产业的繁荣。

例如，南海于1987年被确定为全国14个农村土地改革试验区之一，探索土地制度建设与土地适度规模经营。[①] 南海在1989年开展股份制试验，通过土地使用权入股，将一个经济联合社下属的多

[①] 1987年1月22日中共中央印发《把农村改革引向深入》（中发〔1987〕5号），明确提出"有计划地建立改革试验区"。随后，国务院批准建立一批全国农村改革试验区，分8个领域探索农村改革实践路径。其中，南海等7个试验区主要承担"土地制度建设与土地适度规模经营试验"。农业部农村改革试验区办公室. 认识与实践的对话：中国农村改革十年历程. 北京：中国农业出版社，1997.

个经济合作社的土地集中起来，并把集中起来的土地按发展的需要分成三区（农业保护区、经济发展区、商住区），实行统一规划、统一管理、统一开发。1992年开始，南海在全国率先以土地为中心推行农村股份合作制。南海以原有社区经济合作组织为基础，将原属集体的资产通过清产核资、评估折价，把实物资产以股份的形式量化为农民的股权，实行所有权、使用权、经营权"三权分离"。2007年，南海探索"三旧"改造政策，给集体建设用地确权，盘活存量的集体建设用地。2015年，南海区成为广东唯一入选全国33个农村土地制度改革试点的地区，开展集体建设经营性用地入市、分割销售等一系列制度创新。2016年，南海区挂牌成立全国首个集体土地整备中心，提出用"托管"的形式，对零星碎片的建设用地进行整理，统一招商入市。2022年，南海首创"三券"制度，并通过全域土地综合整治推动产业用地整合连片。此外，南海还在推动采用"留用地""集转国""工改工"等多种措式创新土地利用方式。

从20世纪80年代开始的一系列改革表明，南海政府不断地开展土地制度创新，创造性地在保护农民权益与实现土地优化配置之间进行制度探索，并且将地方探索上升为国家制度，从而促进了乡村产业发展、城市品质提升，以及农民收入增长。

国家既可以保护产权，也可以攫取产权。相比之下，一些地区通过腾退乡村产业、拆除农民房屋、拔掉经济作物等方式，侵蚀着农民的土地产权。为什么南海政府能够从产权攫取转变为产权保护，并进一步地通过产权制度的创新来争取国家的认可？

六、产权博弈及制度规则演化

历史经验证明，国家不会自动地为农村居民提供产权保护和产权创新。国家与农民之间的产权关系，是在政府、村集体、农民之间反反复复的博弈中不断变化的。产权主体之间的博弈，推动了产权制度的变迁。

产权经济学指出，只要资源稀缺，就存在着竞争。在缺乏约束的情况下，各级政府之间、村庄之间、村民之间，激烈地争夺着土地产权。产权制度的作用，是通过制定明确的规则，规范博弈参与者对产权的竞争，防止这种竞争走向混乱，带来无效的资源配置。

政府在制定约束竞争的规则中起到了重要作用。政府既作为博弈者参与产权的竞争，又作为正式规则的制定者，影响着规则的演化。如果规范竞争的规则是有效的，政府的强制力得到合理的约束，政府会保护农民的产权，反之则破坏产权。问题是，作为规则的制定者及博弈的参与者，政府既是裁判员，也是运动员，如何能做到不利用自己手中的裁判权来制定有利于自己的规则？在什么条件下，产权主体之间的博弈会推动规则向保护民间自发的产权，乃至创新产权制度的方向演化？

在下面展开的南海故事中，我们将看到，既有的制度安排为产权博弈提供了规则框架，产权主体之间的博弈推动着规则的进一步改变。南海的关键制度变迁，是股份合作制所带来的农民及村干部之间的权利重新界定及利益绑定，这为村集体与政府的博弈，以及推动产权规则的演化打下了基础。

第二节 南海城乡产权博弈与土地产权制度演化

一、承包制、社队企业与乡镇企业改制

(一) 承包与投包：农地产权与合约的创新

改革开放后，南海与其他地区一样，从人民公社政社合一的体制，过渡到包产到户、包干到户。南海于1983年正式推行家庭联产

承包责任制。承包制赋予了农民耕种经营土地的剩余索取权，极大地提高了农民的生产积极性，解决了农民的温饱问题，并且将更多剩余劳动力解放出来从事个体经营等非农生产活动。

在包产到户的同时，南海西部农村因为"桑基鱼塘"难以分田到户，自发探索出了"集中有偿投包"的模式。村集体将基与塘按照"价高者得"的方式在村内竞投，与竞投人签订投包合同。20世纪90年代初，这种模式延展到耕地，集体将土地竞拍给种田大户，通过出租的方式实现了土地的转让权。这种模式既解决了桑基鱼塘不宜分包的难题，也通过土地流转解决了耕地撂荒的问题。南海在20世纪八九十年代的做法，其实就是2014年开始国家推出的土地所有权、农户承包权与承租户经营权"三权分离"的雏形。

（二）社队乡镇企业的发展与改革

1978年，南海允许生产队办企业，发展公社、大队、生产队"三驾马车"。1984年，南海提出"三大产业齐发展、六个轮子一起转"，鼓励工业企业及民营经济发展。与珠三角其他城市一样，南海乡村通过"三来一补"承接了港澳及海外订单。1987年，新华社将南海和顺德、中山、东莞并称为"广东四小虎"。到了20世纪90年代中期，南海已经发展成为全国闻名的工业强县。1998年，社队乡镇企业以及借乡镇企业之名在村庄经营的民营企业，占南海工业总产值的比重达到了88%，成为南海工业的主力军。社队乡镇企业的发展，是南海农村积极利用土地产权的结果。

然而，社队乡镇企业因为农村集体经济产权不清，产生了大量的债务，其发展不具有可持续性。乡镇企业产权不清，经营管理人员活力不足，企业主事人与政府干部争夺企业控制权。产权不清则无人负责，"负盈不负亏"，大量企业资不抵债，濒临破产。面对民营企业的竞争及1997年亚洲金融危机的冲击，乡镇企业要么消亡，要么改制，集体经济退出了直接的生产经营与市场竞争。1998年前后，南海农村基本完成了乡镇企业转制，转向了向民营企业出租土地以获得土地增值收益的新模式。

乡镇企业由盛而衰的历史表明，集体经济产权不清，无法长久地支持集体经济组织直接经营企业这种经营模式。农村产权改革发展到一定阶段，不可避免地会面对集体所有制对产权形式的约束，致使乡村经济的发展寸步难行，在现代市场竞争中一败涂地。乡镇企业的历程还表明，在国家意识形态及制度约束下，不进行深层次的产权制度改革，乡村的发展是有天花板的。

（三）南海走出了制度创新的独特道路

在改革开放之初，南海政府就展现了推动制度创新的能力，为乡村自发产生的产权安排提供政策保护。改革开放摆脱了意识形态的束缚，解放了南海人的务实精神与创造力。在农业领域，一方面，南海与其他地方一样，开展了包产到户与包干到户；另一方面，南海不是简单地一分了之，而是根据产业发展的实际需要创造性地提出了土地流转的新模式。在乡村工业领域，南海用务实的精神，较快地完成了乡镇企业的改制。

南海人在经济发展的不同阶段，始终展现出了不受教条束缚、实事求是的务实精神及层出不穷的创新智慧。然而，南海毕竟只是珠三角的一个区县，在文化、地理等许多方面与珠三角其他地区是相似的。但是，为什么在20世纪八九十年代之后，南海能够通过持续不断的产权制度创新，逐渐走出了一条保障乡村产权增长之路，实现了乡村产权的丰富及乡村业态的繁荣？

二、股份合作制改革与产权博弈推动的集体内部产权结构变迁

（一）南海农村股份合作制的创建

南海与珠三角其他地区发展路径的差异，始于20世纪八九十年

代的股份合作制改革。然而，股份合作制在南海的推行，并非政府计划的结果。部分村集体及农民自发行动，主动将土地集中起来，自发办厂或用于出租。部分先富起来的农民，先是以自有资金租用村边地、宅基地办厂设铺，紧接着是外地企业也纷纷到这里投资设厂。农民将土地集中起来，租给这些办厂的本地农民及外地企业，获得了土地非农化的增值收益。1991年，南海农村各类型企业（包括个体、私营部分）达14 909间，农村从事二、三产业的劳动力（不包括外来工）达241 354人，占农村总劳动力的64.8%，农村二、三产业总收入占全县农村经济总收入的88.1%。

农村自发出现的制度创新，引发了政府的积极反应。南海政府并没有因为农村基层的土地自发流转缺乏制度支持而一禁了之，而是去调研农村自发实践背后的道理。南海政府认识到，农业规模经营以及乡村工业的快速发展，对土地的集约化利用提出了需要。然而，传统的征地不被农民接受，他们担心失去生计保障，这导致政府征地、规划、招商有着不小的困难。政府可以借助体制赋予的强制力，强行征收土地，但是面对南海基层强大的村社共同体，强行征地只会提高维护社会稳定的成本。为解决土地集约经营、农业适度规模化，以及农村集体资产民主化管理等问题，政府需要转变改革产权制度的方式，在制度上进行进一步的创新。

为了制定制度方案，南海政府多次组织考察深圳宝安区沙井镇万丰村、广州天河区杨箕村和登峰村以及江苏锡山。考察调研中发现，深圳等地的股份合作制这种新型集体组织形式，取得了较好的效果。例如深圳宝安区的万丰村，早在1984年就在全国率先推行股份制改造，广州的杨箕村、登峰村则在1987年实行股份合作制，这些地区的农民收入和集体资产都得到了快速的增长。

考察结束后，南海政府选取罗村镇下柏管理区、里水镇沙涌管理区、平洲镇夏北管理区洲表经济社作为第一批试点，后又组织了12个不同类型的镇（区）按照自己的实际办起14个镇（区）的试点。在这些试点探索创建农村股份合作制组织、设计股份章程、完善管理制度。在试点成功的基础上，南海政府下定决心，全面推行以土地为中心的农村股份合作制。

南海实行农村股份合作制改革，是以股份制来稳定和发展家庭联产承包责任制，即农民在自愿的基础上，以土地承包权入股，将集体资产折股量化到人，组建股份经济合作社，以股权体现土地承包的收益权，同时赋予农民集体资产的股权、集体经济的决策权及分红权。

然而，南海政府的改革缺乏上位法律政策的支持，亟须得到更高层面的合法化肯定。南海政府积极争取更高层面的领导到南海调研。1993年12月22日和1994年1月5日，在不到半个月的时间里，中央政治局委员、广东省委书记谢非先后两次调研南海，充分肯定了南海以土地为中心的股份合作制改革，提出"不要争论要实干""城乡规划必须跟上去"等重要指示。

1994年1月，广东省农研中心和中共南海市委联合召开了"以土地为中心的股份合作制"的论证研讨会，邀请被誉为"中国农村改革之父"的原中央农村政策研究室、国务院农村发展研究中心主任杜润生出席。同时参会的有郭荣昌、张根生、欧广源、杜鹰、余国跃、吴敬琏。杜润生肯定了南海土地股份合作制的探索，他表示，南海引进股份合作，不仅平息了土地级差收入减少引起的矛盾，而且乘机推进规模经营，力求避免工业化过程中可能出现的农业衰落趋势。"土地股份制只要真正还权于民，坚持自愿原则，允许自由选择，摒弃强制行为，就可顺理成章，做到务工务农相辅相成，各得其宜。"

1994年3月，广东省委常委、副省长欧广源到南海罗村镇调查，高度认可南海股份合作制改革，并指示"在开展农业股份合作制时，一定要十分注意保护好农业生产"。

1994年4月，广东省委在南海召开"珠三角地区农村股份合作制改革座谈会"，谢非指出，股份合作制"是把土地这种集体所有的生产资料，通过股份合作制形式配置到每户农民，明晰产权，通过投包的办法，既保持农民对土地的经营权，又打破了每家每户分散经营的局限性；既实行了规模经营、统一布局，又区别于过去那种大排工、大窝工的做法"。谢非提出了搞土地股份合作制要以稳定、提高农业为前提，以调动农民生产积极性为根本，保证农民收益有较大增加。与会专家、领导对南海实行土地股份合作制试验给予肯定，称之为"南海模式"。

国家及省市各级领导、专家，为南海开展股份合作制改革提供了论证和支持。之后，南海全面推行股份合作制改革。截至1995年3月，164个试点基本结束，先后建立农村股份合作组织1 870个，其中以村委会为单位组建集团公司191个，占全区村委会总数的79.7%；以村民小组为单位组建经济合作社1 678个，占全区经济合作社总数的99.8%。至此，南海全面建立了以土地为中心的股份合作制。

(二) 股份合作制的演进：股权配置从"动态调整"到"确权到户"

南海股份合作制改革后，集体土地得以按分区规划整合，村级工业园及土地"农转非"的发展，带来了土地价值的大幅提升。尤其是"三旧"改造及集体建设用地入市的推行，更是让土地价值有了更大幅度的提高。相应地，集体所有制下，关于集体土地增值收益的纠纷也伴随着土地收益提升而增加，出现了一些利益团体去政府上访的现象，提高了政府进行社会治理的成本。为了解决这些问题，村集体及政府先后推动了集体经济内部的股权配置模式改革，改革经历了从"动态调整"到"确权到户"的若干演变阶段。政府在这个过程中的角色，不是越俎代庖替代村集体改变产权结构，而是为集体经济产权制度改革提供制度支持。

1. 从"动态调整"到"固化到人"

20世纪90年代，第一轮改革的股权配置模式是"股权动态调整"（1992—1997年）。该模式存在以下问题：一是根据人口变化定期调整农民股权，既造成农民股权不稳定，也会因高额股权分红吸引外来人口迁入或已"农转非"人口倒流；二是采取无偿给农民配股的办法，分红带有很强的福利性，农民"负盈不负亏"，对集体经营漠不关心，认为集体经济赚钱分红是应该的，但是经营亏损时村干部要负责；三是农民股权不能继承、转让、赠送和抵押，限制了人口与资本要素的流动，不利于城市化进程。

1996年，里水镇草场管理区率先实行"增人不增股、减人不减股"的改革，改变农民持有的股权不准转让、不准抵押、不准继承的管理办法。随后一批股份合作社开展了以"生不增、死不减、嫁入不增、嫁出不减"为主要内容的股权改革。2003年，在总结固化到人试点经验的基础上，南海政府在全区推动"固化股权、出资购股、合理流动"。截至2004年8月，南海区共建立股权固化的股份合作组织1 368个，其中村级24个，占全区村级集体经济组织的10.7%，股份经济合作社有1 344个，占全区股份经济合作组的98.2%。

2. 从"固化到人"到"确权到户"

由于户籍制度等各种政策的历史原因，南海农村居住着10大类70多小类共涉及5万多人的历史遗留问题人群（见表4-1）。伴随集体经济的发展，这些特殊群体要求享受股权。例如，出嫁女及其子女、"非转农"对股权有着利益诉求，但是已有的社员股东反对这些群体享受股权。双方的对峙导致了乡村社会的撕裂，并且轮番上访给政府施加压力。这些既触及经济体制的固有问题，又涉及政策制度调整滞后的问题，需要地方政府出台新的政策调整既有的股权配置模式。面对问题，南海政府主动作为，推行"股权确权到户"的制度创新。

表 4-1 南海区特殊群体类型

序号	特殊群体大类	特殊群体小类	
1	户籍性质发生变化的人员	农转非人员	当兵农转非人员
			读书农转非人员
			征地农转非人员
		自理粮户口人员	自转农人员
			自理粮自动过渡为居民户口人员
		回迁户人员	企事业单位"非转农"回迁人员
			其他城镇居民"非转农"回迁人员
2	离婚、再婚人员	离婚后未再婚妇女	
		离婚后再婚妇女	
		离婚妇女再婚生育的子女	
		再婚带入且入户的子女	
		男性股东离婚后再婚的配偶（但原配偶未将户口迁出）	
3	农嫁居人员	农嫁居随家公或家婆入户妇女	
		农嫁居随家公或家婆入户妇女随其入户的子女	
4	1998年前嫁入的城镇女性居民及在1998年前生育的子女		
5	农业户口性质的违计人员	集体经济组织成员非婚生育随其入户子女	
		超生未取得成员身份人员	
		违计处罚期满未获得相应股份分红待遇人员	
6	知青	知青本人	
		户口一直是村中居民的知青后代	
		户口回迁的知青后代	

续表

序号	特殊群体大类	特殊群体小类
7	被收养、助养人员	成员合法收养的子女
		成员合法收养的子女的配偶及后代
8		户籍一直在集体经济组织所在地的其他公职人员
9		农村"出嫁女"后裔
10	退伍军人	参加越战的退伍军人
		其他退伍军人
		退伍军人的子女

南海政府主动发动确权到户的制度创新，其深层次原因是集体土地利用效率提升、价值增值后，集体所有制下产权边界不清带来的对于权益的争夺的矛盾。集体土地通过股份制改革、"三旧"改造、集体土地入市等方式直接或间接地合法入市后，土地利用效率提升，土地价值大幅提高。在土地增值的情况下，界定模糊的集体成员资格变成了争夺的对象。如果不能解决集体所有制下集体经济产权不清的难题，那么土地入市后带来的土地增值就难免会带来土地纠纷的矛盾，也就需要对于集体经济进行进一步的确权。

集体经济组织的股权与成员权的边界界定不清，集体经济成员权往往是获得股份的依据。然而，集体成员权的认定缺少法律依据，导致多个群体对于认定权的争夺。当农村发生土地补偿款纠纷、股权争议时，"出嫁女"等案件层出不穷，引发了不少社会矛盾。

在南海地区，尽管股权得以固化，但是伴随出生人口的增加，股权与成员权并不完全一致。村民大会、村规民约往往成为集体经济组织成员维护既得利益、保障股权利益稳定的合法形式，避免集体资产被新增人口稀释。但是，村规民约也可以被用来当作扩大成员权范围，或者用于排斥某些群体享受法定利益的工具。村规民约中约定的传统习俗，例如排斥上门女婿、外来户、外嫁女等，又往往与我国某些法律规则之间存在冲突。面对这些复杂的制度问题，政府需要主动推动集体经济组织修改章程，来平衡各方利益诉求。

2008年，为了解决集体经济积累的上访问题，南海选取桂城街道平南社区作为股权改革的试点，探索以户为单位管理股权和核发股份分红。确权到户，实际上是把个人与集体的矛盾转化为家庭成员内部的矛盾，在一定程度上可以解决"固化到人"后，新增集体经济组织成员对股权的诉求。随后，南海在夏北、平东、五星、沙涌等社区也推行了确权到户。

2013年，南海政府总结试点经验，提出用3年的时间推动农村集体经济组织开展"股权固化到户、社内流动"的股权改革。2015年，南海政府提炼形成了"确权到户、户内共享、社内流转、长久不变"的股权管理新模式（见图4-1）。农村股权以人计股、以户配股。在股东资格界定后，将股权固化到户，以户为单位发放股权证书，无论人口增加还是减少，该户的股权总数都不再发生变化，股权分配变成家庭内部的事情，把股权变成家庭财产权，将权益分配的矛盾在家庭内部解决。在股权设置上全区采用统一模式，只设个人股，不设集体股。股权不再区分基本股、承包股、年龄股、劳龄股，所有成员均一次性配满股，股权长久不变。对于新增人口，虽没有股份，但以自愿为原则，可一次性以5 000元购买村集体的福利，包括门诊医疗、住院医疗等村委会提供的各种福利（除退休金以外），解决了股权固化后新出生人员的福利分配问题。股权可以在社内流转，在同一个集体经济组织内部，允许集体经济组织以户为单位，按照本集体经济组织内部规定将股权进行流转，也可以不流转。集体经济组织各户内股权一经确定，不管今后户内人口是增加还是减少，该户股权都不因成员的变动发生变化，股权数保持长久不变，集体经济总股数也因此不变。

南海通过股权确权到户，将之前没有享受股权的部分群体，重新确权界定为股东，来解决农村不同群体的矛盾。集体经济组织选定确权时点，通过民主程序依法修改组织章程，实现：①按照新章程的规定对该时点在册的股份合作经济组织成员中原有股东的股权核实清楚；②根据新章程的规定对未配股的集体经济组织成员进行无偿配股或购股；③对原来不享有股份而在该时点时确认为股份合作经济组织成员的人员进行无偿配股或购股，使之成为新的股东。

截至2017年12月，南海全区股权确权总体完成进度达到87%。其中，九江、丹灶、里水3镇股权确权章程表决完成率已达100%，全区1808个经济社已全部完成民主表决程序，股权确权到户工作基本完成。

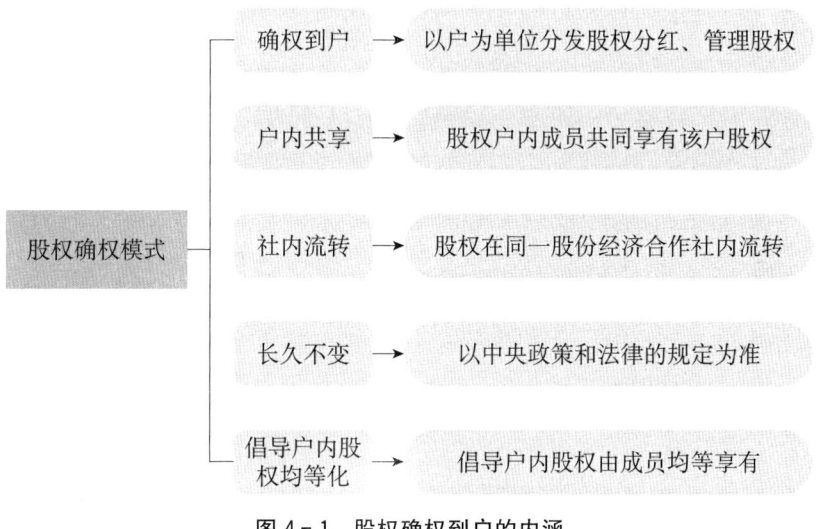

股权确权模式
- 确权到户 → 以户为单位分发股权分红、管理股权
- 户内共享 → 股权户内成员共同享有该户股权
- 社内流转 → 股权在同一股份经济合作社内流转
- 长久不变 → 以中央政策和法律的规定为准
- 倡导户内股权均等化 → 倡导户内股权由成员均等享有

图4-1　股权确权到户的内涵

（三）南海农村社区股份合作制的特征

1. 股份合作制的设立旨在兼顾利润及福利双重目标

股份合作制既不是股份制的私人产权、差别占有、一股一票，也不是合作制的平均占有、一人一票，而是按份共有集体产权，又

通过一人一票的方式获得了对集体资产的民主管理权和利益分配权。从收益分配的角度看，股份合作制是按股分配与按劳分配相结合，既不像股份制那样按股金分配，也不像合作制那样纯粹地按交易额或社员贡献分配。从权利开放的角度看，股份合作制是有限制的半开放式，既不同于股份制的股权开放，也不同于合作制的封闭性质。股份合作制是对集体经济组织的所有权、收益权、决策权、经营权的更清楚界定，使集体经济组织能兼顾利润最大化及增加成员福利的双重目标。

2. 土地非农化的增值收益是农村股份合作制的基础

土地的主要用途不是作为农业用途进行规模化经营，而是非农化作为建设用地，享受城市化及工业化带来的土地增值收益。实行股份合作制之前，农地转用的唯一合法通道是国家征地，但是农民无法获得征地开发带来的全部增值收益。实行股份合作制后，土地非农化无须再经过征地，土地增值收益大部分由村集体和农民享有。据统计，南海区每年的村（居）集体收入中，70%以上来源于农村集体建设用地流转的收益。

3. 明晰了农村集体资产的产权

南海区农村股份合作制通过对包括集体土地在内的集体资产作股量化，将农民对集体土地的承包经营权利价值化，赋予农民永久性集体资产股权和分红权。实现集体资产所有权、承包经营权、使用权"三权"分离，集体产权制度由共同共有变为按份共有，进一步明晰了农村集体资产的产权，满足了农民参与土地增值收益分配的要求，确权到户、出资购股等政策则部分地解决了农村集体内部利益分配带来的社会问题。

4. 社区成员权是获得股权的前提

与其他地区农村土地股份合作制不同，南海实行的是农村社区股份合作制。其他农村地区的土地股份合作社，农民获得股权的依据是其入股的土地，而南海的社区股份合作社，其股权是由成员权派生出来的，已经与土地承包权没有联系，不完全是资本化了的土地要素。股权以社区边界划定，具有显著的封闭性。

（四）南海农村股份合作制的经济绩效

1. 以集体土地发展工业，降低了工业化门槛

企业在投资时只需与村集体谈判，既无须付高价购买政府的国有土地，也无须与农民谈判，极大地降低了企业用地的交易成本，从而降低了农村地区工业化的门槛。股份合作制建立初期的1992—1997年五年间，南海区工业企业从17 002间增长到22 770间，增长率为34%，股份合作制促进了工业化更快地发展。1998—2008年这十年间，工业企业从26 543间增长到了69 135间，南海走出了一条以大量中小企业为主的工业化道路。

2. 促进了农业规模经营和农业产业结构调整

农村股份合作制的建立提高了土地使用权流转程度及土地集约化水平，有利于实现农业适度规模经营。同时，土地的集中有助于村集体统一规划、招商，为农业及村镇基础设施建设、产业合理布局提供了保障。自2010年以来，南海采用农业投包的方式成交的农地面积达到29.89万亩，成交总额达到319.16亿元。目前，南海区农业规模种养大户达4 400户，其中种植业有2 044户，面积为5.3万亩；水产养殖面积在30亩以上的规模经营户有825户，规模养殖总面积为4.5万亩。

3. 促进了农村劳动力转移和二、三产业发展

土地股份合作制将农民从土地中解放出来，促进了劳动力向二、三产业转移。1992年，南海区第一产业劳动力人数比例为39.40%，第三产业劳动力人数比例为16.8%，到2016年，第一产业劳动力人

数比例下降为16.47%，第三产业劳动力人数比例增长到37.07%。第二产业劳动力人数比例从1992年的43.08%，增长到2016年的46.46%。

农村土地"三区规划"，集中了部分土地用于二、三产业建设，解决了社区之间因土地交错、格局分散带来的非农产业发展征地难、开发难的问题，降低了二、三产业发展的成本。据统计，1992—2002年，南海区第二产业收入从102亿元增长到4 354亿元，增长了42倍；第三产业收入从20亿元增长到1 357亿元，增长约66.9倍。

4. 增加了集体资产及农民收入

村社两级集体资产总额从2005年的183亿元，上涨到2016年的378亿元。股份分红从1997年的人均1 058元，上涨到2016年的人均5 346元。分红收入占农村居民人均纯收入的24%，成为农村居民的一项主要收入来源。

（五）股份合作制改革加强了村集体的博弈能力

从前述历程可知，南海政府面对农村土地非农化的自发探索，没有采取否认或攫取产权的做法，而是通过探索农村股份制的制度创新，来解决农村土地集约利用与增值收益分配的问题。面对集体所有制带来的股份合作社产权不清的社会矛盾，南海政府主动作为，积极探索改进产权界定的新规则，化解农村居民关于股份的纠纷。从诺斯悖论的角度看，南海政府为什么选择促进农村产权发展的制度创新，而不是走向产权攫取的道路？

南海土地制度变迁，是政府和农民（包括集体）这两大群体对产权的竞争与博弈推动的。南海政府既受法律制度、社会舆论的约束，也受博弈的约束。在多种力量的约束下，南海政府既无法否认农村产权，也无法公开表态完全支持农村的产权状态，而是通过地方及省与国家试点、地方政策创新的一系列办法，在不同制度约束下寻求制度突破。政府和农民既互相竞争，也保持合作，共同推动了股份合作制的建立和完善。

农民始终是产权博弈的第一行动人。在1992年股份合作制探索建立之前，农民对于土地非农利用及规模使用的需求，自发地向外流转宅基地等土地用于办厂。紧接着是部分集体经济组织的自发试点，进行非正式的制度创新。村集体将土地集中，对村庄进行规划，将农业用地用于投保，实施农地转用和建设用地流转。同时，农民农村抵制政府的征地拆迁。面对农民农村的行为，政府被动予以反应，发现在征地拆迁博弈中无法取得进展，于是探索第三条道路，开始吸纳农村自发现象的合理性成分。政府通过调研及试点，探索并积累制度设计的经验，通过正式制度规范股份合作制的运行，并将股份合作制进一步推广。股权固化到人，同样是农民作为第一行动人推动的自发的非正式的制度创新，政府积极回应并吸收农民自发制度创新的合理成分，通过正式制度的方式规范且予以推广。确权到户虽然是政府主动推动的，但同样是在外嫁女等群体的上访诉求下被动做出反应，先在部分村庄试点总结经验，再上升到正式制度，推广到其他村庄。

从诺斯悖论的角度看，股份合作制对村民最重要的贡献，是通过村集体内部股东权利的明晰，间接增强了村集体相对于政府的谈判权。股份合作制让村民获得了合作社的剩余索取权，农民看重土地非农化所创造的合作社的分红，从而加强了村民对于村集体使用土地的监督与约束。如果股份合作社不能善用土地，从而不能给股东带来分红收益，村干部就不能持久地维持在合作社中的地位。这样，股份合作制将村民与合作社干部的利益更加紧密地绑定在了一起，进一步地增强了村干部相对于政府的谈判能力。村干部背后有股民支持，加上佛山地区自古以来较强的村社共同体的传统，让村集体在与政府的博弈中获得了更大的权力。

"权力创造权利"（might makes right）。村集体的权力变强，在与政府竞争土地控制权的时候，也就有了更大的底气。尽管《中华人民共和国土地管理法》等正式制度将农地转用及交易的权利赋予了政府，但是合作社章程却将集体土地界定为股份合作组织所有。只需要三分之二以上成员表决同意，集体土地的权属就可以转变。村集体抢先推行农转用并自主出租土地，与政府争夺土地开发权。

（六）政府角色的转变：从攫取到保护

产权关系的变化进一步地改变了土地制度的实际运行规则。企业使用土地不需要获得政府的土地批文，不需要入驻政府的国有工业园区，也不需要与若干农民进行谈判，他们只需要与村集体签订一纸土地租用契约，就可以较低的租金获得土地的使用权，极大地降低了乡村工业化的门槛。村集体也获得了事实上的建设用地转让权。

政府的角色也随之转变，从农村土地产权的竞争者及攫取者，转变为农村土地产权的保护者。面对村集体自发地实施农转非、建设村级工业园，南海政府往往采取默认的态度。一方面，政府的一些干部同样认可村集体通过土地出租为村民谋福利；另一方面，股份合作制将村民的利益绑定在一起，强化了村集体在与政府竞争土地控制权时的力量。这种力量最终转化为村庄对于土地农转用的增值收益权，反过来增加了农民对于股份合作制的支持。政府不再寻求对于集体土地的直接控制，而是通过默认的方式，允许农村土地转用从实践逐渐变成一种社会默认的规则。

南海政府推行的股份合作制改革，不但带来了村集体内部的产权变化，也带来了村庄与政府之间产权关系的变化，不但没有削弱村集体的产权,反而强化了村集体对于土地的产权。土地使用规则及政府角色的转变,促进了农村建设用地市场的发育,降低了南海工业化的门槛。与全国大部分地区不同,南海的土地开发不是政府独家垄断,而是形成了区镇政府及大量村庄共同参与土地供给的土地市场。政府与村庄在市场上的定位不同,政府向大企业、大项目供应土地,而村庄则向进入不了政府园区的中小企业提供土地,中小企业又往往为大企业提供配套服务,从而形成了上下游产业链互补的结构,促进了产业集群发展。产业集群的发展促进了内地打工者的流入,村民出租宅基地获得了租金收入,乡村的土地价值得以全面释放,极大地加速了集体土地上的工业化与城镇化。

(七) 股份合作制面临的集体所有制难题

股份合作制改革没有彻底解决集体所有制下集体经济产权不清的难题。第一,股份只是分红的凭证,股权不能在市场上对外转让,也就缺乏真实的市场价格,农民既无法从股权转让中获益,也无法利用股权退出来约束股份合作社的管理者。第二,由于股权不能转让,股东更看重分红收益,不重视集体资产资金的再投入和长期积累。股份的权益过多地偏向于合作社内的老人,反映的更多的是老人在村庄内的影响力以及合作社的福利性质。第三,以成员权为基础的股份合作制始终面临着成员权界定的难题,新成员会稀释既有股东的权益,导致股东的收益具有不确定性。为了避免股权价值被未来的新成员稀释,既有的成员倾向于增加分红、减少积累。第四,合作社的干部只有控制权,但缺乏股权激励,其贡献与剩余索取权不匹配,也就没有减少分红并做大股权价值的动力。总之,集体经济"只分红、不分债",存在着"大锅饭"倾向;集体经济组织的运作仍具有传统乡土社会的特点,"享盈不负亏""社区封闭型""天赋福利型"等特征依然明显。

股份合作制下的产权模糊，导致村级工业园改造升级具有不小的难度。首先，集体资产重分红、轻积累，不愿意投资提升村级工业园的基础设施，也不愿意整合分散的土地，导致村级工业园基础设施品质较低，园区地块细碎且分散，吸引不了大企业，土地价值难以充分释放。其次，合作社将农地转用为建设用地出租，缺乏法律支撑，而且面临着政府征地的竞争。为了尽快将土地转用变为既成事实，村集体以低廉的租金吸引中小企业入驻，导致一些产值低、税收低、污染较多的企业入驻村级工业园，不利于土地的长期增值和农民收入的提高。最后，合作社只能为企业提供一纸不受法律保护的合约，集体土地不能用于抵押融资，也不符合上市的要求，难以吸引固定资产投资较高或有上市需要的企业，集体土地的价值无法进一步提升。村级工业园成长出来的优质企业，面临用地及融资的困境，出于扩大规模、融资及上市的考虑也会迁出，留下的土地被低端企业填补，村级工业园培育的产业链得不到提升。

总之，股份合作制改革加强了村集体对土地产权的控制，促进了集体土地上的工业化与城镇化。但是，集体所有制下股份合作社的产权不清及其面对的法律障碍，导致集体土地的使用效率无法进一步提升，集体土地也无法完全资本化。

三、留用地及征地制度改革与产权博弈

在全国大部分地区，政府通过廉价征地获得了农民的土地产权。廉价征地往往引发农民不满，带来了较多社会矛盾。伴随乡村工业化的发展及土地价值的提升，南海村民不愿意丧失土地，不愿意接受低廉的征地补偿。

如前所述，股份合作制改革增加了村庄在征地过程中与政府博弈的能力。股份合作制更紧密地将村民的利益绑定在一起，将村民

的利益与村干部的权力绑定，致使村集体与政府的谈判能力更强。政府要想实施征地拆迁，就不得不与村集体进行协商谈判，并且支付更高的征地费用。但是，政府的财力有限，难以一次性支付整村拆迁费用。政府难以兑现征地承诺，前后征地政策标准不同，引起了村民更大的不满。分阶段分批拆迁的结果是南海的国有土地与集体土地交织混杂，城市空间零碎。政府依靠强制力进行征地的传统模式，带来的是后期维护社会秩序的巨大代价，以及社会治理成本的大幅提升。

股份合作制改革提高了政府征地的谈判成本，导致用地空间进一步零碎化，让征地制度在南海变成了一个低效的制度。既有征地制度的低效率，促使政府探索新的征地方式，向村民让渡更多的权利和利益，以换取对于集体土地的实际控制权。在实践中探索出了"征地留用""613""政府租用农村集体土地"三种模式。

首先是"征地留用"制度。政府在征地中返还一部分建设用地指标（往往占被征地面积的10%~15%），作为可以开发的留用地给村集体。村民在征地中丧失了部分土地，但是保留了部分土地并获得了地上物业的合法产权。新建的物业容积率更高、资产价值及租金收入更高，且因为政府对相邻国有土地的开发还会不断升值，村民从中可以获得更高且持久的收益。但是留用地模式中，政府承诺的建设用地指标因政策限制有时难以兑现，或者村民仍需要支付基础设施投资及农转用的费用，造成了村庄对政府政策的不信任。[①]

其次是"613"模式。政府先制定规划，在总的片区开发中，政府仅征用60%，其余40%的土地留给村委会或村民小组。在2006年丹灶镇的案例中，留给村委会10%，留给村民小组30%。镇政府

---

① 孔善广. 征地补偿、耕地保护与农民利益的现实困境：从佛山市南海农村"返还地"说起. 学习与实践，2008（04）：22-29.

持有的60%土地中，又有50%办理集体土地使用权证，50年后返还给原村小组。① 综合算下来，只有30%是国有土地，另外70%是集体土地。通过这种模式，政府拿到了总共60%的土地控制权，而且无须负担过重的征地费用和基础设施开发费用。此外，村集体可以根据自己的经济实力选择"统一规划、各自开发"、"统一开发、公司营运"，或者"统一开发、返租经营"，赋予了村集体参与土地开发的更多权利。

第三种模式是政府租用农村集体土地，统一改造并开展招商引资。这种模式源于南海可供开发的土地空间导致的土地产权竞争日益激烈。一方面，伴随耕地保护制度的日益严格，南海面临增量土地空间不足的困局，政府转向存量农村集体建设用地改造。另一方面，伴随社区工业化带来的土地价值提高及股份合作制对于谈判能力的加强，村集体及村民抵抗征地的情绪更加强烈。政府征地不成，就只能租用集体建设用地，规划后连片开发。这种做法既整合了碎片化的集体建设用地，提高了土地开发强度，从而提高了村集体的租金收入，又有利于政府以比征地价格低的成本获得土地控制权，从而为入驻企业提供了稳定的产权保护，推动了产业升级。更重要的是，村集体没有丧失土地所有权，按照合同，待租约到期后可以无条件地获得物业。桂城街道的部分街头公园，以年租2 000多元/亩的价格，租用20年的集体土地。② 桂城街道的瀚天科技城于2006年启动改造，改造后村集体租金收益提高了5～6倍，容积率提高了5倍，税收提高了约300倍，从劳动密集型的村级工业园变成了科技制造园区。这种模式虽然减少了征地补偿的成本，但政府在没有获得所有权的情况下，要投入较多的园区配套及基础设施建设资金，

---

①② 袁奇峰，郭炎. 城市化转型与土地资本化：珠江三角洲"二次"城市化中的南海模式. 北京：科学出版社，2021.

在财政压力较大的情况下，政府开发的进度会受影响。

从留用地到瀚天科技城的演化路径中，可以看到政府从产权攫取的征地中退让，创造了政府与村集体进行产权合作的新模式。面对征地拆迁费用的日益升高，传统的征地模式已经不可持续，政府不得不赋予村集体更多的合法土地权利。政府不但保留了集体的土地所有权，而且投资于园区开发等基础设施配套，租赁期满后则将其无偿交给村集体。政府放弃了公权力的合法强制力，转向通过投资及租赁获得土地的控制权。股份合作制改革强化了村集体的谈判权，是政府从博弈中退让的重要制度条件。

四、"三旧"改造与还权赋能实施

（一）背景：产权博弈的困局

南海于2007年开始实施"三旧"改造，开启了又一次重要的土地制度变迁。"三旧"改造的背景是，在既有的土地产权制度下，乡村土地利用和产业发展走入了瓶颈。第一，农村股份合作社内在的集体产权不清，导致村级工业园的发展陷入了产业及土地低效利用的困局。土地属于集体所有，按成员份额分配，但份额是可以变动的，且不可以转让，导致村民在集体经济中的收益权是不确定的。村民为了尽快分享收益，给予股份合作社较大的福利及分红的压力，致使合作社对入驻村级工业园的产业设置了较低的环保与税收门槛，将土地出租给产值、效益不高的企业。合作社重福利轻积累的特点，也导致其不愿意大规模投资于村级工业园的整体升级改造。其结果是，一方面大量的集体土地被用于出租进行厂房建设，另一方面村级工业园呈现的是普遍的土地利用碎片化及入驻企业的低品质。

第二，集体土地转让权得不到合法保障，迫使合作社抢先开发土地。村集体担心政府抢占土地或阻止其实施农转用，从而加速了对土地的开发，以图尽早使集体建设用地租赁成为事实。土地产权不稳定，也让村集体不筛选入驻园区的企业。

第三，企业使用集体土地的产权合法性得不到保障。企业与村庄往往只签订了一纸契约，没有合法的建设用地使用权。缺乏土地使用权证，企业就无法利用土地向银行融资。缺乏合法的土地使用权，大型园区开发商就不敢参与村级工业园的开发改造，入驻园区的企业也不敢对厂房进行升级改造。某些企业规模做大后，搬出村级工业园，留下的空厂房被较差的企业填补，致使村级工业园整体的企业档次难以提升。

第四，大部分土地属于村民小组，组集体各自为政，缺乏协调，导致土地利用的碎片化较强。村庄合并没有完全解决这个问题，如果集体之间的差异较大，协调成本依然较高。

第五，集体土地的价值较高，政府廉价征地的阻力较大。近年来，国家对于佛山产业升级提出了新要求，广佛同城取得了较大进展，南海政府进行城市开发的压力也增加了不少。土地增量空间不足，以及农村产权碎片化的现实，迫使政府转向探索盘活存量集体建设用地。

(二)"三旧"改造创新了集体土地入市方式

利用"三旧"改造的政策，南海不但为村庄使用集体建设用地确权，而且创造了多种集体土地入市的模式。

一是通过"三旧"改造为集体土地转让权提供了合法化通道。南海区规定，2007年10月之前转用的农村集体建设用地可以进行"三旧"改造，同时禁止农村自发开展土地转用。面对部分村庄抢占土地，政府采取了强制措施。南海政府认为，只有划定边界，堵上村集体自发形成的低端土地市场，才可能把村集体土地纳入统一的合法土地市场中来。

二是开展集体土地确权。2008年,南海区颁布了《关于理顺历史遗留建设用地使用权确权问题的意见》,通过界定存量集体建设用地的改造范围,界定集体土地所有权和使用权。政府为股份合作社颁发集体土地所有权证,并允许在补交费用和罚款后,按现状用途为村集体颁发土地使用权证。只有取得两证的集体建设用地,才可以通过"三旧"改造合法地转让集体建设用地。

三是创新土地转让方式。村集体可以选择保留集体土地所有权,也可以选择转为国有土地。如果选择保留集体土地所有权,可以通过出租、出让、转让、抵押等多种形式转让使用权。如果选择转为国有土地,可以选择村集体自行改造、转国有交给开发商改造等多种模式。村集体自行改造的土地流转,包括经营性建设用地流转或旧村居改造等多种方式。如果选择经营性建设用地流转,不需要走传统的征地路径,而是先将集体土地登记为国有土地,再由政府划拨给集体,由村集体自行改造为自持物业。如果物业转移,则需要补交部分土地出让金。选择转国有交给开发商改造的,如果是集体建设用地转换来的土地,可以"收回公开出让"的方式供地,如果是集体建设用地公开出让或转让给开发商的,政府与村集体共享土地增值收益。此外,南海创新了"弹性年期制度""先租后让"等多种供地方式。[①] 南海通过创新多种交易方式,界定了村集体对于土地的合法使用、转让、收益等权利。

"三旧"改造极大地降低了集体土地入市的成本。一方面,通过严控增量、合法化存量,"三旧"改造更加清楚地界定集体土地的所有权,以及收益、使用、转让等多种权利。产权的明晰为市场的交易通畅奠定了基础。另一方面,"三旧"改造推进了存量建设用地市

[①] 袁奇峰,杨廉,邱加盛,等. 城乡统筹中的集体建设用地问题研究:以佛山市南海区为例. 规划师,2009(04):5-13.

场的合法化，并将集体土地逐步纳入政府的统一管理体制，提升了集体土地的价值，增加了村集体的收益，促进了城市化，优化了产业升级的目标，为推进城乡融合探索了一条新的路径。

（三）"三旧"改造强化了村民与村集体的土地产权

"三旧"改造加强了村民的土地权利。在许多地区，村民对于村干部的不信任制约了集体土地的整合与利用。在南海，村干部不但要对上级政府负责，为了保持在股份合作社的职位，还要对村民负责。在"三旧"改造中，村民作为合作社的股东，可以通过投票表决权来影响"三旧"改造的方案。例如，签订拆迁补偿协议、转变土地所有权，需要得到至少90%的村民同意。"三旧"改造进一步承认和加强了村民对于集体土地的权利。

"三旧"改造强化了村集体的土地权利。在我国于2020年施行新修订的《中华人民共和国土地管理法》之前，我国的土地制度不承认村集体对于集体建设用地的转让权，也不承认村集体农地转用的权利。农地转用及出让只有政府征地这一条合法路径。股份合作制将农民对土地的承包权转变为对集体资产收入的分红权，从而更加重视集体土地的非农使用收入，促使集体自发地转让土地。村集体与政府竞争土地的非农使用权，与政府讨价还价，协商土地利益的分配，提高了政府征地的成本。政府面对高昂的谈判成本与征地成本，为了降低区域内土地转用的成本，获得土地的开发权，促进城市与产业的升级，不得不确认村集体对于土地的所有权及对于存量建设用地的使用权。在此基础上，政府创造了集体建设用地流转、集体土地自愿转国有、国有租赁等多种入市路径，并通过"三旧"改造为集体土地资本化创造了新的渠道。村集体通过对于土地供给的把控，得以与政府讨价还价，最终实现了合法地与政府分享建设用地的土地增值收益。

集体土地的改造提升，提高了集体经济收入和居民分红。如在广佛国际商贸城中心区项目中，联滘社区保留集体性质部分，改造前每亩土地租金约 1.87 万元，改造后每亩土地租金约 2.86 万元，增加了 53%，且每三年递增 10%。2015 年农村居民人均股份分红占人均纯收入比重达 25%。夏北经联社及 5 个经济社改造 1 900 多亩村级工业园，改造前的总收入约为 9 000 万元，改造后的 2015 年总收入达到 2.1 亿元，年均增长率超过 26%。集体土地入市和转型升级带来的农村经济发展，进一步提高了农民的股份分红收入。

（四）"三旧"改造创新了土地空间权利再造的新路径

"三旧"改造的本质是通过还权赋能，强化村民与村集体的土地权利，从而推动集体土地上权利空间的再造。传统的空间再造方式，是政府通过征地，拆除原有集体土地上的物业，同时也改变产权结构，硬生生地剥离农民的土地权利。但是在南海，股份合作制改革强化了村社共同体的组织能力，强制性的权利再造会面对较大的压力。在产权博弈的约束下，政府从传统的强制性改造的思路中退出，转而以村集体确权的方式，来推动村集体接受村庄空间的再造。"三旧"改造尊重和认可村集体土地所有权，界定了存量集体建设用地的使用、收益、转让等权利，并且通过市地重划、国有租赁、集体土地入市、集转国等多种土地转让模式，降低了集体建设用地入市的交易费用，来换取政府推动城市化及工业化的公共利益。

"三旧"改造促进了政府角色的转变，促使政府为村集体开发土地创新了制度安排。通过对村集体产权的确认及集体建设用地入市规则的构建，政府分享了土地增值收益，并且维护了社会公共利益。"三旧"改造为城乡产权关系与土地制度的融合创造了新的渠道，推动国有和集体建设用地逐步走向"同地、同权、同价"，是实现城乡融合的一种重要探索。

五、集体经营性建设用地入市与分割销售

南海政府对于集体建设用地入市的推动，再一次体现了南海政府的产权制度创新能力。与佛山、东莞、广州、深圳等地政府不同，南海政府不但默许村集体流转土地，而且积极主动地推动从地方到国家的产权制度创新。

1998 年的《中华人民共和国土地管理法》明确农民自发的土地转让是不合法的："农民集体所有的土地的使用权不得出让、转让或者出租用于非农业建设"（第六十三条），仅破产、兼并，或兴办乡镇企业、宅基地、公益建设等农村自用情况除外。[①]《中华人民共和国土地管理法》直接否定了南海农村自发的土地转让市场。尽管南海政府通过"三旧"改造等方式间接地推动集体土地入市，但是"三旧"改造的成功实施是有条件的，对于区位、股民表决等有较多要求，从立项到完成的周期太长，大部分村级工业园没有在短时间内被纳入"三旧"改造范围。大部分土地出租出让合同依然是非法的，土地产权的合法化仍然需要南海政府推动集体建设用地入市的产权制度创新。

2005 年 6 月，广东省人民政府以"政府令"的形式正式颁布《广东省集体建设用地使用权流转管理办法》（广东省政府令第 100 号），明确提出省内集体建设用地可以和国有土地一样，按"同地、同权、同价"原则纳入土地交易市场，开始在全省范围内推行集体

---

① 《中华人民共和国土地管理法（1998 年）》第六十三条："农民集体所有的土地的使用权不得出让、转让或者出租用于非农业建设；但是，符合土地利用总体规划并依法取得建设用地的企业，因破产、兼并等情形致使土地使用权依法发生转移的除外。"第四十三条："任何单位和个人进行建设，需要使用土地的，必须依法申请使用国有土地；但是，兴办乡镇企业和村民建设住宅经依法批准使用本集体经济组织农民集体所有的土地的，或者乡（镇）村公共设施和公益事业建设经依法批准使用农民集体所有的土地的除外。"

建设用地流转。

2011年，南海区颁发了《关于印发〈佛山市南海区集体建设用地使用权出让出租管理办法〉的通知》（南府〔2011〕308号），标志着农村集体建设用地正式进入土地一级市场，对吸引社会资本参与新农村建设，助推农村城市化和城市升级起到了至关重要的作用。2014年9月，《佛山市南海区集体建设用地使用权流转实施办法》（南府〔2014〕72号）出台，在规范集体建设用地流转的基础上，提出了集体建设用地商业产业载体的概念，并允许集体建设用地商业、服务业产业载体项目分割销售。

2015年，南海区被列为全国33个土地制度改革试点之一，在全面总结现有集体经营性建设用地流转经验的基础上，南海区允许工矿仓储、商服用途的集体经营性建设用地在符合规划的条件下入市，并实施了集体土地整备、综合整治、产业载体开发等制度。

南海作为国家级的集体经营性建设用地入市试点，充分地发挥了作为多年改革试点的基础的作用，以及自身的制度创新能力。南海政府允许集体经营性建设用地入市，并通过赋予产业载体项目用地及地上物业预售、分割登记、分拆销售的权利，允许农村集体经营性建设用地使用权抵押融资，探索租金收益权质押融资，充分释放了农村集体经营性建设用地的潜能，实现了与国有建设用地的"同地、同权、同价"，促使更多高规格重点建设项目的投资者把目光投向集体土地，土地投入水平和物业改造档次也有所提升，集体土地价值得到提升。据统计，南海区集体经营性建设用地入市以来，集体土地平均价格随着管理不断规范而基本呈逐年提高趋势，如租金水平从2011年的约2.6万元/亩逐渐增加到2016年的约6万元/亩，集体经济组织的收入得到相应提高。

集体经营性建设用地入市破解了制度瓶颈，增加了集体收入，直接提高了农民的股份分红。2016年5月17日，佛山市南海区狮山镇汀圃村东、西村股份经济合作社一块面积达490亩的工业用地以租赁方式公开交易，当时村集体根据周边租赁价格水平设定的交易底价为每年3.8万元/亩，在经过2名竞拍人多达12轮竞拍之后，成交价格达到5万元/亩，成交总价款达11.32亿元。该宗集体土地入市以后，东村、西村预计可分别增加约12 500元/人·年、8 000元/人·年的分红收入。

2019年，全国人大常委会对《中华人民共和国土地管理法》进行第三次修正，允许村集体在符合规划的前提下，通过出租、出让等方式推动集体经营性建设用地入市。①

南海政府在集体建设用地入市方面的推动，充分地展现了南海政府积极主动推动制度创新的能力。南海政府先是借助2005年广东省的条例，在2011年和2014年出台了地方的土地法规，允许土地转让，而且允许集体建设用地上的商业地产分割销售。在地方试点的基础上，南海于2015年加入全国试点，进一步为国家层面修正法律，赋予村集体集体经营性建设用地直接入市的权利提供了实验。

---

① 《中华人民共和国土地管理法（2019年）》第六十三条："土地利用总体规划、城乡规划确定为工业、商业等经营性用途，并经依法登记的集体经营性建设用地，土地所有权人可以通过出让、出租等方式交由单位或者个人使用，并应当签订书面合同，载明土地界址、面积、动工期限、使用期限、土地用途、规划条件和双方其他权利义务。前款规定的集体经营性建设用地出让、出租等，应当经本集体经济组织成员的村民会议三分之二以上成员或者三分之二以上村民代表的同意。通过出让等方式取得的集体经营性建设用地使用权可以转让、互换、出资、赠与或者抵押，但法律、行政法规另有规定或者土地所有权人、土地使用权人签订的书面合同另有约定的除外。集体经营性建设用地的出租，集体建设用地使用权的出让及其最高年限、转让、互换、出资、赠与、抵押等，参照同类用途的国有建设用地执行。具体办法由国务院制定。"

六、"毛地"入市与集体建设用地入市及"三旧"改造的融合创新

南海在实施集体建设用地入市后，又创造性地将集体建设用地入市与"三旧"改造结合，创造了"毛地"入市政策。

集体建设用地入市推动了租用集体土地的企业自发开展村级工业园改造的新模式。集体建设用地"毛地"入市，是指未达到手续齐全条件（有集体所有权证，没有集体使用权证），或地上建构筑物租约未到期的土地，结合土地前期整理一并通过农村集体资产交易平台公开选取市场改造主体，市场改造主体同时作为土地前期整理人和土地入市的成交人，既负责土地前期整理工作，也负责土地开发工作。

"毛地"入市政策促使一些入驻村级工业园的企业，在集体建设用地入市后自发开展厂房改造，新修建的厂房可以分割销售，获得改造的回报。企业与村集体重新谈判，将原有的土地租约转为集体建设用地出让入市，不但实现了厂房的升级改造，而且探索了集体土地续期的方式。"毛地"入市减少了"三旧"改造的成本，缩短了改造的流程周期，延长了企业与村集体的合约关系，促进了企业与村集体的收入提高。

2021年8月，南海区大沥镇沥北湖马工业区改造项目摘牌，成为佛山市首个通过"毛地"入市政策推进村级工业园连片开发改造的"工改工"项目。湖马工业区改造项目原租约年收益为840万元/年，"毛地"入市改造后，预计保底年收益约2 000万元/年，每三年递增10%，30年合同期预计总收益约12亿元。通过"毛地"入市，改造主体可以提早完成未到租期的物业改造。2022年

12月，南海大沥镇的太平南工业区改造项目，是南海区首个"毛地"入市流转出让"工改工"项目。整理面积约420亩，整理期为2年，计划建设约60万平方米智能制造科技园区。项目预计固定资产总投资超20亿元，计划分两期进行开发，采取集体土地使用权流转出让代建返还托租方式实施改造。项目改造完成后，由市场改造方对返还物业返租20年，并按照年份递增。项目改造前租金收益约为800万元/年，改造完成后租金收益可达到3 000万元/年，实现近3倍增幅。

目前，"三旧"改造结合集体经营性建设用地入市及厂房分割销售这种模式，也即"毛地"入市，已成为南海区丹灶、狮山等镇村级工业园改造的主要形式。目前，大沥镇通过"毛地"入市落地的村集体土地改造项目已有6个。狮山镇已完成7宗"毛地"入市的案例，正在进行的有20多宗。"毛地"入市加快了改造的进程，解决了手续不完善的集体建设用地续期的问题，缩短了改造周期，吸引了更多社会资本参与村级工业园改造。

南海政府创新"毛地"入市政策，进一步完善了企业使用集体土地续约的制度，创新了用地企业利用集体土地入市及"三旧"改造政策，自发进行厂房改造的新模式，降低了"三旧"改造的交易费用。通过降低交易费用，创造了村集体、用地企业的多方供应，丰富了土地使用者的产权形态。

七、政经分开与乡村治理

（一）背景：集体经济绑架基层组织

南海集体经济在实施股份合作制后，面临着"政经不分"的难题。农村党组织、村委会及集体经济组织三位一体、职责不清，股份合作社负责集体经济的经营，合作社受村组的行政领导，所以董事长往往又是村支书。一旦出现集体经济管理或经济利益的纠纷，村支书就难以脱身，出现了"集体经济问题绑架基层组织"的现象。如果村干部因为集体经济问题而腐败下台，导致村民对于党及政府的不信任，就损害了党在农村的权威。此外，在"政经不分"的情况下，外来人口的增加会要求分享集体经济的收益，村社区也不得不增加公共服务的支出，不利于明晰集体资产利益边界、保障社员股东合法利益，增加政府在农村公共服务的支出。为了巩固党在农村基层的执政基础、保护社员股东权益、维护基层社会和谐稳定、促进政府承担更多的公共服务，南海开展了"政经分开"的改革。

（二）政经分开：集体经济与社区治理分离

南海探索的"政经分开"，指从南海广大农村村（居）社区居民多、集体经济股民少的实际出发，将集体经济组织从村（居）自治组织中剥离出来，让集体经济组织独立经营，为股民谋利益，让村（居）自治组织摆脱"重经济、轻管理"的弊病，专事社区公共管理和服务，为全体社区居民谋幸福。在此基础上，逐步建立以农村党组织为核心，自治组织为主体，集体经济组织为支撑，社区服务中心为平台，群团组织为枢纽，社会组织为补充，公众参与为路径的基层治理新格局。"政经分开"主要表现为"五分开"——选民资格分开、组织功能分开、干部管理分开、账目资产分开、议事决策分开。

（三）成效：各司其职、各附其位，清爽有力

"政经分开"的探索，使原来交叉混淆的三大组织变得互相独立，职责分明，在职能及服务对象方面有了明确的划分。"政经分开"理清了农村各组织的职能定位，给基层组织"松绑"。基层党组

织的领导地位得到重视和保障；自治组织从复杂的具体经济事务中解脱出来，集中精力搞好社区自治、社区管理和公共服务，现代管理方式得到改进，服务覆盖面更广；社区服务中心专门提供各项行政服务，方便了村民与周边民众的日常办事；集体经济组织从繁重的行政性事务中解放出来，回归集体资产经营管理，专心致志发展经济，提高社员股东股份分配水平。

第三节 南海之谜：从强制型制度变迁到创新型制度变迁

一、城市产权繁荣与农村产权贫瘠

（一）城市的不断进步与农村的停滞不前

人们在全国大部分地区看到的普遍情况是，城市的产业、城市的面貌、城市人群的生活状态发生着快速的变化。城市的业态日益繁荣，新产业、新产品、新观念层出不穷。城市的风貌也发生了较大变化，无论是大城市还是县城，越来越重视绿化、环境。城市的公共服务也在不断完善，在市民普遍关心的学校、医疗等领域，其品质也在不断升级。伴随地铁等轨道交通的建设，以及网约车、共享单车等新的交通服务方式的发展，城市的交通拥堵问题得到了极大缓解。城市人群的观念也发生着变化，从传统的家族熟人社会逐渐转变为陌生人社会的生活观念，人们的权利意识和边界意识日益增加。城市的问题在不断地得到解决，城市生活正变得越来越美好。

然而，在农村地区，人们却看到了普遍的停滞不前甚至衰败的景象。农村以农业为主，尤其是以粮食作物为主，难以为大部分农民创造有尊严的收入。伴随人口流失，农村风貌日益衰败，农房年久失修，学校无人就读，甚至出现了空心村现象。农村居民依然保留了厚重的传统观念，收取较高的彩礼、随份子，难以接受现代社会的价值观、生活观。其结果是，农村居民在心理上普遍有自卑的情结且伴随城乡差距的不断扩大而日益强烈。

(二) 城乡差异反映了财产权利的差异

城乡差异的本质，不仅仅是因为城市有大规模市场及高密度社会所带来的规模效益，更重要的是反映了城乡居民在财产权利发育程度上的差异。

城市居民的财产权较为完整。城市居民的主要资产即住房的产权有着清楚的界定。城市居民可以自行决定是否购买住房，在哪里买，以什么价格买，买了后如何使用，如果不使用如何处置，是闲置、出租还是出让等等。城市居民对于财产的权利是完整的，也是开放流通的。

但是，农村居民对于其最重要的土地及房屋的产权则是残缺的。农民无法决定如何使用土地，无法决定自住的楼房盖多高，也不能合法地转让土地和住房。农民的土地被以集体所有的名义，不得不与其他人的土地产权捆绑在一起，农民个体无法决定如何处置。甚至集体经济组织也不具备土地的使用权、收益权、转让权。农民及集体连决定是否种植经济作物的权利都没有，只要政策一变，他们的经济作物就要被连根拔除，改回种植粮食。农民及集体也没有从事设施农业、休闲观光农业的权利。搭个遮阳避雨的大棚、修个石板路，都被认为是破坏了耕地。连经济作物、休闲农业都发展不起来，还能指望农村发展什么产业呢？

在农村产权不稳定的情况下，各种产业发展不起来，也就吸引不了社会资本与人力资本下乡。加上传统宗族、集体经济的封闭性，资本和人才更是进不了农村。农村缺乏产业，就没有收入。没有收入,就留不住年轻人,只剩下老弱病残留守。没有收入,就无力维持教育、医疗、卫生等公共服务。眼看着城市日新月异,农村却长期维持了衰败的景象。当然,从某些官员和专家的角度看,农村就应该是种粮食的,农民就应该是种地的。至于农民的产权发育,只是少数学者的天方夜谭。

(三)诺斯悖论:政府在城乡产权安排上的不同角色

诺斯悖论认为,政府是经济增长的关键,也是经济衰退的根源。政府为了增加税收收入,可以提供产权保护、降低交易费用,从而促进经济增长;政府也可以为了获得土地等资源的垄断租金,攫取产权、提高交易费用,从而带来经济的衰退。我们看到,政府在城乡之间扮演了迥异的角色。政府在城市更多的是充当了财产权利的保护者。政府为城市居民最主要的住房资产的产权提供了较多保障。例如,政府建立了不动产登记、担保、抵押等制度,极大地降低了居民住房的交易费用。政府通过投资于教育、医疗、环境等公共品,提升了居民住房的财产价值。

但是,政府在农村财产权方面,更多的是充当了攫取者的角色。政府不但没有充分地保护农民的产权,反而通过政策管制、征地拆迁限制了农民的产权。农民在名义上是集体资产的主人,但是其土地等资产的决策权却极大地受制于政府的控制。通过城乡二元体制,地方政府可以通过征地获得土地产权。在土地增值收益的巨大激励下,政府没有动力允许村集体自行主导集体建设用地入市。为了避免集体土地入市影响政府的土地出让收入,政府会通过行政体制控制集体土地入市的方式与规模。在某些城市,集体土地实际上置于街道乃至区县政府的管理之下,农村与农民没有实际上的产权。

城乡产权差异在根本上反映了政府在城市与乡村扮演了不同的角色。政府希望从城市经济中获得税收等收入,从而起到了保护产权、降低交易费用的作用。政府希望从农村获得土地的垄断租金，从而起到了攫取产权、提高农村土地交易费用的作用。问题是，在什么条件下，政府在农村经济中起到的作用会发生转变？

二、南海城乡权利分布特征

与全国大部分地区不同，南海政府并没有试图控制村集体资产及土地。相反，政府不但承认村集体对于土地的多种权利，而且接受村集体与政府讨价还价的博弈方式，并为村集体与政府的合作创新多种制度条件。南海政府的目的是明确的，那就是：怎样做才能更有效地促进土地的整合及高效利用，怎样做才能增加农民的收益，怎样做才能在维护农村农民利益的基础上实现城市及工业的升级，怎样做才能促进城乡融合的发展。

南海政府不但为农村产权提供保护，而且为农村自发的产权创造合法化的路径，开展一系列制度创新。南海政府通过积极争取广东省及国家试点、探索基层自发现象合法化的路径，为新兴产权提供合法的制度表达。

正是南海政府的制度创新，让南海乡村长出了多样的产权及产业形态。如前所述，南海农村不但有现代都市农业，而且有智慧产业园区承载着的先进制造业、在美轮美奂的千灯湖上长出的现代科技金融业，以及在"三旧"改造的园区里长出的跑马场和现代婚庆等现代服务业。南海乡村涌现出的多元业态，本质上反映了乡村底层土地及地上物业等资产产权的稳固，这是在全国其他农村地区所难以见到的。正是这些多元的业态及产权形态，帮助南海弥合了城乡之间的巨大裂隙。

南海丰富的产权业态，带来了乡村的富足繁荣。南海农村普遍的财富积累，在全国其他地区是少见的。如果没有扎实的产权基础，我们在前文提到的专精特新企业、创投基金、马术俱乐部、婚纱影城及音乐酒吧，这些多元的财产是长不出来的。

南海乡村不但有丰富的产业及富足的资产，乡村公共品的供给也是较为丰富的。我们在乡村里常见修复后的宗祠，记载着祖辈的历史，传承着乡村的文化。许多宗祠、水塘等乡村公共品，是由村集体及村民出资修复的，如果没有财产性收入的支撑，南海乡村不会有宗祠等文化载体。农村集体资产的合法表达，其结果是农村在产业、公共品、文化、观念等各方面的全面更新和繁荣。

三、南海乡村产权繁荣之谜

（一）南海之谜：政府从产权攫取到产权保护、产权创新

南海乡村的产权繁荣，以及全国多数乡村的产权贫瘠，本质上反映了政府强制力在产权与合约关系中的作用。在我国体制的约束下，地方政府可以选择不同的角色，既可以成为产权的攫取者，也可以成为产权的保护者。更难得的是，为农村产权的合法化开展一系列制度创新。为什么南海政府放弃了利用征地制度攫取产权，而是转向为农村产权的合法化开展一系列制度创新，来保护及丰富乡村的产权、降低乡村资产的交易费用，从而实现城乡融合及共同富裕？为什么南海政府几十年来实施了股份制改革、"三旧"改造、集体建设用地入市等一系列对农村农民还权赋能的制度创新？这是本章旨在探索的问题。

（二）文明、观念与制度变迁：从强制型制度变迁到创新型制度变迁

本章提出的理论解释是：产权制度变迁具有强制型制度变迁以及创新型制度变迁两种路径。制度变迁是否能够发生，取决于在旧制度下维护社会秩序的成本。南海的传统工商业文明以及股份

合作制改革极大地提高了村庄的博弈能力，从而提高了旧制度下维护社会秩序的成本，导致了南海的土地产权制度从强制型转变为创新型。

强制型制度变迁指政府借助国家赋予的强制力，强行地推动产权的重组与制度变革。尽管强制型制度变迁可能提升资产总的使用价值，有可能带来所有主体的帕累托改进，但是因为产权变迁给予原产权主体的偿付不及预期，所以要靠强制力压制，提高产权主体抗争的成本，其结果是创造了内在不稳定的产权制度体系。强制型制度变迁的典型做法，是政府通过征地的方式，压制少数钉子户的抗议行为，强制地改变居民对于产权变迁的接受程度。这种强制做法表面上改变了产权安排的分布，但是居民的抗争不会因为被压制而减少，而是转变为对于政府及社会的不满，提高了维持我国社会秩序的成本。

创新型制度变迁是指，政府通过创新产权制度安排，创造了新型的产权安排形式，让民间自发的产权形态获得了合法表达。创新型制度变迁增加了帕累托改进的空间，并通过确权尊重产权主体的合法权利，从而将改变产权安排带来的价值增量更大地向产权主体分配。创新型制度安排创造了各方都能接受的新的产权安排及利益根据，从而让产权制度变迁的历程更为平稳，让产权变迁的结果能被各方所接受，减少了维持社会秩序的代价。

广东南海从强制型产权制度变迁走向了创新型制度变迁。南海历史上传统的工商业文明与改革开放后股份合作制的融合，增强了村集体与政府博弈时的谈判权。如果南海政府继续坚持强制型制度变迁，将极大地增加民间对抗的压力，提升政府维持社会秩序的成本。为了减少维持社会秩序的成本，南海政府被迫放弃了采用国家强制力的制度变迁，转而采用了为民间自发形成的产权提供保护，并进一步地为合理的民间产权创新开辟合法化的路径。创新型制度变迁进一步增强了村庄的合法产权及谈判能力，强化了新的制度变迁路径，不断提高强制型制度的成本，从而使制度变迁具有较大的不可逆性。

南海早期的工商业文化及村社共同体的社会关系，奠定了乡村对商业及制造业文明的包容吸纳，同时增强了村社与政府的博弈能力。南海乡村不排斥商业文明，而南海重视工商业的观念在改革开放后发挥了重要的作用。南海很快与香港、台湾同胞及东南亚华侨取得了联系，并迅速发展起了乡村企业。乡村工商业的发展，提高了集体土地的收入，也让村民认识到土地整合开发的价值。当全国许多乡村地区不知股份为何物时，南海乡村进一步地自发探索了土地入股。土地入股，不但集中了村民的土地，实现了土地的分区规划及规模流转，而且将村民与村集体的利益更紧密地绑定在一起。

股份合作的结果不但是经济上的，而且是政治上的。股份合作及村社共同体的传统，增强了村干部与政府讨价还价的能力，让村集体获得了事实上的集体土地开发权。政府既在理念上认同股份合作带来的集体资产及农民收入的增长，同时也在博弈中发现无法通过征地直接拿走村庄的土地，不得不探索尊重农民自发权利的制度创新，通过主动试点探索股份合作制的规范化，并积极争取国家及省级官员与专家的支持，将村民的自发探索上升为正式制度的创新。股份合作制的合法化，进一步增强了村集体的谈判权，促使政府寻求与村集体合作开发土地、共享土地增值收益。留用地、国有租赁等多种"三旧"改造模式应时应势而生。南海政府从土地制度创新中看到了实际效果，奠定了通过改革与制度创新，推动产权不断界定与明晰的制度改革及思维方式。

伴随股份合作制的发展，集体经济产权不清的难题带来了较大的社会矛盾，给政府施加了压力，迫使政府不得不探索股权制度的改革。为了解决村庄内部不同群体关于股权的纠纷和争议所带来的社会矛盾，南海政府进一步推动了股份合作社的股权配置，从动态调整变为固化到人。面对长期积累的村庄内部关于成员权与股权的纠纷，又进一步推动了确权到户。为了解决集体经济产权不清条件下，"政经不分"带来的"集体经济绑架基层组织"的难题，南海推动"政经分开"改革，进一步清楚地界定党组织、行政及集体经济组织的边界。

面对集体产权不清所带来的土地碎片化、村级工业园低效利用等问题，南海通过探索"三旧"改造、集体建设用地入市以及分割销售，进一步地明确了村民及村集体对于建设用地的合法使用权，创新了集体建设用地合法入市的多种方式。"毛地"入市探索了手续不齐全的土地上，企业如何自发改造，加快"三旧"改造进程的新模式。"三旧"改造以来的一系列土地制度探索，推动了包括千灯湖片区在内的城市升级及狮山、丹灶等工业乡镇的产业升级。

南海从强制型转向创新型的产权制度变迁，是否具有可逆性呢？南海是否会从产权创新变回到依赖国家强制力的产权攫取呢？对于这个问题，我们没法给予确定性的答案。但是，我们认为，制度变迁逆转的成本是比较高的，因为新兴产权及产权主体的增长，使得制度变迁逆转的概率极大地降低了。

创新型制度变迁一旦发生，就会增加村庄及外来投资者的产权强度，从而增加与新兴产权相关的利益群体。村庄内部及外部投资者所拥有的乡村资产的增长，极大地增强了村庄面对政府时的谈判能力，进一步提高了政府实施强制力的成本。从而，当体制内及社会上的各种声音要求南海政府起到更大的作用，采用更多的强制力时，实际结果是南海政府难以简单地采取强制力来改变产权结构，而是不得不促使自己绞尽脑汁思考与创造尊重农村产权的、更具有创新意义的产权变迁路径。农村新兴产权的增长，不但改变了农村，也塑造了政府：南海政府转变为尊重基层实践且善于改革创新的创新型政府，探索出了一条城乡融合的南海道路。

第五章
迈向城乡融合的土地制度改革[①]

第一节 城乡融合和土地制度改革"双困局"

一、城乡融合困局

作为改革开放先行区，南海以"六个轮子一起转"（区、镇、管理处、经济社、联合体、个体）创造了县域经济发展的"南海模式"。"六个轮子一起转"的南海模式，本质上是"以土地换资金，以空间换增长"[②]，城市和集体共同推进南海城市化和工业化。农村推行的"土地股份合作制"促进了集体土地上的工业化进程，进一步推动了"在集体土地上建设城市"。而现在，原有工业化和城市化路径难以为继。南海区面临集体土地工业化和半城市化的双重挑战。

---
① 本章执笔人：黄志基，中央财经大学政府管理学院副教授。
② 袁奇峰，杨廉，邱加盛，等.城乡统筹中的集体建设用地问题研究：以佛山市南海区为例.规划师，2009（04）：5-13.

(一) 工业化困局——集体土地碎片式工业化阻碍产业升级

1993年8月，南海出台《关于推行农村股份合作制的意见》，在农村全面推开以土地为中心的农村股份合作制。它是继农村家庭联产承包责任制后的又一次重大变革，是继改革开放初期以解决温饱为主要标志的农村第一次飞跃后，南海农村实现的第二次飞跃。① 借助这一改革，南海快速完成了工业化，并首创了中国农村工业化的利益共享机制，村民凭股权分享土地非农化的增值收益，股份合作制改革助推了农村经济的腾飞。这种做法也被称为"南海模式"，并迅速风靡至珠三角地区，有效推动了当地的工业化进程。②

时下，遍布南海的村级工业园就发端于此。南海区现有612个村级工业园，分布在全区280多个村居。长期以来，村级工业园曾被视为支撑南海工业发展的重要基础，也是承载村居集体经济发展的重要平台。然而，这种"以土地换租金、以空间换增长"的外延式扩张路径，"村村点火，处处冒烟"，使南海呈现出"星状分散"的城镇空间格局。③ 由于各类规划的缺位以及自下而上发展模式的影响，国土空间开发的主体较多，导致空间碎片化的问题突出，造成南海大量"城不像城，村不像村"的地域景观状态，严重影响南海的城乡形态。与此同时，镇村工业区高度分散，土地产出率不高，环境污染且安全隐患频现，严重制约了南海的工业升级和高质量发展。因此，南海把村级工业园改造提升作为当前和今后一段时间优化生产、生活、生态发展空间的重要战场。

---

① 张新华，刘锐强，陈恩林. 城镇化农村集体经济组织改造思路初探：以佛山市为例. 南方农村，2004（03）：31-35.
② 张宏. 土改探索之一：广东南海土地股份合作制. 中国报道，2014（02）：18-19.
③ 杨廉，袁奇峰. 基于村庄集体土地开发的农村城市化模式研究：佛山市南海区为例. 城市规划学刊，2012（06）：34-41.

1. "村村点火、户户冒烟"的分散工业化模式伴生着碎片化

南海区率先开展的土地股份制改革，盘活了农村集体经济组织的土地，激发了农村集体经济组织巨大的活力。但是由于以农村集体经济组织为单位进行土地股份制改革，其多元土地开发主体也造成了客观上的空间细碎。据统计，南海区用地分散的（集聚度低）工业用地面积为115.33平方公里，占比52.79%。南海村级工业园面积在100亩以下的占比高达43%。60%的产业发展是在集体土地上进行的，相应导致50%以上的人口居住在集体土地上[1]，严重制约了产业提升和环境改善。

这归因于南海国有土地稀缺、集体土地供给充足和工业化对大量土地的庞大需求。一是供给侧。集体土地供给充足，由于土地配置分散和集体经济主体多，在土地供给侧形成激烈竞争，导致土地要素成本低；国有土地稀缺、供给不足，导致要素成本高。二是需求侧。纺织、五金、陶瓷等轻工业主导＋中小企业为主对土地要素成本敏感，对土地权限完整性要求不高，对土地面积要求不大，所以村集体分割土地出租，以避免土地闲置，大量的"企业进村"，南海乡村快速工业化，进而导致土地零碎。相应地，务工人员进入的是在村集体土地上经营的工厂，相应的公共服务等城市化建设滞后，换句话说，"是进工厂而不是进城。"

以经济社为最小单元的土地股份制，造成了比空间细碎更严重的权属细碎，用地平均规模为30亩。[2] 而且在增量发展逐渐退却，进入存量发展时期后，现有大部分土地掌握在集体经济组织手中，

---

[1] 赵杨. "三旧"改造中土地发展权的博弈：以佛山市南海区为例. 广东：华南理工大学，2022.

[2] 但俊，吴军，闫永涛. 珠三角半城市化地区土地利用困境与策略：基于佛山市南海区、深圳市土地整备实践研究. 城市发展研究，2020（01）：118-124.

政府拿不走、集体用不好、企业难作为,造成土地资源利用的低效、空间的固化。

同时,国有土地和集体土地交错分布,城乡混杂,国有土地效益难以充分发挥,使南海区的城市发展面临土地资源困境。

2. 工业用地分散带来土地产出率不高

尽管南海区的工业化程度很高,但是一直受限于工业用地分散,土地产出率不高的困局。制造业是南海区的根,民营经济是南海区的魂,产业发展空间不足已经成为制约产业发展的"卡脖子"问题。南海区是一个由7个镇街组成的集合体,囊括612个村级工业园,平均每个工业园面积达300亩左右,总占地18.9万亩,散布在南海区280多个村居,占全区工业用地的58%,但工业产值却不到10%,平均容积率仅为0.49。据统计,南海区村级工业园内产业用地的低效用地占南海区总低效用地的75%。[①]

3. 村级工业园的产业"大而不强"

南海区村级工业园的产业发展呈现出"大而不强"的特点[②]:一是南海区村级工业园的企业数量大但质量低。南海区村级工业园共有28 322家企业,3.6%为规上企业,1.9%为高新技术企业。2019年村级工业园内规上企业有1 023家,约占全区"四上"企业(5 433家)的18.8%;高新技术企业有550家,约占全区高新技术企业(2 264家)的24.5%。二是南海区村级工业园的传统企业亟待转型升级。村级工业园内的产业缺少更新迭代的外部压力,同时传统企业的长期发展也让其中的微小型企业多且缺乏高端化发展意识,更进一步阻碍了产业的转型升级进程,导致了产业的低端化。三是南海区村级工业园的产税倒挂。2019年南海区村级工业园年总产值

[①②] 但俊,吴军,闫永涛. 珠三角半城市化地区土地利用困境与策略:基于佛山市南海区、深圳市土地整备实践研究. 城市发展研究,2020(01):118-124.

约 1 582 亿元，约占工业总产值的 23%，亩均产值约 83 万元/亩。2019 年南海区村级工业园年税收约 52 亿元，约占全区税收总额（604 亿元）的 8.6%，39% 的村级工业园亩均税收低于 1 万元/亩。

4. 村级工业园税收密度明显偏低

根据南海区相关测算结果，南海区工业用地纳税平均水平为 3.66 万元/亩，其中村级工业园工业用地纳税强度为 2.05 万元/亩，其他园区工业用地纳税强度为 5.84 万元/亩，村级工业园年创税收只占全区年税收的 8.6%。[1]

5. 集体建设用地短期租约和产权不稳定影响了使用权人优化投入

承租方式和产权问题不利于连片开发。首先，集体土地使用期限短，村集体与企业签订租赁合同时通常会约定在到期后同时收回地上建筑物。期限短及合约安排严重地抑制了租用土地的企业提高投资强度。这造成了租用集体建设用地的企业行为短视，不愿高强度投资，阻碍了企业承租大片土地连片开发。其次，与国有土地相比，集体建设用地的产权是不稳定的。其不稳定因素来源于两个方面：一方面对于土地所有者村集体来说，土地随时有可能被征为国有；另一方面对土地使用者来说，随着村干部的换届，租用土地的条款有被修改的风险。集体土地产权的不稳定，同样导致租用企业不愿意加大投资、高强度开发。[2]

以村级工业园为例，集体建设用地天然的权利残缺制约了村级工业园土地的有效利用。集体建设用地的流转和抵押都存在障碍。与国有工业用地相比，村级工业园的基础设施与配套优惠较为薄弱，

---

[1] 郭炎，项振海，袁奇峰等. 半城市化地区存量更新的演化特征、困境及策略：基于佛山南海区"三旧"改造实践. 现代城市研究，2018（09）：101-108.

[2] 刘宪法. "南海模式"的形成、演变与结局//张曙光，刘守英. 中国制度变迁的案例研究（土地卷·第八集）. 北京：中国财政经济出版社，2011：68-132.

难以吸引大企业入驻。其结果是，入驻村级工业园的大部分为小微企业，主要是传统工业，如陶瓷、小家电、小五金、一般零部件、涂料、家具、建材等产业链低端企业。这些企业经营粗放，效益低下，难以形成集聚效应。

此外，企业生命周期与土地租期不匹配，村级工业园中不少早期入驻的企业已退出生产，但由于部分厂房租期长达四五十年，出现层层转包厂房、"吃厂租"的现象。大部分村级工业园均面临产权碎片化、土地利用效率低、违建严重、利益关系错综复杂等困境。城乡二元体制所具有的上述种种弊端，间接导致了南海工业用地的供应无法满足招商引资、企业发展的需要，影响了南海产业的整体转型升级。[①]

因此，原有的集体土地工业化道路已经难以为继，并且在当下，集体土地碎片式的工业化对南海产业升级产生了阻碍。因为在城乡土地二元制的前提下，集体土地和国有土地权利是不平等的，集体土地使用期限的短暂和产权不稳定性影响了企业投资的长期性，并且土地开发的碎片化不利于企业在集中连片的土地上大规模开发，所以难以吸引新的大额投资进入，从而实现产业升级，因此可以说，集体土地工业化道路发展到现阶段，已经成为阻碍南海工业化升级的重要因素。

（二）城市化困局——自主自发城镇化造成的半城市化困境[②]

在 2008 年金融危机以前，南海区的城镇化进程的主动力源一直来自村镇"自下而上"从非农化到工业化推进的过程。从 20 世纪 80

---

① 王瑞民. 顺德村级工业园改造：利益再平衡和多元化模式创新. 团结，2022（06）：48-52.
② 本部分主要参考：廖炳光. 中国特色的新型城镇化之路：南海"双轨城市化"模式的启示. 广东省社会科学院工作论文. 2022.

年代的乡村非农化开始，乡村人口就业的非农化、集体土地的非农化、外来人口进入工业劳动力大军等共同构成了自主自发城镇化的基础条件和动力。到 20 世纪 90 年代，乡村非农化进程的不断深化又为镇级经济社会的发展壮大奠定了基础，从而构成了南海小城镇发展的优势特色和"黄金时期"。

总结南海区自主自发城镇化模式的历史进程，可以发现自主自发城镇化模式的本质是通过乡村的空间（建设用地和农房）、村庄的制度（村民自治）为在镇域和村庄聚集的产业和人口提供与城市功能相当的空间、管理服务、基础设施等。[①] 一般来说，城镇化是一个人口、产业、居住空间、基础设施、管理服务等在特定空间的集中过程。在以村镇为主要空间载体的城镇化模式中，人口产业集聚、居住的集中（土地集中）、公共服务和管理这三个城市的基本特征和功能，在镇村空间范围内都能提供和满足。但这样的城市化方式，也为如今南海的高质量发展制造了困局。

1. 人口和产业在镇村集聚

城镇化的本质特征就是人口和产业在城市空间的聚集。在南海，20 世纪 80 年代开始的农村工业化进程同时也是乡村人口就业非农化的进程，因此在乡村空间内实现了非农人口和产业的聚集。从 20 世纪 90 年代至 21 世纪初期，南海大量吸引外来人口，到 2020 年南海区 366.72 万常住人口中，户籍人口仅为 165.85 万人，外来人口比重高达 55％。[②] 这些外来人口中的绝大部分主要是在南海的镇村工业企业中就业，在镇村空间内的城中村农房中居住。与此同时，

[①] 郭炎, 项振海, 袁奇峰, 等. 半城市化地区存量更新的演化特征、困境及策略：基于佛山南海区"三旧"改造实践. 现代城市研究, 2018 (09)：101-108.

[②] 廖炳光. 农村土地股份制改革的思考：以佛山市南海区为例. 社会建设研究, 2018 (02)：66-83.

镇级工业园在 1992 年撤县改市后也不断扩大范围和规模，直到今天镇村工业园仍然是南海区制造业的主力军和支柱。也就是说，与乡村人口向城市流动、产业在城市集中的传统城市化模式完全不同，南海的非农人口和产业首先是在乡村实现空间集聚的①，并且这种集聚效应一直持续至今。

2. 本地村民和外来人员混居于城中村的居住形态

20 世纪 90 年代以来，南海的外来人员显著增加，人口非农化比重高；同时本地村民非农化比重高，但进城（市民化）意愿低。在村镇的空间范围内，"专业镇＋城中村"的模式分别解决外来人口的就业和居住需求，支撑南海持续大规模吸收外来人员。城中村中的混居形态代表了"半城市化"的路径。与传统的人口向大中城市集聚的城市化路径不同，南海的人口居住模式难以用传统的人口迁移理论来概括。南海以镇村为主要载体的城镇化路径中，往往出现农民大量自建房的城镇和"城中村"成为流动人口城市化的主要区域，形成了独特的"工作在镇村产业园、居住在城中村"的就业-居住模式。总的来看，占南海外来人员绝大部分的产业工人和服务业从业人员居住问题的解决，基本是依靠"城中村"房租经济中的居所，而非中心城区的新建房地产小区。

3. 土地产权形态和空间布局的双重"碎片化"

从 1978 年改革开放之初，南海就走上了一条以村组集体为主体的"碎片化"的土地利用模式②：每个自然村、行政村依托土地所有权，在工业用地市场上开展土地出让、出租的交易，从而分享土地增值收益。到 1992 年以后，南海外来人口迅速增长，加上本地农业劳动力大规模转出农业到镇村二、三产业部门就业，南海的人口在

---

①② 郭炎，项振海，袁奇峰，等. 半城市化地区存量更新的演化特征、困境及策略：基于佛山南海区"三旧"改造实践. 现代城市研究，2018（09）：101-108.

镇村的散布和相对集中趋势更加明显，即全区没有一个超规模的人口和经济中心，而是分为以近20个镇为空间载体的城镇化单元。直到2004年合并镇街以前，南海的镇既是经济的发动机，也是本地非农人口和外来人口的集聚地，更是城镇基础设施和公共服务投入的主要场所，加上镇域房地产经济的兴起，共同导致了镇域用地规模的剧增。最终，这种以镇为主体的"半城镇化"模式造成了时至今日仍是南海独有的"星罗棋布"式的"碎片化"建设用地空间布局。[①]

分散的工业以及大量聚集的打工人口，支撑了南海在集体土地上以各专业镇为主、分散且共同发展的城市化模式。第三次全国土地调查结果显示，截至2019年底，南海区建制镇及村庄用地分别为54.2万亩及12.3万亩，分别占建设用地总量的66%及15%，而城市用地有14.9万亩，仅占建设用地总规模的18%。分散的城市布局促进了各镇街商业的发展，方便了农村居民及外来打工者的生活及消费。但是，这种分散发展的城市化模式，人口分散在各个镇街，必然会导致中心城市聚集度较低。

一方面，中心镇和城市中心的产业、人口、消费集聚功能不够，城市基础设施、公共服务的规模效益低；另一方面，为了压低征地价格，回避拆除村民安置的补偿，政府只征用农地，绕开宅基地和农房，同时留给村集体一些留用地，导致出现了大量"城中村""园中村"，形成了城乡错落交叉的形态格局，形成镇村土地开发的高度"碎片化"结构：首先，在空间形态上，镇区、城中村、镇村工业园相互穿插、嵌套，镇村区域内的生产、居住、生活、公共设施等用地布局高度混杂，难以从功能上进行区分；其次，在产权形态上，

---

① 袁帅. 佛山南海：以"新地改"撬动营商环境优化. 小康，2022（10）：62-65.

镇村用地以集体土地为主，但镇区和村镇工业园区的部分土地又通过自发政府的"集转国"成为国有用地。这种空间和产权双重的高度"碎片化"是支撑起镇村自发城镇的土地利用模式的基本特征。伴随城市产业升级及环境改善的需要，要求改变这种城市布局的压力越来越大。

（三）要素流动困局——城乡土地要素配置仍存在阻碍

随着城乡融合的不断推进，加之南海区集体土地本身有较好的工业基础，南海区城乡收入差距没有呈现出很大的差距，据统计资料显示，2021年南海城乡居民人均可支配收入比为1.47。① 但这更多地归因于集体土地工业化带来的发展，在南海的城乡融合中，还面临诸多要素流动的阻碍，进一步阻碍了其高质量融合。而其中，土地要素自由流动的制度性障碍又是最为关键的，南海区的新一轮改革还需要抓住土地制度改革这一主线。

1. 建设用地改造中的土地流动障碍

存量建设用地的改造及盘活利用面临着现存土地制度的挑战。首先，按照我国现行土地法律，城市土地必须是国有的，农村土地只有被征用以后才能成为城市用地。② 如果完全按照法律规定，南海的存量集体建设用地只有变成国有土地以后才能用于城市建设，这显然与农民现有利益格局相冲突。其次，"三旧"改造需要对周边几个集体经济组织的存量建设用地连片开发。但是集体经济组织的权属错综复杂，即便在同一个集体经济组织名下，也有国有、集体、宅基地等多种权利性质。多个集体的土地权属更加复杂，开发难度

---

① 袁奇峰，陈嘉悦，赵杨，等.都市区乡村发展权的不均衡及对策研究：以南海区里水镇为例.现代城市研究，2022（03）：21-28.

② 张清勇.改革开放四十年征地制度的演进与展望.财经智库，2018（06）：44-63+142.

也更大。面对存量土地开发的困难，南海开展了新一轮的土地制度创新，在保障各方权益的基础上，促进土地集约有效利用，推进城市品质的优化提升。

2. 工业升级面临土地资源约束

工业用地供给尚不能满足大型龙头企业入驻需求。"南海制造"更偏向传统产业，实体经济强但结构层次不高，中小企业活跃但龙头企业少，经济总量大但时空容量趋于饱和，产业结构转型升级压力较大。[1] 引入"两高四新"大型龙头企业、产业链核心企业，对产业结构转型升级具有重要引领作用。但龙头企业用地需求普遍较高，目前南海工业用地供给严重不足，对于龙头企业引入构成直接制约。

3. 农业现代化中的土地和人才流动障碍

目前，南海的农业生产总值只占全区生产总值的1.8%，但农业所具有的不可替代性决定了它在地方发展中的重要性。[2] 具体到南海来说，就是要重视农业发展，要找到发展现代化农业的路径，因地制宜发展壮大农业。

对南海而言，打造强大的现代化农业，要锚定三个标准：一是农业的附加值要提高，农业中创造GDP的产业要是高价值农业，在全国、全世界要有竞争力；二是农业的劳动生产率要提高，农业所创造的生产总值与就业人口之间的比例要匹配；三是农业的土地利用效率、土地亩均收入要提高。而当前南海农业现代化却面临土地和人才要素的双重制约。

第一，农业用地资源紧张，土地制约因素依然突出。土地集约

---

[1] 郭炎，项振海，袁奇峰，等. 半城市化地区存量更新的演化特征、困境及策略：基于佛山南海区"三旧"改造实践. 现代城市研究，2018（09）：101-108.

[2] 袁帅. 佛山南海：以"新地改"撬动营商环境优化. 小康，2022（10）：62-65.

难、改造成本大,农业土地碎片化严重,且从国家宏观层面看土地政策正逐步收紧,下达的南海用地指标逐年减少,用地成本逐年攀升,缺少用地指标已成为当前困扰南海农业连片集约发展的最主要问题,对南海加快现代农业发展步伐构成明显制约。南海农业现代化的未来发展需要土地资源的双重保障:一是数量的保障;二是用地结构的保障,尤其是高标准鱼塘、预制菜等加工业、花卉种植基地、优质瓜果基地、农业物流园等现代农业核心载体的用地需求,需要通过各种方式予以保障。

第二,对高端人才的吸引力偏弱。这与南海较强的经济地位与区位优势不匹配。南海虽然在人口增长、城镇化率和人口年轻化方面排在国内前列,但从人口技能和学历结构上看,吸引和增加的人口仍以低端劳动力为主,很难吸引、留住高端人才,这与南海较强的经济地位与区位优势不匹配,也使南海的产业创新升级缺乏推动力。此外,调研还发现,涉农企业、农业服务组织、农业管理部门等,对农业技术人才需求旺盛,但常年招不来人,留不住人,不利于农业农村现代化发展。

究其原因,一是南海及佛山全域本身产业结构偏向低端传统,缺乏高端人才创业创新基础;二是深圳、广州占据产业价值链高端,对高端人才和产业具有强大吸引力,对包括南海在内的佛山全域形成人才虹吸效应;三是高端农业人才匮乏,还有涉农职业教育发展滞后的特殊原因。[①] 主要体现在:涉农办学经费投入不足,农业职业教育吸引力低,涉农专业"离农、去农"现象突出;农业职业教育发展水平难以适应农业农村现代化的需要,如专业建设力度不够、

[①] 梁雄飞,蔡立玳,何继红,等. 集体产业用地碎片化困境与空间治理转型:基于南海建设广东省城乡融合发展改革创新实验区的经验."实施乡村振兴战略的规划路径"论坛,2022:221 - 227.

师资力量薄弱、人才培养模式单一、课程设置和教学内容与生产实践脱钩、校企合作机制不畅且浮于表面等，导致人才培养层次难以匹配农业现代化转型升级的要求。

二、土地制度改革困局

（一）土地碎片化制约城乡经济高质量发展

1. 土地利用非农化程度高，但效益低、利用粗放

通过对集体土地的创造性开发，南海农村在各方面迅速实现非农化，创造了著名的南海模式，并为村集体和村民带来了丰厚的经济收益。进入城乡融合阶段后，南海土地空间面临"3个50%"的挑战[1]：土地开发强度超50%、612个村级工业园占全区工业用地超50%、经营性集体建设用地占集体建设用地超50%。更为严峻的挑战是，高土地开发强度与碎片化的土地利用并存，形成"反公地悲剧"。南海有农村集体经济组织2 300多个，南海最小农保区只有0.2亩，80%左右的农用地块在15亩以下，相当一部分工业地块在40亩以下。

同时，自下而上的发展过程形成了南海土地开发利用中以村集体为统筹单位、高度依赖租金收益的"租赁模式"。"租赁模式"下，（经济社、经联社等）集体经营管理者工作的首要任务是维持分红，村民对短期利益的追求胜过长期经济产出，在"重分配、轻积累"的机制下，南海集体经济表现出"有增长、无发展"的特征，造成占南海工业用地44%（2020年数据）的村级工业园呈现产业业态较为低端、土地利用强度不高、产出效率低等特点。

---

[1] 吴彩容. 农村集体经营性建设用地整备制度的实践效果及优化建议：以广东南海为例. 中国集体经济，2021（17）：3-4.

2. 土地开发治理的统筹单元太小，空间利用高度混杂

南海自下而上，以经济社、村集体，甚至村、组为单元对土地进行开发的过程，造成每个经济组织都按照自身利益需要进行工业开发、房屋建设等土地开发行为，土地开发治理的每个统筹单元的"理性"选择合并在一起，几乎所有经济组织的土地在空间上都分散成多块，造成南海土地利用的严重碎片化。

首先，历史上村集体自发、市场化的发展过程导致南海几乎所有经济组织的土地在空间上都分散成多块，相互穿插，各组织之间的用地边界形状扭曲、相互穿插，形成较多细小的插花地和边角地；其次，每个经济组织，不管多小，其土地开发都包括居住、工业、农业等类型，内部用地混杂，作为土地开发的基本单元，拼贴成行政村的空间景观，行政村又拼贴成整个城市的景观，形成南海物质与权属空间的双重破碎，工业用地与农村居住用地高度混杂，形成南海破碎的"城不城乡不乡"的空间景观。南海农村居民点与工业园零星分散，2020年面积在100亩以下的村级工业园占比仍然高达43%，2 304个集体经济组织作为土地所有权人各自为政经营土地，缺乏整体规划，公共基础设施、公共服务设施严重不足，非常不利于产业提升和城乡人居环境改善。

3. 耕地碎片化

以经济社为单位、破碎化发展的非农化过程也导致了南海耕地碎片化严重。2020年，南海52.8%的永久基本农田面积低于150亩，10亩以下版块达244个，大量农田甚至永久基本农田被城乡建设用地包围，与规模农业、效益农业、现代农业等高质量农业发展不相适应。南海城乡融合发展实验区建设的首要任务是推动城镇、农村、产业和生态合理分区、相对集聚、协调发展，促进城乡全面融合，永久基本农田调整问题成为阻碍"三生"空间（生产、生活、

生态）连片集聚的"钉子户"。目前在永久基本农田整改补足政策下，无法优化调整永久基本农田布局，推动城乡国土空间腾挪归并和连片升级改造存在困难。

总之，通过土地股份制、集体产权制度改革强化的集体所有权，在长达十多年的"三旧"改造探索中，基本形成了村集体与政府、企业等发展主体的博弈模式，但这种利益博弈的平衡仍局限于"一村一策""一项目一模式"。突破行政村、经济社边界的两种土地所有权之间的合作较少看到。其实质是各层级各类型主体之间地权博弈的碎片化。因此，在发展格局上，南海体现的是"镇自为战""村自为战"的碎片化格局，虽然在博弈过程中发挥了村集体的动力活力，但是难以形成国集合作的长久规则安排，无形中也提高了土地制度运行的制度成本和经济发展成本。

（二）集体土地与国有土地权益仍存在差距

1. 集体经营性建设用地入市在使用权能上仍受限制

虽然 2020 年施行的新《中华人民共和国土地管理法》解除了集体经营性建设用地入市的法律障碍，但是集体经营性用地入市在使用权能上仍然受到相当的限制。[①] 如现有法律规定，对于集体经营性用地，无论是所有权的权属人，通过初次流转获得使用权的权属人，还是通过再次流转获得使用权的权属人，都可以在符合规划和用途管制的前提下，利用集体土地从事工业、商业、旅游等经营性活动。但是未来相当长一段时期，我国将严禁集体经营性建设用地用于商品房开发，在集体建设用地上所盖的商品化住房也将仍然属于非法"小产权房"，同时近年来各地也显著加大了对此类违法建筑的查处

---

① 施梅. 土地管理法新修正：农村"三块地"改革的意义与乡村振兴. 区域治理，2020（02）：43-45.

与拆除力度。

之所以会出现上述情况，是因为目前来自商品住宅用地的土地出让金已经成为地方"土地财政"的最主要支柱，或者说是地方财政的"命根子"。在还没有配套财税政策可以让地方政府获得替代财源的情况下，如果允许集体经营性建设用地直接进入城市普通商品住宅的用地市场，那么不仅很多地方政府的财政利益会受到显著的负面影响，而且也会对已呈现泡沫化的城市商品房市场带来更大的冲击。由此可见，在地方政府对一般商品住宅用地出让金高度依赖的现状下，短期乃至中期内都不可能推动集体建设用地进入商品房用地市场。因此，现有的存量集体建设用地就只能进入工业、商业以及租赁住房用地市场。虽然2017年开始中央允许集体建设用地进入城市租赁住房用地市场的试点，但到目前为止，由于担心影响财政收入及投资回收期太长等原因，地方政府的积极性仍然不高，规模也相当小。

2. 集体经营性建设用地入市缺乏竞争力

地方政府在招商引资竞争中所提供工业用地的净地价往往非常低，甚至很多地区还在土地出让和投资到位之后返还一半乃至全额的工业用地出让金。在这种情况下，与政府配套服务更为到位，基础设施日益完善，以及所建工业厂房使用国有土地且是"大产权"的国有工业用地相比，集体经营性建设用地在城市工业用地市场上缺乏竞争力。

集体经营性建设用地进入工业用地领域的竞争力下降。最近10多年来，受我国经济增速放缓、制造业产业升级、低端制造业产品国际竞争力有所下降等因素的影响，珠三角的不少城市也开始出现制造业出口增速下降、停止增长甚至出口绝对值有所下降的情况。[1]

---

[1] 孙秋鹏. 集体经营性建设用地：入市与地方政府行为. 上海经济研究, 2020 (11): 5-18.

近几年来，珠三角很多村集体的工业用地租金基本没有增长，甚至还有不少集体土地因工厂直接倒闭或向欠发达地区国有工业园及其他后发国家迁移而出现了较大范围的闲置。即使村集体仍有部分的集体建设用地还在出租，其对象也大都是未来大概率会被淘汰的一些低端产业。从这个角度观察，即使是村集体工业用地早已大规模入市的南海地区，在国有工业园区日益强大的竞争压力下，经营性建设用地为村集体持续创收、增收的前景也并不乐观。

集体经营性建设用地进入城市商业、办公用地市场的前景也不容乐观。首先，地方政府很容易通过城市规划实施土地用途管制来限制村集体经营性建设用地实现增值的机会。特别是地方政府有用途的国有土地可以出让时，往往会约束集体经营性建设土地入市。其次，由于相当长一段时期内政府为应对城市住宅价格过快上涨实施了多轮商品住房市场的调控措施，我国经济中的大量过剩流动性早就大规模涌入了各级别城市的商业、办公、酒店等行业并进行相应的土地开发与资产运营。到目前为止，中国大部分一二线乃至三四线城市的商业、办公、酒店等商业地产已出现供应过剩。甚至近年来不少城市还出现了商业地产租金明显下跌以及资产回报率迅速下降的情况。[1] 在这个过程中，甚至还出现了不少城市政府商业、办公用地出让金单价下降，出让总金额停滞的不利局面。因此，整体而言未来集体经营性建设用地成规模进入城市商业、办公用地市场的前景不容乐观。

由此可见，土地市场顶层设计希望大力推动集体经营性建设用地入市并结束多年来国有、集体土地"二元体制"的法律行动，未来将会面临诸多的利益冲突与现实困难，其中不仅仅是因为中央与

---

[1] 张博为. 如何参与农村集体经营性建设用地的开发：解读集体经营性建设用地入市的机遇与挑战. 住宅与房地产，2020（11）：40-43.

地方政府之间存在"激励不相容"问题,而且还因为存量工业、商业、办公用地已整体过剩,难以为集体经营性建设用地入市提供太多增值空间。

(三) 土地结构和布局不合理

南海区土地开发强度超过50%,并且伴随着建设用地零星分布、碎片化,土地利用低效、无序和闲置问题,同时耕地也存在布局分散、非粮化现象明显等问题。[1] 改革开放以来,南海存在大量以村、组为开发主体的村级工业园,而且早期开发往往具有随意性,缺乏整体规划,造成了村级工业园的碎片化分布以及居住、产业、耕地"插花"式混合格局,非常不利于产业提升和城乡人居环境改善,亟待通过全域土地综合整治这一综合性手段破解。

1. 四大空间相互穿插,碎片化程度高

从空间景观上来看,城市产业园区穿插菜地、农村的桑基鱼塘间分布村级工业园是较为普遍的现象。以2020年度变更调查数据为基础,划分城镇空间、产业空间、农业空间、生态空间。城镇空间包括住宅用地、商业服务设施用地、公共服务设施用地等,主要分布于大沥镇、桂城街道;产业空间主要为村级工业园、其他国有工业平台,穿插分布于各个镇(街道);农业空间包括耕地、园地、村庄、基塘等,主要分布于九江镇、西樵镇、丹灶镇、狮山镇、里水镇;生态空间包括水、林、草等。南海区四类空间相互穿插,碎片化程度高。

2. 推动城乡用地结构性调整面临的主要困难

第一,农业、生态空间连片集聚经济动力不足。调研发现,由

---

[1] 黄利华,李汉飞,焦政. 集体土地主导权下的城市更新路径研究:以佛山市南海区为例. 规划师,2022(10):74-79.

于农业、生态用途土地租金收益远低于建设用地开发，农民集体对通过调整规划等方式将土地用于非农开发以获得土地价值增长抱有期望，对参与农业空间连片集聚、腾退生态保护红线内不符合管控要求的建设用地动力不足。此外，南海区生态旅游、农业观光、现代农业产业项目发展现状并不乐观，普遍都因点状供地、设施农用地政策障碍而难以提供足够的乡村旅游、现代农业设施用地，影响了农业、生态空间的自我造血功能，造成市场主体难以对农业空间加大投入、形成适度规模经营。

第二，房地产用途收益过高导致其他政策路径难以实施。调研发现，由于存量用地改造为房地产用途成本小、收益高，导致社会资本及村集体更热衷于将工业用地改造为房地产用途，"工改工""工改农"（复垦类）动力严重不足，南海区2012—2020年"三旧"改造出让为居住、商业用途占比分别达50.28%、21.06%，工业用地通过改造转为居住、商服用地逐步侵蚀了南海区的制造业根基。此外，大量工改居项目的推行和土地增值收益让利，导致政府提供教育、医疗等各类公共用地和公共服务的长期财政压力骤增，也直接抬高了征地收储、"工改工""工改农"（复垦类）成本，但是"三旧"改造的社会公共效益却未充分发挥，改造实际提供的公益性配套用地占比仅为18.79%，远低于深圳市城市更新公共设施用地实际移交率30%。

第三，城乡用地的分散化利用缺乏政府统筹和规划引领。长期以来，南海区存在2 304个集体经济组织作为集体土地所有权主体，造成国有土地与集体土地、不同集体经济组织之间的集体土地犬牙交错，人为的产权分割使得物理形态上连片的建设用地开发区域难以按照规划进行高效利用与连片开发。此外，南海区"三旧"改造、村级工业园改造、集体经营性建设用地入市、地券、农用地流转等政策的推行大多由社会资本和村集体以"项目制"方式推动,政府对空间资源配置缺乏主动权,缺少从区级层面规划对空间布局的整体引导和管控,难以达到改善城乡用地结构、升级产业的目的。

第二节 土地综合整治和土地制度改革并行

2019年7月31日,广东省委全面深化改革委员会同意佛山市南海区建设"广东省城乡融合发展改革创新实验区"。作为广东省唯一的省级城乡融合发展改革创新实验区,南海区聚焦解决城乡土地利用碎片化及由此带来的一系列制约高质量发展的难题,以全域土地综合整治为突破口,以土地制度改革为着力点,力争破除城乡融合和土地制度改革面临的种种困局,实现新时代城乡高质量融合发展。

一、全域土地综合整治与土地碎片化

南海区是改革开放的先行区,从农村、土地入手,通过激活土地要素流转,启动工业化、城市化进程,再用工业反哺农村,走出了一条接地气的城乡融合发展改革道路,为南海区奠定了坚实的经济基础。但随着南海区工业化、城镇化和农业现代化的快速推进,这种"以土地换租金、以空间换增长"的经济增长方式,已经触碰到天花板。[1]自然资源和生态环境约束日益凸显,城乡用地失衡、耕地碎片化、产业空间布局破碎与土地低效利用等问题,制约了南海区的高质量发展。

---

[1] 吴彩容. 农村集体经营性建设用地整备制度的实践效果及优化建议:以广东南海为例. 中国集体经济,2021(17):3-4.

（一）土地综合整治的背景和意义

南海区土地开发强度超过 50%，并且伴随着建设用地零星分布、碎片化，土地利用低效、无序和闲置问题，同时耕地也存在布局分散、非粮化现象明显等问题。改革开放以来，南海存在大量以村、组为开发主体的村级工业园，而且早期开发往往具有随意性，缺乏整体规划，造成了村级工业园的碎片化分布以及居住、产业、耕地"插花"式混合格局，非常不利于产业提升和城乡人居环境改善，亟待通过全域土地综合整治这一综合性手段破解。

2020 年 9 月 19 日，广东省委全面深化改革委员会印发《佛山市南海区建设广东省城乡融合发展改革创新实验区实施方案》，提出要开展全域土地综合整治，科学合理布局生产、生活、生态空间，推动城镇、农村、产业和生态功能合理分区、相对集聚、连片开发。为此，南海区申请开展全域土地综合整治试点工作，谋划以空间结构大调整带动城乡土地、产业、生态面貌的根本性提升，推动形成一批农田集中连片、农业规模经营、村镇美丽集聚、环境宜居宜业的示范点，促进南海区城乡高质量融合发展。

南海所面临的发展瓶颈及问题在粤港澳大湾区具有高度的共性和代表性，改革所形成的成果及经验具有广阔的复制与推广空间，授权南海开展以区为单元的全域土地综合整治试点改革，无疑将为大批与南海一样处在一线核心城市周边城乡接合部的地区如何突破自身瓶颈、实现破茧重生提供试验田、样本区，为这些地区实现城乡高质量融合发展探索新路径。

（二）全域功能分区划定

1. 划定方法

以国土空间规划"四集中"战略为引领，根据南海区的自然生态条件、建设现状、产业发展现状和导向，将全域土地综合整治试点项目划定为农业集中区、生态保护区、工业集聚区及城镇建设区共4类功能区。单个功能区不低于1 000亩，主要以河道、山体、道路、村庄等自然地物，城镇开发边界、生态保护红线、水利蓝线、一般生态空间等规划控制线，产业社区连片改造、城市更新、万亩千亩公园等项目范围线以及各级行政界限为边界，保证片区划定边界四至清晰。

在保证边界四至清晰的前提下，农业集中区划定时主要参考永久基本农田、桑园围遗址、高标准农田、粮食功能区及现代农业产业园区，选择农业基础好，现状为耕地、坑塘、园地等农用地的集中区域；生态保护区以生态保护红线为核心，依托蓝线、绿线等控制线体系，参考一般生态空间，划定西樵山、金沙湿地、东风水库等生态资源富集的区域；工业集聚区划定主要参考工业用地红线、佛北战新区，明确产业集约发展的鼓励增长空间范围；城镇建设区主要选择城镇开发边界内、工业集聚区外区域。

2. 划定方案

南海区全域共划定96个功能区块，其中农业集中区26个，主要分布于丹灶镇、西樵镇及里水镇北部等乡村地区；城镇建设区32个，主要分布于桂城、大沥、里水等广佛全域同城发展轴和丹灶金沙、狮山东部及西樵北部地区；工业集聚区22个，主要分布于狮山镇、里水镇、丹灶镇北部等地区；生态保护区16个，主要为西樵山、金沙湿地、西江、北江等生态资源富集地区。

3. 分区整治模式

不同功能区整治模式指引基于各功能分区现状特征及未来规划导向，提出不同功能区内的整治侧重点，并构建不同的土地整治模式，推动南海区全域格局优化，空间集聚高效（见表5-1）。

表 5-1 不同功能区整治模式指引

功能分区	整治模式	整治重点及思路
农业集中区	土地整治＋现代农业示范 土地整治＋农文旅融带动 土地整治＋美丽村庄建设	1. 通过开展耕地功能恢复、建设用地复垦、高标准农田建设、耕地质量提升等项目，形成农田集中连片，作为永久基本农田整备区； 2. 依据地区特色，整备一定规模集中连片的农用地，以便土地流转，实现农业规模化经营，发展特色现代农业，建设现代农业示范园； 3. 结合村庄现状条件，发展休闲旅游农业、开展美丽乡村建设、提升人居环境。
城镇建设区	土地整治＋城中村改造	大力推进城市更新（"三旧"改造），通过城中村改造，加快城乡融合发展，提升城市面貌，促进土地节约集约利用，改善居住和生态环境，提升居民生活水平。
工业集聚区	土地整治＋连片产业改造 土地整治＋产业聚集增效	以"减量、集聚、整合、提升"的思路，对区内混杂的工业园区有步骤地拆建并举、拆绿并进、拆复同步，以提升产业产出效益。
生态保护区	土地整治＋生态公园建设 土地整治＋生态保护修复	推动生态公园建设、万里碧道建设、河心岛修复，整合南海区全域生态资源，织补生态网络，结合周边功能，适度植入文化、体育、休闲、观光等多种功能，升级建设生态新业态，丰富优质生态产品供给，灵活利用生态空间，实现生态价值转换升级。

4. 重点整治单元划定

全域整治2年试点实施期间，在各类功能分区的基础上，综合考虑项目集中度、实施规模及整治意愿等因素，选取由一个或若干个连片的整治项目组成的区域，作为各镇（街道）重点整治单元，单元内以核心项目作为整治的主要任务主题。共划定49个重点整治单元，其中农田连片建设型整治单元4个、城中村改造型整治单元15个、连片社区改造型单元20个、产业拓展型整治单元6个、建设用地腾退型整治单元3个、生态修复型整治单元1个。

(三) 土地整治内容

1. 农用地整治：开展农用地整治，实现耕地增量提质连片，助推现代高效农业发展

以农业空间连片集聚发展和归并零散稳定利用耕地为目标，统筹推进耕地提质改造、宜耕后备资源开发、高标准农田建设以及农田基础设施建设等工作，在优化耕地布局、增加耕地面积的同时，提高耕地质量和连片度，为农业适度规模经营和发展现代农业创造条件；结合永久基本农田整改补足要求，开展耕地功能恢复工作；针对南海区农业发展实际，开展鱼塘整治工程和桑园围地区保护修复工作。确保耕地质量有提升、新增耕地面积原则上不少于原有耕地面积的5%。

为优化南海区空间布局，促进耕地集中连片，在保护生态环境的前提下，对区内未利用地、园地、坑塘水面等宜耕后备资源进行开发，通过土地平整、田间道路、灌溉排水、农田防护与水土保持等工程，实现与周边耕地集中连片，增加有效耕地面积，缓解耕地占补平衡压力。同时通过增施有机肥、秸秆还田、合理轮作、种植绿肥、平衡施肥等措施进行土壤培肥和改良，以提升耕地质量，改善农业生态环境。

第一，提质改造项目。为提升耕地质量，提高耕地持续生产力，对地势平坦、水源充足、土壤肥沃的旱地或水浇地按照垦造水田工程标准开展旱地改水田或水浇地改水田工程。通过地块挖填整平、田坎砌筑、修建灌排水渠、机耕路等工程建设，以及通过增施有机肥和秸秆还田技术，实行耕地修复养护，推进农田防护与生态环境建设等，稳步提高农田抗灾减灾能力，提升耕地质量，提高耕地生产能力，改善农业生态环境，促进农业可持续发展。提质改造项目

主要分布于丹灶镇塱心村、石联村、里水镇里水村等村。引导农田田成方、渠相连、路相通，灌溉水有效利用系数不低于0.75，田间工程配套率达到100%。

第二，耕地功能恢复。在全面摸清底数的基础上，对区内可恢复的园地、林地和坑塘水面等进行耕地"非粮化"整治，对现有种植苗木花卉、挖塘养殖水产等清理腾退区域，通过作物移除、客土回填、土壤修复、基础设施建设等措施，恢复粮食生产条件。同时整合周边水田、旱地等可种植区域，进行质量提升改造，以优化耕地布局，提高耕地质量和集中连片度，提高粮食综合生产能力。耕地功能恢复项目主要位于2017年永久基本农田范围内，分布在里水镇小垵村，狮山镇南浦村、象岭村、新和村等村，与现状稳定耕地集中连片。

第三，高标准农田建设。高标准农田建设项目集中分布于狮山镇永安村，工程内容包括土地平整、农田水利、耕地质量、农技服务、机耕道路、农田防护、生态保护等工程，积极通过推广秸秆还田、绿肥种植、增施有机肥料、酸化土壤改良、水肥一体化等培肥改土技术，改善土壤环境，提高耕地持续生产力。

第四，鱼塘整治。为减少渔业养殖水对环境水体的影响，保护渔业水域生态环境，提升养殖水产品质量安全水平，以水产养殖尾水达标排放或循环利用为目标，实施养殖池塘标准化改造项目。工程内容包括池塘布局重划、方格化改造池塘、全面清淤、重修进排水渠、组建养殖尾水治理设施（三池两坝）等，有必要的可重修机耕路。

2. 建设用地整治：开展低效建设用地减量化工作，促进产业用地集中集聚；盘活存量建设用地，优化用地结构布局

以打造连片产业用地和腾退低效、零散建设用地为目标，结合

国土空间规划、佛北战新产业园总体规划、工业用地红线等，充分调查摸清区内零碎、分散的村级工业园、生态保护红线和蓝线内建设用地、废弃工矿用地、违法建设建筑等家底，科学划定腾退区和工业集聚区，建立拆旧复垦和生态修复潜力区域数据库，按照"宜耕则耕、宜林则林、宜草则草"的原则，开展拆旧复垦和生态修复工作。

统筹城镇建设、产业发展、基础设施建设、农村新型社区建设等各类用地需求，有序开展村级工业园、城中村、工矿废弃地、城镇低效用地以及其他低效闲置建设用地整治，调整建设用地空间，优化用地结构布局，提升集约节约用地水平，为城乡融合发展提供用地保障。同时，结合"三旧"改造、"村级工业园升级改造"、"百里芳华乡村振兴带"等工作，创新拆后土地利用政策，提高拆后土地利用率；加大村庄内部挖潜，特别是城中村整治力度，最大化释放存量建设用地资源潜力。

第一，建设用地腾退项目。为促进南海区建设空间集约高效、农用地规模有效增加、生态空间提质增效，对生态红线、自然保护地、河湖蓝线、水源保护区等重要生态空间内低效建设用地优先腾退，引导城镇开发边界外零散产业用地向工业集聚区内集聚，对连片农田范围内零散建设用地进行整理，结合周边地类情况，宜田则田、宜水则水、宜林则林，因地制宜开展建设用地复垦复绿工作，有效改善生产、生活、生态条件，工程内容包括土地平整、耕作层恢复、农田水利、田间道路等，并通过增施有机肥、种植绿肥、引进先进耕种技术等，提高耕地持续生产力。做好客土土质检测工作，防止污染性土壤进入项目区。建设用地腾退项目中建设用地复垦项目有529.7661公顷，建设用地复绿项目有148.7856公顷。

第二，产业社区连片改造。为推动南海区城乡融合发展，综合考虑各镇（街道）现状的传统支柱产业和新兴产业的未来发展需求，实施爱车小镇、夏南片区、平州工业园、怡海湖产业社区、中兴新城产业社区、临港国际·新田智造新城片区、联创智慧产业园、樵南国际产业社区、城西片区、大金智地片区、大榄佛陶村级工业园、五星工业园、凤梅岭村级工业园、山南·湖马片区、全球创客产业中心、西部产业社区、沥桂新城中轴核心区、大冲科技生态园、文头岭产业园、东部工业园共计20个产业社区连片改造项目，通过对村级工业园进行连片改造，拆除重建或微更新，完善配套产业链，丰富平台载体功能，重塑生产生活生态空间。

第三，商贸转型升级。结合区委、区政府对传统产业转型升级"六个融合"的工作要求，需规范旧专业市场的经营管理，提升市场形象，大力发展商流型经济，构建商贸转型新格局，用新兴商贸流通项目倒逼传统专业市场升级改造。全域整治期间，重点推进环球水产品工贸一体项目、五金全球采购中心2个专业市场转型升级项目，树立转型升级标杆，以点带面，倒逼传统专业市场升级改造。

第四，城中村改造。为促进城乡统筹发展、提升城市村容村貌，全域整治期间，实施20个城中村改造项目，主要建设内容为引入市场改造主体、编制项目实施方案及拆迁补偿安置方案并表决通过、实施签约、启动协议出让、动工建设，打造"功能齐全、配套完善、出行方便、整洁美观、安全有序"的品质村居，提升旧村土地价值和村民集体收益。

3. 生态保护修复：推进受损生态空间修复治理，增绿增湿增景，促进生态环境系统重塑

按照山水林田湖草沙系统治理要求，结合农村人居环境整治，优化调整生态用地布局，统筹推进河心岛治理、黑臭水体治理、河涌治理、碧道建设、损毁土地复垦、矿山地质环境治理、土壤污染防治、水土流失治理等项目，保护和恢复乡村生态功能，同时结合城镇空间发展诉求，增设口袋公园等生态节点，满足城市居民以及乡村农户对优质生态环境的需求，维护生物多样性，促进区域生态环境保护提升。试点期内推进13个万亩千亩公园建设、20个河心岛修复、130.7公里碧道建设；结合实际情况推进同步开展矿山修复、土壤污染修复、水体污染治理、历史损毁土地修复和增绿行动等工作。

第一，碧道建设。实施期间，南海区落实省委省政府高标准建设广东省万里碧道的工作部署，通过对现状河湖水系、岸线建设规划等的梳理，从水环境治理、水生态保护与修复、水安全提升、特色与景观营造、游憩系统构建5个方面，打造130.7公里具有南海特色的碧道示范段。

第二，万亩千亩公园建设。实施期内，南海区高起点高标准高质量规划建设8个万亩公园、5个千亩公园，通过实施系统的生态保护和修复，推动城市周边森林绿地和田园的生态化、景观化、景区化，打造成为"山水相融、林田交错、天然野趣、乡韵悠长、鹭鸟群飞"的城市生态开放空间，加快形成生态优先、主题突出、特色鲜明的万亩千亩公园群，实现城市建成区及自然村落、森林、田园和水系有机融合。

第三，河心岛修复。根据《佛山市河心岛生态修复五年延伸行动方案》，提出以创建生态修复示范岛做示范引领，明确了南海区平沙岛为佛山河心岛生态修复的示范岛，实施期内，根据本岛特点，制定相应的修复方案，包括但不限于丰富本地自然生态动植物群落，扩大森林覆盖率，促进河心岛自然生态系统的恢复，有序、逐步地限制和清除现状村居以外的各类开发建设，恢复自然生态，改善河心岛生态环境等内容。

4."三券"制度探索

值得一提的是,在南海的土地整治中,创造性地探索制定了"地券""房券""绿券"制度,完善全域土地综合整治项目资金管理、项目实施管理及容缺容错审批等管理办法,构建全域土地综合整治市场化运作及区域协调发展机制,保障全域土地综合整治项目的稳妥推进。

地券是指在国土空间规划的引领下,运用相关土地管理政策,土地权利人自愿将其低效、闲置、废弃的建设用地腾退并复垦为农用地后形成的指标凭证。地券主要解决用地空间腾挪问题,通过简化表决流程、适当放宽拆旧复垦地类限制、允许因地制宜复垦为坑塘水面、立项审批和验收由县级自然资源主管部门实施、争取复垦地块验收后形成预留城乡建设用地规模台账和建立周转"指标池"等,加快推进拆旧复垦项目。

房券是指在产业用地集聚提升过程中开展产业用地腾退时,根据村(居)集体经济组织所有的集体经营性建设用地或国有划拨留用地以及地上房屋(非住宅用途,以下简称"物业")现有租金收益以及实施成本情况,在实施物业拆除及土地复垦复绿工作后向村(居)集体经济组织以及实施主体提供的产业保障房兑换凭证和租金收益兑付凭证。房券主要保障发展权问题,在产业用地退出并集聚提升过程中,补充实物补偿形式,强化产业用地升级改造或退出的内生动力,保障农村集体土地所有权人的可持续收益。具体通过核定退出的产业用地上原物业或土地的情况,确定可兑换的产业保障房面积,并兑换政府建设的产业保障房,以实现产业用地的集聚提升。另外,对主动垦造水田、恢复耕地等给予一定奖励。对于连片农用地整理中涉及新增稳定耕地划入永久基本农田的,可以奖励房券。

绿券是指现状建设用地因不适宜复垦为连片农用地，但通过复绿后符合城市绿地发展或具有一定生态价值，验收后按照一定比例兑换新增建设用地指标的奖励凭证（"三旧"改造项目要求落实的绿地除外）。绿券主要平衡城市发展与生态保护问题，鼓励边角地整治探索，实行用地指标奖励，提升城市生态品质。

二、消除城乡土地利益鸿沟

城乡区域发展不平衡是南海高质量发展的最大短板。国有与集体土地同地不同权不同价，则是阻碍城乡融合的障碍。[1] 推动广东省城乡融合发展改革创新实验区建设，南海重点做好土地文章，通过体制机制创新，激活农村集体土地，让更多沉睡的农村集体土地顺畅地走进市场。针对南海集体建设用地占总建设用地的比重高，集体建设用地利用效率低、权益保障不充分等痛点，南海积极探索，逐步推动集体经营性建设用地与国有建设用地同权同价、同等入市。

1. 突出土地同权同价，初步构建起以集体土地入市机制为核心的土地要素市场体系

在之前的农村社区工业化中，星罗棋布的民营企业将南海的土地利用切割为破碎的板块，导致城乡空间格局不成型、产业不连片不成带，使得南海城市面貌和产业提升难以突破瓶颈。而土地连片开发，面临着国集不同权不同价的难题。对此，南海区以集体土地入市机制为核心，率先探索租赁产权登记，在全国首创允许租金收益权质押，允许集体土地上的产业载体办理预售及分割登记、分拆销售，推动城乡土地同权同价，初步形成了城乡统一、国集互补的建设用地市场。

---

[1] 王飞虎，陈满光，刘丽绮. 城乡融合发展试验区存在问题及应对策略. 规划师，2021 (05)：12-18.

2. 以租赁产权登记，畅通抵押质押融资渠道

为了推动城乡土地同权同价，南海区积极为集体土地松绑，率先探索租赁产权登记，符合相关规定的允许承租人办理土地使用权登记，有效保障了用地企业权益，大大提高了集体土地的市场吸引力；畅通抵押质押融资渠道，在全国首创允许租金收益权质押。

根据《佛山市南海区农村集体经营性建设用地产权登记管理试行办法》，集体租赁土地办理不动产登记的，使用权人为承租人，权利性质为"集体土地租赁"，土地使用期限为租赁合同的起止时间。附记栏标明：承租人违约或者租期年限届满后，土地使用权及地上建筑物、构筑物所有权按照合同约定处置，未约定的，由村（居）集体经济组织无偿收回；经村（居）集体经济组织召开成员大会表决同意，承租人可以转让土地租赁合同，租赁合同约定的权利义务随之转给第三人，承租土地使用权及地上建筑物、构筑物所有权由第三人取得，可以申请办理转移登记；承租人在按规定支付土地租金并完成开发建设后，可以将承租土地转租或分租给第三人的，承租土地使用权及地上建筑物、构筑物所有权仍由原承租人持有；人民法院司法处置租赁集体土地使用权的，须先行征询自然资源部门意见。

土地使用者可持出让或者租赁取得的土地使用权证书，向规划部门申请建筑规划许可、向住建部门申请建筑工程施工许可建造房屋等建筑物、构筑物，竣工验收合格后，可申请办理建筑物、构筑物所有权的不动产首次登记。

创新实施租赁产权登记制度，允许承租人办理土地使用权登记，有效保障了用地企业权益，大大提高了集体土地的市场吸引力。当前，南海区集体与国有建设用地逐步趋向同权同价，城乡统一、国集互补的建设用地市场初步形成，70%以上的产业用地来源于集体

建设用地，工业用地成本明显降低，腾龙数据中心等百亿级项目在集体土地上落户。市场参与空间重构的积极性高涨，目前有社会资本参与的村改项目占比达79.7%。[①]

(一) 允许集体土地上的产业载体办理预售及分割登记、分拆销售

农村集体经营性建设用地产业载体项目（以下简称"产业载体项目"），是指经认定的农村集体经营性建设用地以商服、工矿仓储用途进行开发，按规划、依据经审图机构审查合格的建筑施工图纸对房屋基本单元进行分割登记、分拆销售的开发项目。

产业载体项目用房分为产业用房和配套用房，产业用房可以分割登记、分拆销售，并可转让、出租、抵押；配套用房不得分割登记、分拆销售。根据《佛山市南海区农村集体经营性建设用地入市管理试行办法》，农村集体经营性建设用地产业载体项目，所建产业用房可以分拆销售的比例为：

(1) 以工矿仓储用地进行开发的，可以分拆销售的产业用房计容建筑面积比例不超过产业用房总计容建筑面积的70%，其余部分自项目竣工起10年内不得转让、抵押。

(2) 以商服用途进行开发的，可以分拆销售的产业用房计容建筑面积比例不超过产业用房总计容建筑面积的90%，其余部分自项目竣工起10年内不得转让、抵押。

允许集体土地上的产业载体办理预售及分割登记、分拆销售，进一步释放集体建设用地权能，帮助用地企业提高资金运转效率。允许认定为工业载体的集体经营性建设用地入市项目、一定比例的产业用房按审定的房屋单元分割登记、分拆销售，充分释放集体土

[①] 袁奇峰，陈嘉悦，赵杨，等．都市区乡村发展权的不均衡及对策研究：以南海区里水镇为例．现代城市研究，2022（03）：21-28．

地二级市场活力,提升集体建设用地市场价格。该政策的实施极大地完善了集体土地权能,使得更多高规格重点建设项目的投资者把目光投向集体土地。

西樵镇的五八科创产业园,是全国首例集体建设用地产业载体分割销售项目。通过创新集体建设用地入市流转出让模式,实行"一次性收取流转出让金+逐年收取公共设施租金",既保障了村集体长期收益,又降低了集体土地入市门槛。[①] 首期产业用房经分割销售,吸引了智能装备制造、新材料、电子信息等高新企业入驻。

专栏 5-1　　集体工业载体分割登记分拆销售案例
——西樵五八科创产业园项目

西樵五八科创产业园项目总面积约 400 亩,位于西樵镇环山路与青龙路交会处东侧。项目改造模式是集体土地"工改工",所有权人为山根经济联合社、山根村樵阳经济社、山根村樟坑经济社,由山根经济联合社作为土地前期整理方,将地上建筑物全部拆除并完善用地手续,通过集体土地流转出让给佛山五八众创园科技有限公司。西樵五八科创产业园定位为以产业互联和智能应用为主导,重点引入智能制造、工业互联网、产业大数据、研发设计等创新业态,打造以"高技术制造、研发中试、检验检测、展览展示"为核心功能的科技创新产业载体,补链强链当地优势产业,打造南海区标杆产业社区。五八科创产业园经区政府批复认定为农村集体经营性建设用地工矿仓储产业载体项目,其产业用房可分割登记、分拆销售,且分拆销售的每套单位建筑面积不少于 800 平方米。

作为佛山首例可分割销售集体流转"工改工"项目,位于西樵的五八科创产业园项目首期即将竣工,招商工作已全部完成,引入了意

---

① 袁帅. 佛山南海:以"新地改"撬动营商环境优化. 小康, 2022 (10): 62-65.

向进驻企业14家，涵盖智能装备制造、新材料、电子信息等高科技领域。

为了鼓励集体土地入市，南海还创新利益共享机制，努力降低入市税负，实现土地出让除企业所得税、印花税外的零税负，累计减免税费超7亿元。同时明确规定，集体土地入市收益85%以上归属村集体，工业用地"集转国"出让地价款全额返还给村集体，引导村集体提留不少于40%的收益用于村集体长远发展。

据统计，2021年，南海的集体建设用地入市共48宗，用地面积约1 002.58亩。[1]

通过一系列举措，南海区集体与国有建设用地逐步趋向同权同价，城乡统一、国集互补的建设用地市场初步形成，集体土地入市积极性、市场吸引力大为提升。全区70%以上的产业用地来源于集体建设用地，工业用地成本明显降低，吸引了腾龙数据中心等百亿级项目在集体土地上落户。

（二）强化市场参与，初步构建起以利益均衡机制为核心的城市更新（"三旧"改造）政策体系

南海区推进"三旧"改造的过程中，在优化土地利益分享机制、创新改造用地供地方式、推动成片连片项目改造等方面实现了重大改革创新，推进"三旧"改造促进了土地节约集约利用，为城市发展、产业升级腾出了空间。

南海自2007年开始实施"三旧"改造，2014年8月成为广东省新一轮深化"三旧"改造综合试点，多年来，改造规模在全市乃至全省均名列前茅，连续7年获得佛山市"三旧"改造考核一等奖。

---

[1] 黄利华，李汉飞，焦政. 集体土地主导权下的城市更新路径研究：以佛山市南海区为例. 规划师，2022（10）：74-79.

但是，随着"三旧"改造进入深水期，城市更新工作进入瓶颈期[1]，改造比例失衡问题突出，"工改居"的偏多，"工改工"难度大。南海迫切需要释放新一轮政策红利，掀起"三旧"改造新高潮，通过空间格局再造，为高质量发展新南海提供支撑。

1. 试行"毛地"入市，破解集体土地上产业空间提升受限难题

所谓"毛地"入市，是指未达到手续齐全条件（有集体所有权证，没有集体使用权证）或土地上盖建构筑物租约未到期的农村集体建设用地，允许上平台招商。

在南海区的城市更新"三旧"改造项目中，允许未达到手续齐全条件或土地上盖建构筑物租约未到期的农村集体建设用地，在土地权属清晰的情况下，通过公开上平台竞投招商，市场改造主体同时作为土地前期整理人和入市的成交人，既负责土地前期整理工作，也负责土地开发工作。

根据《佛山市南海区城市更新（"三旧"改造）实施办法》，已纳入"三旧"标图建库范围的农村集体经营性建设用地改造项目（即保持集体建设用地性质的"工改工"、"工改商"或"商改商"项目），允许以"毛地"入市，即结合土地前期整理一并通过镇农村集体资产交易平台选取市场改造主体，市场改造主体同时作为土地前期整理人和集体土地入市的成交人，既负责土地前期整理工作，也负责土地开发工作。"毛地"入市政策可以引导现有租户带租约进行升级改造，提高现有租户的改造动力，既破解了存量集体土地发展瓶颈制约，又提高了村集体的收益。

大沥镇沥北湖马工业区是佛山市首个通过"毛地"入市政策上平台公开竞投引入投资开发商、实现村级工业园连片开发改造的"工

---

[1] 赵杨．"三旧"改造中土地发展权的博弈：以佛山市南海区为例．广州：华南理工大学，2022．

改工"项目,在数年经营后,该地块亟待改造升级,但因属于租约未到期"毛地",入市受限,无法进行系统的布局改造。而在"毛地"入市政策推出后,村集体可以通过土地整理的方式,提前选取新的市场改造主体;市场改造主体也可以制度性保障土地租约解除或者拆除工作完成后直接获得使用土地的权利,提前锁定适合企业发展的土地。[①]

大沥镇党委主要负责人介绍,"毛地"入市放宽了集体经营性建设用地入市的标准,市场的疑虑被打消,产业升级的空间也打开了,能够更充分地利用市场力量,盘活土地资源。[②]

专栏5-2　　"毛地"入市案例——大沥湖马工业区项目

大沥湖马工业区项目位于沥北社区,桂和路以南,联江路以西,是村级工业园改造提升认定项目,规划总面积约200亩。改造方向为工业,主导产业为高科技含量、新型材料、高新技术产业。

项目总面积约200亩,分两期开发。项目一期约合31亩,沥北经联社采用自筹资金,以厂房置换的改造模式对项目地块实施改造。具体实施改造方式为:对部分已到期租赁土地进行拆除重建,保留原地块租赁的优质企业,在保留集体土地性质的前提下,沥北经联社通过自筹资金自建多层厂房,建成后对外进行招租。

项目二期约合164亩,通过大沥镇"毛地"入市政策,提前终止目前租约,上平台公开竞投引入投资开发商,由佛山市星中创驷弘项目投资有限公司竞得并负责土地整理和后期开发建设,该项目规划总建筑面积为30万平方米,预计土地正式移交后3年内可建成投产。土地整理工作包括原租约解除、地上建筑物拆除、土地证办

[①] 李金红. 广东南海"地改"破解"土地碎片化利用"之困. 经济参考报, 2021-11-16.

[②] 黄轶彤, 刘成, 李翠姗, 等. 南海区大沥镇万象更新 擘画发展新图景. 佛山日报, 2022-10-13.

理、规划设计条件申请。届时，该项目将以先进制造、高端装备、新材料新能源产业领域为核心，引入高新科技企业和高端人才，打造成产业化、多样化、高端化、集体化、区域化的现代科技产业。

推行"毛地"入市政策至少有以下几大好处。一是鼓励村集体提前盘活低产值土地，增加集体收益；二是通过出台政策，制度性保障企业利益，激发市场动力；三是拓展企业发展空间，增加财税收入，消除各类安全隐患。通过村级工业园拆除改造，村集体提高了收益，企业扩展了发展空间，政府也将大幅提高财税收入，这是一个释放多重效益、实现多方共赢的结果。

此外，还有一个好处，就是对于改造主体而言，可以通过"毛地"入市政策加快完成未到租期的物业改造，提早申报和享受"三旧"改造的扶持奖励。

2. 首创国集土地混合开发，有效推动土地连片改造

南海在全国首创混合开发模式，在严控新增、盘活存量的现实背景下，允许城市更新项目中国有和集体土地进行空间位置调整，将不同权属、不同用途的土地整合入市，统一规划、统一建设、统一运营，形成产业开发为主，住宅开发为辅，"国有＋集体、产业＋社区、出让＋出租"的土地复合利用模式，提升连片改造地区的产业活力以及平衡不同产业开发的总体利益，促进城、产、人融合发展。

目前已有 4 个项目取得实质进展，面积达 8 439 亩，带动约 1 460 亩村级工业园的连片改造。[①] 其中桂城爱车小镇通过混合开发，将业态单一、布局杂乱的华南汽车城改造为综合性汽车产业小镇，

---

① 黄利华，李汉飞，焦政. 集体土地主导权下的城市更新路径研究：以佛山市南海区为例. 规划师, 2022 (10)：74-79.

预计产值增长 3 倍多，村集体收益增长 4 倍多。

专栏 5-3　　　　混合开发案例——桂城爱车小镇项目

桂城爱车小镇项目位于海八路南北两侧（原华南汽车城），属南海区城乡融合十大示范区的千灯湖片区范围，是南海区 20 个连片改造产业社区示范项目之一。项目面积约 625 亩，既有集体土地也有国有土地。已纳入"三旧"改造标图建库范围。

改造前的华南汽车城始建于 1999 年，是昔日珠三角地区规模最大、汽车品牌最集中、功能较齐全的汽车销售市场之一，年销售额超百亿元，但仅靠汽车销售店铺为主的发展模式已出现业态单一、管理无序、布局杂乱、利用低效、设施不足等问题，已成为阻碍汽车城向前发展的"拦路虎"，产业升级、结构转型是大势所趋。

通过权属调整和土地置换方式进行土地的整合归宗，打破原来的土地权属界线，实现统筹开发。桂城爱车小镇项目（首期）104 亩国有土地属桂城街道公资办，285.7 亩集体土地分别属于叠北经联社、庆云、村头、澳边所有，产权交错杂乱，2013 年，桂城街道与叠北经济联合社以及叠北村庆云、村头、澳边股份经济合作社签订《华南汽车城产业升级改造项目合作开发合同》，进一步明确了车城土地归属及街道与村集体的合作开发关系，同时将土地所有权证合并成一个，叠北经联社、庆云、村头、澳边共同共有，明确各自所占份额。针对国有土地和集体土地交错的情况，对 6.25 亩国有土地和 6.25 亩集体土地进行了置换，以实现国有土地、集体土地连片整合。

项目按照"统一规划、统一交易、统一建设、统一经营"的原则，通过混合开发的方式，引入社会资本跨界共建，将单一汽车销售功能的连片项目改造成一个以汽车产业、汽车文化为主题，融合商服、办公、居住等多功能元素齐备的综合性汽车文化生活社区。

3. 调整土地增值收益分配机制，地价计收、分配与容积率脱钩

多年来，南海实行扣除三金后，区、镇、原权属人按20％：30％：50％比例分配土地增值收益。但根据《佛山市南海区城市更新（"三旧"改造）实施办法》，新的地价计收和分配办法与容积率脱钩，确立了一定的容积率标准，在此标准下根据改造类型和供地方式的不同，地价计收和分配会有所区别；同时，南海区建立电脑自动计算的"区片市场评估价体系"作为计收的依据。

对于"工改居"项目，若采取协议出让方式供地，规划容积率2.5（含）以下部分，按区片市场评估价的50％计收；规划容积率2.5以上部分，按区片市场评估价的95％计收。如果采取公开出让方式供地，规划容积率2.5（含）以下部分，按公开市场成交价的50％补偿给原土地权属人；规划容积率2.5以上部分，按公开市场成交价的5％补偿给原土地权属人。

对于"工改商"项目，若采取公开出让方式供地，规划容积率3.0（含）以下部分，按公开市场成交价的60％补偿给原土地权属人；规划容积率3.0以上部分，按30％补偿给原土地权属人。如采用协议出让方式供地，规划容积率3.0（含）以下部分，按区片市场评估价的40％计收；规划容积率3.0以上部分，按区片市场评估价的70％计收。

对于旧村居改造项目，协议出让的，认定建筑面积2.2倍以下部分不计收地价，认定建筑面积2.2倍（含2.2倍）以上部分，按照土地区片市场评估价的40％计收，计提专项提留资金后全部返还给村集体，充分向旧村居改造让利。公开出让的，土地出让价款在计提专项提留资金后全部返还给村集体。

4. "工改工"和"工改居"联动改造,实现房地产业反哺实体经济

为加快推进南海区村级工业园改造提升,除了加大奖励力度之外,《佛山市南海区城市更新("三旧"改造)实施办法》放开了"工改居"的协议出让,前提是"工改居"项目与"工改工"项目进行联动改造,即挂钩一定比例的工业提升项目(要求为拆除重建类,公共设施完善项目、土地复垦项目也可以折算成工业提升项目),以平衡两者之间的利益,实现房地产业反哺实体经济。

联动改造的责任主体为"工改居"项目的原土地权属人,联动改造根据土地权属性质、联动项目类型确定一定的联动改造比例要求,比如集体工业工地"工改居",需按1∶1比例联动改造"工改工"项目。国有工业用地"工改居",需按1∶1.2比例联动改造"工改工"项目。为落实用地的联动改造项目,签署产业开发协议后,才允许签署"工改居"地块出让合同。

此外,联动改造的"工改居"与"工改工",在空间上不限制必须在同一更新单元,集体"工改居"和国有"工改居"均可以在全区范围内联动"工改工";有项目确实全部或部分不能采用联动改造方式的,经批准可以由政府在原土地权属人出让收益中扣除一定金额的价款进行抵扣。新政策也明确了出让价款分配款扣除金额要求。以挂账收储公开交易的集体工业工地"工改居"为例,不采用联动改造时,桂城、大沥、里水镇街项目必须扣除出让分配款70万元/亩,狮山50万元/亩,丹灶、九江、西樵40万元/亩。

专栏5-4　　联动改造案例——里水大冲科技生态工业园项目

里水大冲科技生态工业园项目位于佛山市南海区里水镇大冲工业园,项目规划面积为1 139亩,改造面积约973.48亩。项目计划

出让用地面积约490亩（住宅224亩，商业26亩，工业240亩），保留集体性质用地约107亩（工业31.6亩，商业75.4亩），配套基础设施用地约376.48亩（教育、道路、绿地）。地上建（构）筑物面积约79万平方米。需联动改造的产业用地（"工改工"）共约224亩，位于项目用地范围内，其中以土地权属人委托市场改造主体实施土地整理和联动改造各项工作的方式进行整理。

联动的"工改工"项目重点引进"两高四新"产业，即高技术制造业、高品质服务业，新能源产业、新材料产业、新型生物医药产业和新一代电子信息产业，计划打造成以"新型生物医药＋高端技术制造"为主题的新型产业社区。另外，通过联动改造，能够让原土地权属人享受"工改居"土地增值收益，尽量确保制造业载体能满足经济长远发展需要。

联动改造的必要性如下：一是土地整理成本高。用于联动的工业地块土地整理成本高达120万元/亩，如果不采用联动改造，很难引入工业部分的改造企业，因为无论是对于园区运营商还是生产型企业来说，用地成本都太高了。二是整个项目涉及很多村集体，改造为居住和工业的土地增值收益相差又非常大，分开整理、分开改造，则很难平衡各村集体之间的利益，从而导致改造无法推动。

为破解改造比例失衡问题，南海区在全国首创"工改居"与"工改工"联动改造，此举不仅可以吸引房地产企业投资产业载体的开发，将一部分房地产企业的资金导入实体经济领域，还可以推动房地产企业和制造业企业开展跨界合作，优势互补，促进地区经济社会均衡稳定发展。[①] 截至2022年，共有联动改造项目22个，面积为6 141.35亩，其中联动"工改工"656.13亩，联动"工改商"

---

① 赵杨."三旧"改造中土地发展权的博弈：以佛山市南海区为例. 广州：华南理工大学，2022.

140.78 亩,联动"工改公益"901.48 亩,联动"工改农"132.08 亩,收取免联动改造款 4.41 亿元。①

5. 实施片区统筹整备,村集体可保留 52％的经营性用地

为加快推进南海区土地权属结构优化,进一步提升村(居)集体经济组织参与城市更新的积极性,《佛山市南海区城市更新("三旧"改造)实施办法》构建了片区统筹整备制度。即 100 亩以上集体"三旧"改造用地全部"集转国",在保证集体收益不降低的前提下,由村(居)集体经济组织负责片区土地前期整理,并要求移交的公益性用地不得低于片区总规模的 25％。形成净地后,保留部分经营性用地给村集体自行开发或引入市场改造主体开发,分配给村集体的经营性用地占所有可出让土地(即净地)的比例为 52％。公益性用地和其他经营性用地的支配权和收益权完全交给政府。

片区统筹整备的本质是丰富了原权属人参与土地增值收益分配的路径,即允许选择货币分成,也允许选择土地开发权益的分成,实际上是将"分钱"改为"分地",从而调动村集体参与城市更新的积极性。

6. 旧村改造有优惠,地价款在扣除专项提留资金后全额分配给村集体

继南海实现整村改造"零突破"后,桂城夏北社区的宝华村、永胜村、聚龙北村、聚龙南村、洲表村,狮山罗村的联星,大沥的洛溪村、岳利沙村等村的整村改造也在加快推进步伐,《佛山市南海区城市更新("三旧"改造)实施办法》对旧村改造给予优惠政策,允许将不超过 50％的旧厂房纳入旧村居改造范围,同时为体

---

① 何嘉明."三旧"改造中的跨项目利益平衡机制探索:以佛山市南海区联动改造政策为例. 新型城镇化,2023(07):107-110.

现政府不与民争利，地价款在扣除专项提留资金后全额分配给村集体。

新政策对认定建筑面积和补偿定出标准。针对个人住宅部分，认定建筑面积遵循"合法全部认定、历史合理认定、违法不予认定"的原则；针对集体物业部分，认定建筑面积遵循"保障村集体长远收益不降低"的原则。建筑补偿方面，个人住宅部分按认定面积的1∶1给予补偿。认定的合法建筑面积小于等于320平方米的（按户），全部给予实物补偿；认定的合法建筑面积大于320平方米的（按户），给予320平方米的实物补偿，超出320平方米的部分，按照市场评估价给予货币补偿。村集体物业按商业用途的建筑物作为补偿，若项目范围内含有控规用途为工业用地的，可以建设多层的标准厂房且优先用于补偿，补偿面积原则上不应低于认定的建筑面积。

与此同时，《佛山市南海区城市更新（"三旧"改造）实施办法》明晰了旧村改造流程，充分保障农民利益。比如，选定开发商时以及签订改造协议时都必须缴纳履约保证金，启动拆迁后需要缴纳拆迁保证金；旧村居改造拆迁补偿安置工作应当遵循"先安置、后拆迁""先村民和村集体回迁物业、后开发商可销售物业（即融资物业）"的原则。

"推动全域土地综合整治，提升集约用地效率，破题土地碎片化难题，这是南海高质量发展的关键。"南海区第十四次党代会明确，要高起点深化土地制度改革，探索全域土地综合整治，推动土地大腾挪大归并，加快实现城镇、农村、产业和生态功能合理分区、相对集聚、协调发展。

从村改到地改，再到"全域土地综合整治"，变的不只是概念，更有理念、内涵、决心、勇气，是针对全空间、全要素实施大手术式的彻底综合性改革，对建设用地、农业用地、生态用地一盘棋考虑。

当前南海区已经面临不进行大手术式的、全域性的、彻底的综合性改革就没有出路的局面。全域土地综合整治作为乡村振兴战略规划的重要部署，通过整体推进农用地整理、建设用地整理和乡村生态保护修复等方式，以达到解决城乡融合发展、保障农村一二三产业融合发展用地，优化全域生产、生活、生态空间格局，促进耕地保护和土地集约节约利用，改善农村人居环境，助推乡村振兴的目的，与南海区正在建设的城乡融合发展改革创新实验区不谋而合，其建设思路与推动土地空间格局再造、产业集群再造、生态环境再造等方面的要求相辅相成，可以形成相互配合、互补短板的优势。

同时，解决南海区工业化升级的问题，关键还在于促进国集土地权益的同价同权，南海区抓住集体经营性建设用地入市改革和"三旧"改造的机遇，不断打破原有制度性障碍，激活农村集体土地，让更多沉睡的农村集体土地顺畅地走进市场，为实现城乡高质量融合发展探索新路径。

第三节　土地制度改革与城乡融合新形态

推动城乡融合的破局关键是深化土地制度改革，通过土地制度改革实现城乡融合高质量发展。而改革的核心则是通过市场化的土地配置方式实现城、镇、村、业在土地价值级差收益分配上的均衡。作为广东省唯一的城乡融合发展改革创新实验区，南海在全面把握城市格局、产业集群、人口结构深刻变化的基础上，以农村土地制度改革为着力点，率先探索建立城乡融合发展体制机制和政策体系，全力推动城市空间格局再造、产业集群再造、生态环境再造、基层治理再造、政府服务再造。未来，南海区应继续推动全域土地综合整治、深化土地制度改革，努力为粤港澳大湾区世界级城市群城乡高质量融合发展探索新模式，为新时代广东城乡高质量融合发展提供经验示范。

一、城乡融合与土地制度改革

南海实现城乡融合的突破口在城乡改革的源头，即土地制度改革。南海前两轮的城乡革命，实际上也都是依托于土地的革命。[①] 现在，南海要从第一轮的工业化、第二轮的城市化，进入第三轮的城乡融合，而推动城乡融合改革取得破局的关键是深化土地制度改革，核心是通过市场化的土地配置方式实现城、镇、村、业在土地价值级差收益分配上的均衡。

当前，南海区在新的历史起点上，亟须高度重视集体土地低效利用的突出问题，需抓住建设广东省城乡融合发展改革创新实验区的机遇，大力推进连片村级工业园改造和连片乡村振兴，加快形成一批千亩万亩级的现代产业集聚区。另外，通过分析发现，广东、佛山、南海等各级政府已印发的各项专项行动方案虽然提出了较多的政策措施，为土地制度改革提供了一定的支持，但在具体实施过程中依然阻力重重，并未根本解决土地利用破碎化的局面。集体土地与国有土地的权益差距，仍是阻碍工业升级的根本原因。从更好推进村级工业园改造和城市更新的角度看，如何最大程度地释放政策红利、如何促进实现路径更加通畅仍需进一步探索。

---

① 杨廉，袁奇峰. 基于村庄集体土地开发的农村城市化模式研究：佛山市南海区为例. 城市规划学刊，2012（06）：34—41.

二、同地同权、市场配置与利益均衡[①]

作为城乡融合的破局关键,南海的土地制度改革还需进一步深化。

(一)深入推进全域土地综合整治,促进土地要素城乡平等流动机制

全域土地综合整治是南海区面向现有土地利用的深层次调整,它不仅体现在对土地利用现状结构和布局的调整与优化上,更体现在土地利用效率和土地权利的调整与重构上。全域土地综合整治需要解决土地利用布局不合理、土地利用破碎化的问题,推动土地大腾挪大归并,实现城镇、农村、产业和生态功能的优化分区,同时,也需要花大力气解决土地利用权属破碎化、管制破碎化和城乡权利不均衡的深层次问题。实质上,全域土地综合整治所要面对的是城乡土地的同地同权挑战。只有通过同地同权,土地要素才能在城乡之间实现平等的流动,进而促进城乡融合发展。

(二)推进土地市场化再改革,形成统一的土地市场体系

经过二十多年的土地市场化改革,我国已经基本形成了城市土地市场。然而,城乡土地市场仍未有效建立,割裂仍然非常明显。这样的城乡土地市场割裂,难以实现城乡同地同权。因此,需要将原来以用途为主和行政为主的割裂的城乡土地配置方式,转向以市场为主的统一的城乡土地配置市场体系。也就是说,不同主体应该通过市场的方式、透明的规则、统一的交易平台、统一的税收和责任分担,在统一的土地市场上获得土地。

(三)进一步推动土地制度改革从以权属为主转向利益平衡为主

一直以来,南海不断推进国有土地和集体土地的同权。下一步,

---

① 本部分主要参考:李清平. 经济学家刘守英谈南海. 珠江时报,2022-08-22.

在以城、镇、村、业四个板块构建南海的城乡融合文明形态的过程中，对土地制度的改革要从以权属为主转向利益平衡为主，实现城、镇、村、业的土地利益均衡。而实现土地利益平衡的核心，一是使城市用地利益、镇工业用地利益、乡村集体土地利益和农业发展利益四者间达到均衡；二是要实现城市、工业、乡村、农业这四者在级差利益分享上的均衡。

（四）土地功能要进行更明确的规划，土地利用结构要继续优化

南海不能只有城没有乡，也不能只有乡没有城。在城乡融合文明形态下，南海的未来一定是要在先进的城市、先进的制造、美好的乡村的基础上，加上现代化的农业。原有的城市用地、工业用地、乡村用地、农业用地要在系统规划下，按充分发挥城、镇、村、业这四大板块的功能所需的比例来规划、配置，推动土地利用结构的进一步优化。

在新一轮的城乡融合革命中，南海需厘清三个比例：集体土地和国有土地的比例，工业用地、商业和住宅用地、基础设施用地这三者间的比例，工业用地中集体土地和国有土地的比例。有什么样的用地结构就有什么样的产业结构，从土地入手，以推动土地腾挪归并为导向，推动传统产业转型升级。通过重构空间布局，营造一、二、三产业融合发展大环境，缩小二、三产业经济发展和农业生态保护发展差距，推动生产、生活、生态空间科学合理布局，形成一批农田集中连片、农业规模经营、村镇美丽集聚，环境宜居宜业的示范点，实现城镇、农村、产业和生态功能的合理分区、相对集聚、连片开发，做到营商环境更优、基础建设升级、民生福祉改善。

综上，南海区正视村集体掌控大部分集体建设用地的事实，从农民意愿及政府财力的实际情况出发，坚持实事求是、大胆创新，通过对历史遗留问题的确权，允许农民在不改变土地所有权的条件

下进行土地入市及园区改造，极大地促进了产业升级和土地利用效率。南海政府允许农民及村集体分享城市化进程中的土地增值收益，为实行城市化进程中的国有与集体土地两种所有制的平等进入市场和平等获益提供了制度样本。

展望未来，土地制度改革依然是南海实现全面城乡融合的突破口和源头。城乡权利平等的土地制度是南海模式进一步演进的胚胎，在一定程度上左右着南海发展的未来，也左右着南海农村和农民的命运，是探讨南海城乡融合时不可忽视的基础。

第六章
构建城乡融合文明新形态的路径[①]

第一节 中国式现代化视野下的城乡融合路径

在城乡中国阶段，长期的城市化导向思路不足以应对城乡中国阶段的发展要求，发达国家的经验也不足以指导中国在社会主义制度下探索城乡融合的实践。必须总结提炼南海等先发地区的经验优势，推动构建中国式现代化条件下的城乡融合理论体系。

一、赋予农民城市权利

第二次世界大战后，城市化浪潮成为世界性现象。占多数的低收入群体尽管是城市的主要建设者，但他们被排斥于高品质的城市生活之外。为此，亨利·列斐伏尔（Henri Lefebvre）于20世纪60年代提出"谁拥有城市"之问，引出城市权利的命题。城市权利是

[①] 本章执笔人：刘守英，中国人民大学经济学院教授。

城市社会中居于首位的权利[1]，是关于城市市民的权利，包括进入城市的权利、居住在城市的权利、参与城市生活的权利、支配财富的权利、平等使用和塑造城市的权利，以及改变和更新城市生活的权利。[2] 城市权利不仅仅是个人权利，更是一种以城市社会为背景的公共权利，涉及获得城市生活和参与城市生活的更为广泛的权利、共享共担的权利以及平等使用和塑造城市的权利、居住和高品质生活在城市的权利。[3]

城市权利的概念为分析中国的城乡转型提供了一个独特的视角，将此前被理论和政策所忽视的农民的城市权利带回研究视野。改革开放四十多年来，农民的离土出村成为推动中国从乡土中国转型为城乡中国的最主要力量。截至2017年底，中国流动人口数量达2.44亿，占总人口的17.5%。对于"农一代"，学术界占主导的"生存-经济"分析视角认为，"农一代"离乡主要是为了获得相对高的经济收入，是"理性经济人"应对生存压力的策略选择，其迁移城市的目标主要是以"谋生"改变生活境况，而非追求人的价值、尊严与权利。随着"出生于城市（抑或出生于农村）、成长于城市"的"农二代"成为农村外迁人口主力，对农民工群体的分析转向"身份-政治"叙事范式，从现存制度制约角度探讨农民工的权利状况与由身份导致的不平等。

在政策层面，同样存在对农民城市权利的忽视。一方面，城市的公共服务和社会保障的覆盖范围从未将以农民工为主的流动人口纳入其中。另一方面，不断重复的城市政府排斥进城农民的行动，

---

[1] Lefebvre, H., *Writings on Cities*, Oxford: Blackwell, 1996.
[2] Mitchell, D., *The Right to the City: Social Justice and the Fight for Public Space*, New York and London: The Guilford Press, 2003.
[3] Lefebvre, H., *Writings on Cities*, Oxford: Blackwell, 1996；姚新立. 城市权利：从大卫·哈维到中国城镇化问题. 价值工程, 2016 (29): 237-239.

凸显农民作为城市过客的尴尬,更彰显农民的城市权利被严重忽视。在城市化进程中,如果不能正确回答城市是谁的,农民对他们参与建设的城市能否享有基本的权利,城市将治理重点对准农民的惯性还会继续,以此思维主导的城市治理难免酿成不可测的经济、社会和政治后果。

总之,现有理论和政策惯性思维仍然停留在视农民为"城市他者"的"进入权"、"退出权"与"流动权"层面的争论上,并没有上升到他们已经作为城市一分子后应该具有的城市权利的本质。

当"农二代"(80后)成为农民迁移主力军后,他们与"农一代"在迁移动机、经济社会行为特征、未来选择等方面呈现出巨大的代际差异,与乡土的粘连、入城的行为特征、对城市的权利观念也发生了深刻的改变。当前面临的严峻现实是,"农二代"不回村,入城就成为他们的主要选择,他们的未来取决于向"农二代"城市权利的开放。城市权利观的核心是每个进城者都具有主体性资格,不管是否赋权,每个在城者都具有共享城市成果、共担城市代价的主体权利。

"农二代"的城市权利包括如下方面:进入权、就业与收入权、居住权、基本保障权、社会融入权和子女受教育权。"农二代"在实现上述城市权利中存在的困境仍然严重,对城市权利的诉求更加强烈。一是农民城市就业权利不平等。农民在城市的工作准入仍存在制度障碍,以户口为基础的职业隔离使农民工聚集于低收入回报的岗位;为保证本地居民就业,一些城市制定了外来人口的行业、工种限制办法,并规定了企业使用本地工的硬性比例。二是农民在城市的财产积累权受限制。20世纪80年代末启动的住房市场化改革,使本地城镇职工以低价获得住房产权,农民则被排除在城市购房渠道外,更多地将在城市的资本积累用于回村盖房。随着房价高企,城乡居民的财富积累出现分化，农民在城市的居住成本也大幅提高，财富存量的不平等引发财产收入流量的不平等。三是农民在城市的基本社会权利缺失。城市社会保障制度的目标参保人群多为城镇就业人员，至21世纪初农民工各项城镇社会保险参保率仍不足三成。非户籍农民工未能被纳入城镇住房保障体系，缺失在城市的居住权利，更多居住在单位宿舍里或租住在简陋的出租屋里。四是子女受教育权是农民进城的最大障碍。城市义务教育只能覆盖户籍人口，进城务工人员随迁子女大多只能就读民办学校，在近年来"民转公"导致学位紧张后面临着更加严峻的"上学难"问题，更多的农民工子女由于各地中高考政策限制，在流入地读完初中后无法继续升入高中。

差异化的进入门槛使很多"农二代"对大城市望而却步，他们仍然面临工资歧视、就业保障歧视，居住权保障缺失严重，他们为入城缴纳各种保障费用的积极性提高，但没有享有相匹配的服务。他们的子女无法完整享受本地受教育的权利，融入城市的意愿与现实的反差造成了"农二代"子女巨大的心理落差。综上，"农二代"城市权利的缺失使他们面临着有村不愿回、城市落不下的尴尬局面。

二、人、地、业、村乡村系统重构

乡村是一个由地理空间、经济活动空间、社会关系和制度秩序组成的农民、农地、农业和村落四位一体的系统性结构。

中国的整个乡村社会是一个由人、地、业、村形成的有机系统。人与地之间形成紧密关系，人地关系又与业态形成紧密关系，最后集中在村庄空间形成这四者之间的系统。当我们思考村庄发展或做规划的时候，如果从单一的某一要素出发去解决问题是不对的。比如单纯从人的角度出发，把人移得差不多了，但乡村还是在衰败。

单纯从地的角度出发，把土地规模化流转了，但土地流转规模越大，土地的成本越高、回报越低。我们试图把乡村产业做得越来越专业化，比如地方政府特别热衷于搞千亩苹果园、桃园，但最后可能事与愿违。中国乡村单一化的业态支撑不起来整个乡村的生活和生存。中国的乡村是人、地、业、村构成的有机形态，这四者之间形成的有机系统，实现了几千年中国乡村的稳定。

推动乡村振兴战略，实质就是要打破单向城市化政策偏向造成的乡村系统功能性失衡，实现从失衡不均到均衡发展的系统重构。乡村系统重构，就是在人、地、业、村多要素联动的基础上，实现人力资本提升、观念革新的"人活"，权利更加明晰、配置更加有效的"地活"，复杂程度更高、更具竞争力的"业活"，公私界分明确、秩序重构的"村活"，最终在新的形态、新的功能、新的业态、新的人的组合上进行有效治理，形成以新的村落形态和不同的人、不同的经济活动构成的新的乡村秩序。

（一）乡村有机系统的破坏

我们要认识现在的乡村困局是怎么形成的。很多人认为中国乡村问题的解决路径就是快速工业化、城市化，我们早期也做了很多努力，但是结果没有那么简单。乡村结构的转变，非常重要的是用什么样的方式来改变乡村系统。国家结构转变中的任何一次重大变迁都会对乡村系统里的人、地、业、村之间的关系产生影响。如果不对乡村系统做整体回应，就会带来乡村系统变化中的紊乱。

乡村现在的困局是乡村有机系统的破坏和功能失衡。

第一个问题是"人"。最大的问题出自三类人：第一类人是40后、50后和60后，他们是真正的农业工作者，对土地也有感情，但这部分人目前不能搞农业了，他们已失去了从事农业劳动的能力，而且他们的家人从乡村离开以后，这些家庭中的老人是非常孤独和绝望的，所以第一类人的问题是40后、50后和60后这批人未来在哪里养老。第二类人是70后、80后，这批人基本没有从事过农业，他们已经走出乡村，对农业和土地的感情与第一类人完全不同。这类人的问题是，他们未来的落脚点在哪里。第三类人是留守儿童，这些孩子存在对城市的情感问题和他们直接接触、感受到的不平等带来的心理问题。

第二个问题是"业"。未来谁来种地，这个问题取决于农业的回报。从现状来看，整个中国乡村的产业，首先是"业"变得越来越单一，中国传统的农业原本是非常丰富的，但中国的农业结构现在变得如此单一；其次是由于农业越来越单一，整个中国的农业越来越变成以土地为生的农业了。

第三个问题是"住"。整个中国的住房状况越来越好，但是乡村盖的房子利用率极低。此外，城市化以来，农民在城市积累了大量的资本，但不是将其留在城市继续进行资本积累，而是将其带回村落变成大量的闲置资本，农民的资本积累如果不留在城市进一步扩张，城乡居民的收入差距不可能缩小。

第四个问题是占地。土地的核心问题是土地破碎、利用效率极其低下、不经济。农村的占地面临的问题在于农民的住房和土地用途。农村有大量的耕地、菜地和墓地，原来农村的菜地现在甚至变成了极其奢华的墓地。这些现象实际上源于，对于农民而言在城市化过程中住房和土地的功能发生了观念上的变化。

如果对当下农村的景象构图，就会提炼出四个现象：第一，农业越来越单一、越来越"内卷"；第二，农民的住房明显改善，但占用了农民在城市积累的大量资本，没有进一步在城市形成更大的资本积累，造成了城乡之间在资本积累上的差距；第三，大量的耕地被住房、墓地占用；第四，人——老人的绝望、"农二代"的归属不定和留守儿童的心灵创伤。

(二) 乡村系统的重构

现代化进程中乡村系统如何进行重构？东亚地区在城市化以后乡村没有消灭，乡村也没有走向土地规模化、农民专业化、乡村产业单一化，这为我们如何进行乡村系统重构提供了借鉴。

(1) 农业收入多元化与农民身份多元化。首先，农户人口的减少是基本规律。东亚的日本、韩国、中国台湾地区都是如此。但是在农户减少的情况下，农民的收入不是只依赖于农业收入，还依赖于非农收入，而且农民的收入是多元化的，既有农业所得，也有农外所得、财产收入以及各种转移收入。这提醒我们，通过单一的城市化来解决农民收入来源问题是要打问号的。农民收入一定是靠多元化来支撑的。

其次，收入来源的多元化背后是农民职业的多角色化。欧美的农民是专业化的，但东亚的农民长期保持兼业状态，只是兼业的方式发生了转变。第一阶段是农业为主、工业为辅；第二阶段是工业为主、农业为辅。农户职业不是单一的，因为专业化的农业支撑不了农民的收入来源。未来的农民在城市有工作，在乡村也有事情做；收入来源可分为城市、乡村两部分，这可能是东亚农民的主流形态。

(2) 农业工业化与乡村经济活动复杂化。未来的农业到底会怎么样？核心是农业要素重新组合。在小规模农地经营的基础上，东亚农业没有走向机械替代劳动的单一过程，而是根据要素价格的相对变化，不断调整并促成劳动力等短缺要素与各类现代要素的有机结合和适度配比。在这一过程中，先进农机、优质种苗、新型肥料和农药等现代要素的比重不断增加，土地、水利、农舍等农业基础设施也得以完善，伴随农事组合、农业公司等经营主体的参与，以及各类农业经济组织的发展，农业社会化服务的范围扩大，农民的组织化程度提高，为各类要素在更大范围内的优化配置提供支撑，促使要素组合方式发生突破性变化，农业生产方式也产生持续性变革，从而实现农业生产率的提高和农业报酬的增长。

东亚地区在农业工业化、农业要素组合升级的同时，乡村的经济活动开始复杂化。我们分析一下日本的情况，传统的手工业在日本的乡村长期传承下来。日本在城市里也可以买到流传了几百年的手工艺品，很多产品是在乡村地区生产的。所以日本乡村工业的香火从来没有断。日本的乡村经济活动不是简单的六次产业，而是一个乡村工业不断精细化、乡村经济活动不断丰富、农业回报率不断提高的过程。所以通过要素的组合来推进农业工业化，是保持乡村经济活力的一种方法。

（3）土地经营的规模化。东亚地区一直保持着小规模的农业，但是小规模的农业可以通过农业的协同组合来实现农业服务的规模化。就是说农业的种植规模较小，但是农业各个环节的服务是规模化的。农业一定要找到规模化的方式，否则无法实现规模效益。日本从来没有出现像欧美那样大规模的农业，这是资源禀赋决定的；但农业的规模效益是在农业生产以外的环节里实现的，比如日本通过专业农协实现了农业活动的规模化。

（4）村庄聚落变化与功能转型。以日本为例，在城市化过程中村庄人口不断减少也造成过乡村的过疏，但是乡村没有普遍走向衰落凋敝，而是根据人口数量、结构和需求变化出现了调整和转型。政府对农业农村的财政支持，对乡村公共品和公共服务的提供，保证了乡村规模的合理化和基本公共服务的均等化。日本的乡村不是我们想象中高度活跃的乡村，而是高度的体面。所以日本的城乡收入基本平衡，没有出现城乡差距的扩大。

从东亚经济体的经验来重新审视城乡融合的状态，可以发现：

在城乡融合下乡村出现了农业的复杂化、农业的工业化和农民身份的多元化、农业经营的规模化、农民收入的多元化，最后形成了城乡的平衡发展。

三、农业产业革命

未来中国农业要实现根本转型，不能简单地将农业定义为工业化和城市化的服务者和居于从属地位的产业。农业生产是以土地为载体，与有生命的动植物打交道的完整的自然再生产过程。只要是与土地结合、与有生命的动植物打交道、在自然状态下进行的再生产过程和创造过程，都是农业的范畴。农业对国民经济的基础性作用主要体现在农业产出品的不可替代性、农业保障粮食安全的重要性、农业生态的多功能性，以及农业在供给侧结构性改革中的重要性等方面。

（一）国外现代化农业强国的共同特征

发达经济体从自身禀赋条件出发，通过相应的制度安排与技术变革，寻求符合其比较优势的路径，进行农业生产要素重组与升级，实现农业生产效率的提升，为中国农业产业革命提供了启示。从世界范围来看，成功实现农业现代化的国家都具有如下共同性：

一是农业产值份额与就业份额出现同步下降。伴随着经济发展和结构转型，发达经济体的农业发展都经历了农业产值份额与就业份额的同步下降阶段。经过较长时间的结构变迁，发达经济体农业的这两项份额均收敛于2%左右。从历史过程看，这两个指标的下降呈现出阶段性特征：当农业产值和就业份额分别处于10%~20%、30%~40%时，农业就业份额出现第一次快速下降；当农业产值、就业份额分别处于5%、10%左右时，农业就业份额再次出现快速下降。

二是农业生产要素实现不断组合与升级。发达国家的农业转型不仅表现为农业份额的下降，更具实质性的是出现了农业工业化，即农业要素组合实现了升级：土地、劳动、资本、技术、服务等不同种类生产要素重新组合，农业产前、产中、产后的组织化和专业化带来农业分工与要素配置效率的提高，农业产业链条延伸，市场化程度加深，农产品质量和安全性提高，农业产业体系不断成熟，农业竞争力得以增强。

三是农业生产率获得提高。农业生产率提高是农业现代化的根本标志，按 2015 年美元不变价计算，高收入国家的劳均农业增加值为 4 万美元，与这些国家其他产业的劳均增加值相当。技术进步是农业现代化的主要推动力，发达经济体的农业科技贡献率通常在 80% 左右。

四是农业回报率得到提升。发达国家的农业现代化共同体现为农业的高回报。以美国为例，从土地回报看，1992—2021 年，美国农田年均回报率为 11.2%，超过股票与黄金的回报率；2015—2020 年，美国稻谷亩均净利润从 91.48 美元增加至 195.28 美元。从劳动回报来看，1989—2019 年，美国农业小时工资从 5 美元增加到 15 美元，增长速度快于非农工作。

五是迈向城乡融合发展。西方发达国家在经历快速城市化阶段后，城乡关系由对立走向融合发展，表现为：在城乡双向流动中实现人口融合，2019—2020 年，美国都市核心区净流失 250 万人，郊区净流入 259.5 万人，86.1 万人迁入乡村地区；土地利用混合性和多样性的空间融合，形成一套乡村、城市和自然融合共生的土地利用系统；乡村经济非农化以及多样化，城乡经济不断融合。

发达国家农业转型的经验表明，只有实现农业产业革命才能提升农业规模报酬与竞争力。农业产业革命是在农业就业份额下降的背景下，以企业家创新带动土地、劳动、资本、技术、服务等不同种类生产要素的重新组合与持续升级。农业结构性变化的根本道路在于农业生产要素的重新组合以及持续升级，由此带来农业产业生产效率提高，实现规模报酬递增。农业现代化不是单纯依靠某一要素的数量增长或者质量改进，不是各类要素简单地拼凑，而是各种生产要素配比适度、协调一致的有机组合。当要素内部以及要素之间的成本收益结构发生变化时，需要通过要素组合实现升级，否则要素匹配度的下降会导致生产绩效降低。

（二）中国农业呈现出向现代化农业转型的共性特征

为了实现赶超目标与结构转型，中国在相当长时期内通过行政力量挤压农业，农业就业份额下降远远滞后于产值份额下降，不仅造成人地要素失衡，而且排斥新要素的进入，致使农业要素重新组合受到阻碍，导致农业结构单一、农产品复杂度低，农产品的成本利润率持续下降。农业发展进入新阶段，需要通过农业工业化提高农业的回报率。农业转型突围的关键在于，通过土地配置制度改革、资本下乡、城乡人力对流和乡村资源产权制度改革，促进各种生产要素的重新组合，使农业从业者的收入不再低于城市其他行业、甚至更高，促进农业多功能化和农业产业的融合与裂变，迎接农业产业革命的到来。

中国进入城乡中国阶段的一个重要特征就是农业从原来粮食农业转向多重功能、高附加值的市场化农业。城市对农业部门的需求从原来量的需求转向质量、安全、健康、生态，带动农业潜在价值的提升。同时，农业经营制度不断完善、经营主体多元化以及农业科技水平、经营规模和效益不断提升，共同推动农业部门发生了革命性变化。

一是农业产值份额和就业份额同时有所下降。1952—2020 年，农业产值份额从51%下降至7.7%，与发达经济体的结构趋同。农业就业与产值份额的阶段性快速下降，第一次是在1992—1997年，就业份额与产值份额分别从58.5%、21.3%下降至49.9%、17.9%；第二次是在2003—2020年期间，就业份额与产值份额分别从49.1%、12.3%下降至23.6%、7.7%。

2009年，中国第一产业占三次产业的比重首次下降到10%以下，2014年第一产业劳动力占比开始低于第二产业、第三产业的劳动力占比，农业现代化在2010年前后进入一个转折期，农业的内涵和功能都发生了变化，农业发展模式从满足温饱、提高土地生产率为主，转向显化乡村价值、提高农村劳动生产率为主。农业发展表现出明显的转型特征。

二是农业要素结构不断变化并实现重组。农村劳动力利用更加集约，以三种粮食作物为例，亩均用工天数从11.10日缩减至4.44日。农地向规模化经营方向发展，2020年承包地流转率达34%。农业经营主体呈多元化发展，他们在应用新技术、增加农业生产投入、开拓新市场、融入现代农业产业链等方面，表现出不同于传统小农的新态势。2010—2020年土地流入专业合作社和企业的比例由11.9%、8.08%增至21.52%、10.44%。现代要素投入增加，作物良种覆盖率超过96%，农作物耕种收综合机械化率达71.25%。农业生产方式转为以机械作业为主和要素匹配阶段，农业发展的动能发生了转变。以农业机械为代表的现代要素投入，逐渐替代了农业劳动力等传统要素的投入，成为农业发展的新动能。农业科技进步在农业生产过程、农业资源配置以及农产品复杂化、专业化中的贡献显著。2018年，我国农业科技进步贡献率已达到58.3%。

三是农业生产率明显提高。2012—2021年，我国单位面积耕地农业增加值从3.74万元/公顷增加至6.79万元/公顷，人均农林牧渔业增加值从 1.98 元/人增加至 5.09 元/人。农业科技进步贡献率超过 61%。1995—2017 年全国农业全要素生产率年均增速在 1.87% 和 2.68% 之间。

四是农业回报率明显提高。2020 年，全国农业及相关产业增加值为 16.69 万亿元。1978—2020 年间三种粮食作物的每亩净利润从 −2.18 元增加至 47.14 元，每 50 公斤粮食主产品的净利润从 −0.43 元增加至 4.95 元。

五是迈向城乡融合发展阶段。生产要素在城乡间的双向配置与互动显著增强，资本下乡速度和规模增加，社会资本下乡主体已超 15 万家，累计投资额超 2 万亿元。有一定比例的劳动力回流农村。乡村业态、产业、功能愈益多样化。乡村空间正在重新定位，乡村文明得到重新重视，乡村价值得到重新认识。

正因为我国的农业现代化具有自身的独特性，我们要建设的农业强国、实现的农业现代化，既有国外一般现代化农业强国的共同特征，更有基于自己国情的中国特色。一是依靠自己力量端牢饭碗；二是依托双层经营体制发展农业；三是发展生态低碳农业；四是赓续农耕文明；五是扎实推进共同富裕。

四、城乡融合制度创新

西方发达国家之所以能够实现城乡融合发展，关键是建立起了一整套的城乡融合政策，包括城乡一元的人口管理制度、城乡平等的社会保障制度、城乡统一的土地市场、城乡统一的发展规划等，乡村被赋予与城市平等的发展权，要素被允许在城乡之间自由流动，进而实现城乡融合发展。

结构转变的本质不在于城市化率，真正的关窍是城乡之间的互动，这是发达国家城乡关系融洽的重要原因。总的来看，各国进入城乡融合发展阶段后，城乡互动日益增强，从对立竞争走向全面融合互补。人口融合表现为人口流动方向的城乡逆转以及城乡之间流动活跃性增强，经济融合表现为乡村经济的非农化以及在产业结构上的城乡趋同化，空间融合表现为城乡连续体上的土地利用是混合的和多样的，思想观念融合表现为城乡居民对国计民生等社会问题的看法没有较大出入。

在"城乡中国"阶段，生产要素在城乡间的双向配置与互动显著增强，乡村业态、产业、功能愈益多样化，乡村空间正在重新定位，乡村文明得到重新重视，乡村价值得到重新认识，城乡之间的人口密度、人际关系、产业发展、精神状态等城乡特征界限变得模糊，城乡之间收入水平、幸福感、生活质量差距不再有天壤之别，主要表现在以下方面。

一是不可逆转的人口迁移态势。中国存在不可逆转的人口迁移态势，主要表现为人口继续在向东部沿海、城市群和城市圈集聚；人口继续跨省和省内迁移，当然省内的流动更快；以农民工为主的流动人口加快回流，但是县城人口增长缓慢，县域城乡融合推进较慢。

二是城乡经济相互依存。城乡关系由对立竞争转为融合互补，信息、资本、人口在城乡流动，将城市和乡村紧密联系在一起。空间相互依存性将乡村纳入经济和文化主流。大都市区内形成产业链，城乡经济相互依存。乡村功能发生变化——乡村不仅是食物的重要生产地，同时也是提供公共品的重要场所（度假区、退休社区、文化或历史遗址、国家公园和休闲区）。

三是城镇化模式从单向城镇化转向城乡互动。在城乡之间要素配置效率驱动和城乡二元体制的作用下，中国城镇化的基本特征是劳动力、资本和土地从乡村向城市的配置，带来城市的快速发展。

近年来，生产要素在城乡之间的双向配置与互动在增强。具体表现为，资本下乡的速度和规模在增加，劳动力从完全向沿海流动转向一定比例向内地回流，乡村经济活动变化带来建设用地需求增加。近期实证研究也指出，在2010年以前，更多是城市带动乡村，乡村地区发展处于被动状态；但2010年以后，若干宏观数据显示随着农业现代化和乡村经济发展，乡村居民的消费和收入水平有较快发展，城乡收入差距缩减，城乡关系进入城乡加速互动的新阶段。[①]

要素流动和互动活跃，人口在城乡之间对流，资本在城市寻求获利的同时资本下乡加快，土地在城乡之间的配置和资本化加快，成为城乡中国的基本特征。城乡互动阶段的到来，为矫正中国传统发展战略导致的城乡二元结构与体制创造了机会。从城乡分割、牺牲乡村发展换取城市繁荣到城乡融合与城乡共同发展，在城乡中国阶段可望达成——协调发展的关键是城乡融合，而要实现城乡融合发展，关键是消除城乡之间的体制性障碍，实现城乡要素平等交换与合理配置和基本公共服务均等化。

在城乡融合的形态下，要尽快弥合现在城乡隔绝的状态，要将城乡融合的区域作为空间载体，包括都市圈的城乡融合、大城市郊区和城区的融合、县城及其延伸区的融合。

在都市圈，城乡之间的差距已经缩小，地方发展实力和实行基本公共服务均等化能力强，这些区域可以实行都市圈范围内从城市到乡村的城乡融合。在大城市，城市中心区极化很强，乡村衰败明显，应实行市区与郊区的空间融合、要素再配置与产业再分工，促进城乡连续体的建设。在广大的县域，县政府的财政能力并不强，

[①] L. Gao, J. Yan and Y. Du, "Identifying the turning point of the urban-rural relationship: evidence from macro data", *China & World Economy*, Vol. 26, No. 1, 2018, pp. 106 - 126.

经济辐射力不足，应该实行县城与延伸区的融合以及重点乡镇和部分村庄的城乡融合的节点建设。中国的乡村振兴是一个漫长的进程，切不可急于求成造成事倍功半，一定要因地施策，探寻符合实际的城乡融合策略。

第二节　建成城乡融合的南海样板

在南海的城乡发展过程中，乡村与城市一直处于不断融合发展的状态，农民通过集体土地的改革参与了工业化和城市化的过程。在中国的县域中，南海最有条件走城乡融合的道路，它不仅要为珠三角、为广东提供先行先试的探路，更重要的是要探索实现中国式现代化的路径，而这个路径的核心就是如何构建城市和农村融合的文明新形态。

展望未来，南海实现城乡融合文明新形态的政策建议如下：

一、城乡权利平等与城乡共同富裕

南海城乡权利平等面临的主要问题有：一是外来人员的城市权利缺失。大量外来劳动力支撑了南海四十多年的工业化进程，却不能完全融入南海城市生活和享受城市公共服务。二是本地村民的城市权利。尽管大部分村民户籍已转为城市户口，但在农村仍具有经济社社员（股民）身份，享受集体分红福利。对于本地村民，集体实际上承担了政府本应该为市民提供的均等化公共服务。

南海下一步要促进城乡权利朝向农民的持续开放，对进城农民的城市权利赋权，推动农民更多参与城市的经济活动和收益共享过程，实现城乡居民权利平等，通过开放权利缩小城乡发展差距，推动城乡共同富裕。

（一）加大力度开放农民城市权利，推动农民市民化进程

在人口城市化趋势下，南海要顺应农民代际革命要求，保障农民乡村土地等基本权利的同时，赋予进城农民城市权利、促进农民进城落户和市民化。

一是继续开放农民在城市的经济活动权利。落实城乡劳动者平等就业制度，深化劳动者平等参与市场竞争的就业机制，依法受理涉及就业歧视的相关起诉，解决对大龄农民工进行"一刀切"式清退、同工不同酬等问题。聚焦智能制造、信息技术、医疗照护、网约配送等用工矛盾突出行业和新业态，持续大规模开展职业教育和农民工就业培训工作，开发适合新生代农民工的就业岗位、拓展就业选择权。促进与市民生活相匹配的多种消费增长，释放出大量需求，包括服务消费需求、城市建设和住宅需求以及科技、教育、卫生、文化服务的需求等，增加各类就业岗位。

二是赋予新市民城市居住权利，确保新南海人"住有所居"。在"新南海人"的各项城市权利中，居住权是最基本的权利，但又是缺失最严重的。继续推动保障性住房改革，构建城市租赁房、廉租房、共有产权房等多元保障性租赁住房体系，并与存量住房"去化"联动，完善外来人员购房的"房券"补贴激励机制。加快破解宅基地与集体经营性建设用地不同权问题，明确城市范围内存量宅基地在一定条件下可参与租赁房建设并向市场转让或出租。深化"利用集体建设用地建设租赁住房试点"探索，调动市场力量和村集体参与建设和经营集体土地租赁房的积极性，为外来人员中的中低收入者提供相对体面和稳定的居所。完善"城中村"农民出租房登记管理制度，在保障外来人员基本居住权的前提下优化人口登记、消防、安全等管理和执法。探索将外来农民工纳入住房公积金制度范围，

一次性给予购房补贴、契税补贴、装修补贴等优惠政策缓解其购房压力，推动"新南海人"资产积累，缩小城乡之间、本地人和外来人员之间的资产差距。

三是强化外来人员市民权利保障。目前，南海约400万常住人口中近一半为非户籍的外来人员，仅广佛间"候鸟人群"就达80万～100万，解决大量外来人员的城市权利、加快外来人员的市民化进程对南海实现高质量发展刻不容缓。加大财政投入保障力度，建立完善基本公共服务同常住人口挂钩机制，稳步提高非户籍常住人口享有的基本公共服务项目数量和水平。配合省市落实完善异地人员社保、医保、养老保险等结算体系，赋予外来人员与户籍人口平等的住房、教育、医疗、社会保障等基本公共服务的权利。逐步推进户籍制度转为人口居住地登记制度。在国土空间规划中，城市规模、城市结构、城市容积率、社区布局、产业布局等都要充分考虑与新市民需求的匹配度。

四是加大"村改居"力度，充分保障本地农民的城市权利。推进"村改居"城乡基本公共服务标准统一、制度并轨是南海破题城乡二元结构、改善本地农民市民权利的关键一招。明确以"城市社区"为发展定位，推动原农村经济社会管理体制向城市管理体制转变，将"城中村""城边村"全面纳入城市规划的一盘棋中，逐步让"村改居"区域整体转为城市社区。深化"村改居"改革中重点探索：（1）建立健全"城中村""城边村"与城市社区在发展规划、基础设施、公共服务、社会治理、财政供给等方面无缝对接的体制机制；（2）探索在保障农民权益的前提下将"城中村""城边村"的集体所有制土地通过一定的法律程序转为国有土地的方式；（3）加快宅基地改革和农村住房分配制度的改革步子，通过探索纳入城镇职工社保和建立补偿标准等方式提升农业转移人口社会保障权利，鼓励村民自愿放弃宅基地、承包地，提高农民市民化意愿；（4）健全区对镇街财政转移支付同农业转移人口市民化挂钩机制，打通农村社保和城镇居民社保的衔接。

（二）进一步开放乡村权利，促进乡村振兴与城乡融合

一是扩大农民在农村的经济活动权利。巩固农业生产收益权。落实好粮食和主粮食作物补贴政策，提高农资补贴发放标准。增强农机作业、代耕代种、病虫统防统治、肥料统配统施等农业生产性服务供给。保障新型经营主体发展权利。深入推进农地"三权分置"改革，保障农户承包权和经营者土地经营权，稳定经营者预期，推动农业现代化发展。开放乡村产业用地权利，创新乡村振兴点状供地模式。落实集体建设用地和国有建设用地权利平等，鼓励以集体建设用地使用权入股、联营等多种交易方式，培育水产养殖、现代种业、农产品加工、冷链、物流仓储、乡村旅游等新业态。

二是赋予农民更加充分的财产权利。深化征地制度改革，在国家、集体和个人间合理分配土地级差收益，提高农民土地增值收益分享比例。扩大农村集体经营性建设用地使用权抵押融资，进一步完善集体建设用地入市配套制度。构建宅基地有偿使用与退出制度，赋予存量宅基地使用权出租、转让、抵押等权利，增加农民财产性收入。深化集体产权制度改革，加快完成农村集体资产的清产核资，保障农民对集体资产股份的占有、收益、有偿退出以及担保、继承权，推动"资源变资产，资金变股金，农民变股东"。引导和鼓励农村股份合作社按照市场化原则，重新注册登记，改制成为自主经营、自负盈亏的市场主体。

三是进一步开放城市居民在农村的权利。顺应城乡融合发展趋势，引导城市人才、各类乡贤入乡发展，完善人才服务乡村制度，为入乡就业创业人员提供落户、社保、金融等政策支持。进一步推

动公共服务向农村延伸、社会事业向农村覆盖，全面提升城乡公共服务一体化均等化水平，为原住村民和乡村常住人口提供一体化均等化的公共服务和市民保障。按常住人口规模统筹布局义务教育和学前教育阶段学校建设和学位供给，满足常住人口教育资源需求。整合城乡教育资源，打破教育领域的城乡二元体制分割，为城乡居民提供均等化的优质教育资源。推进村民自治、基层党组织建设和农村公共服务下沉自然村，改进现有的农民公共服务和社保由集体经济兜底的制度，探索居委会（村委会）服务辖区全部常住人口、自然村主要服务本地原村民的公共服务模式。加快"绿美南海"建设，全面提升农村人居环境和生态环境，壮大休闲农业、乡村旅游、民宿经济等特色产业，进一步丰富乡村经济形态、提升乡村经济体量和容纳度。

二、重构人、地、业、村乡村有机系统

乡村是南海文明的起源和现代化进程的起点，城乡融合状态下的南海必须实现乡村全面振兴。南海下一步推进乡村全面振兴，应当因地制宜、顺势而为，充分尊重、顺应乡村历史形成的社会结构，统筹考虑土地、人口、产业等诸要素发挥合力，找到政策切入的最佳"姿势"，围绕人、地、业、村四方面要素推动乡村系统重构。

（一）人的城市化与乡村换人

一是改造提升乡村人力资本。顺应乡村业态多元化、农业发展方式转变、农产品生产方式改变以及农业价值链变化，通过示范、学习、引领、合作、参与、互惠，提升农民人力资本和经营能力，同步推进农业农民现代化。

二是扩大乡村开放性，推进外来人口融入。吸纳一批愿意在乡村扎根落户的农业企业家、乡村教育家、文艺工作者，融入乡村社

区，以现代要素丰富乡村生活，应为其提供适当参与乡村社区公共事务的渠道机制。顺应乡村经济机会出现和经济活动变化，鼓励引导农民工、中高等院校毕业生、留学回国人员、退役士兵、科技人员等返乡开展涉农创业，完善职业培训体系，支持返乡创业服务平台延伸发展，造就一批引领乡村产业发展和农民致富的乡村企业家。开放农村空间，吸引各类对乡村有想法、愿意到乡村享受生活方式的人到乡村聚集，把乡村建设为一个开放的驿站。

三是为乡村老人提供体面的生活环境。发挥老人在乡村宗祠管理、文化活动组织、祭祀仪式、志愿服务、村庄议事等方面的积极作用，为乡村老人提供精神和文化寄托。加强乡村老人协会组织建设，试点推广年轻老年人照顾高龄老年人的互助服务模式，建立留守老人信息台账与定期探访制度。在村庄密集地区建立农村配餐中心，扩大餐食服务范围，解决独居老人吃饭问题。提升村卫生室医疗水平，建立农村老年人急救体系，解决老人看病问题。

(二) 推动农村土地要素重组和空间重构

一是推进人地分离。顺应乡村人口城市化趋势，推进人地关系的重构，降低人对土地的黏性。稳步谨慎推进宅基地制度改革，采取时点划断办法[①]，建立宅基地有偿使用和退出制度，赋予农民充分的宅基地转让权，通过宅基地的跨区域转让、有偿使用和有偿退出，吸引人才，促进乡村的重新整合和人口的适度集中居住。

二是城中村完全融入城市规划和建设，承担城市居住、服务、公共空间等功能。对于桂城、大沥等东部片区已经完全连片融入中心城区的城中村，因地制宜、分类施策、先后有序推进整村改造提

---

① 对原占用宅基地的农户沿用无偿使用办法，时点以后享有成员资格的集体成员，则为有偿获得集体所有宅基地使用权，新成员或立新户者取得宅基地，以有偿方式取得。

升,推广"微改造""有机更新"等翻新类改造模式,兼顾住房保障和人才安居、产业转型升级、城市功能补短板、历史文化保护等多元目标,确保改造资金流充足。在城中村改造中,全面消除消防安全、公共卫生、社会治安、灾害防控等方面的隐患,引入高质量的公共配套设施和商业服务设施,提升综合居住和体验环境,将居住形态、社会形态、生活形态与城市协调统一,使"城中村"真正融入城市之中。

三是推动乡村土地和空间按照功能适度集中重构。以全域土地综合整治为契机,根据农业、居住、生态、产业等不同功能重划乡村土地,兼顾用地管制、耕地保护、生态保护等目标,推进乡村土地按功能适度集中,解决乡村用地碎片化问题。按照"东部花卉苗木、中部畜禽养殖、西部优质水产"的全区农业区域发展定位,一体推进高标准农田建设和高标准鱼塘整治,优化农业用地(鱼塘)连片布局,提高农地、鱼塘节约集约利用水平和土地利用效率。围绕农业发展方式,适当扩大村落半径,重构村庄形态。完善农业用地入市管控、农地集约整备等政策体系,加快建设18万亩连片农业产业保护区,推动农业用地统一规划、集约招商、连片开发。

(三)以农业工业化推进农业融合

一是提高农业专业化、农产品复杂化程度。适应乡村功能多样化、城乡融合趋势、人们对农村的需求等变化,兼顾农民就近兼业增收需求,推动一二三产融合发展,实现乡村经济的多样化和复杂化。依托南海水产养殖、花卉种植、畜禽养殖等特色优势农业产业集群及资源禀赋优势,提升规模化经营程度,培育和提升农业主导产业的要素组合效率和市场竞争力。在农民培训、市场建设、公共平台、产品质量和标准等方面加大投入力度,支持新农业、新产业、新业态发展。建立利益联结机制,促进龙头企业和经济薄弱村(居)

协同联结，共同致富。

二是构筑紧密联系、互利共赢的城乡产业链合作体系。探索推广"国集合作""混合开发""毛地入市""开发权交易"等多元化村级工业园改造模式，构筑"村改"利益共同体，形成长期可持续的土地收益分享机制。坚持以大项目支撑大产业[①]，强化项目和产业之间的互动、大企业和中小企业之间的互联、产业链上下游协作，构筑平等互利的产业链协作关系。推进主要以村级工业园为载体的传统优势产业就地高级化、数智化转型，提升园区管理服务能力，增强区内各类园区互联互通。在招商引资和园区改造中，要坚决避免出现以大企业、大项目代替大产业的做法，坚决避免因为大项目、大园区的建设压制到南海原有的以中小企业为主的市场主体的发展活力，保护村级工业园内生活力。

（四）推进村庄形态和功能重构

一是健全党建引领的村庄治理体系。厘清行政村和自然村两级党组织、自治组织、经济组织之间的关系，明确人员组成、交叉任职范围、职能划分、报酬标准等，完善村社两级议事规则、工作机制、监督体制等，建立健全党建引领的基层治理体系，统筹乡村治理资源、提升村庄治理效能。统一全区服务标准，推动资源要素下沉，推进公共服务事项向自然村延伸。顺应农业经济活动的多样化和打破乡村封闭性，培育与乡村振兴相适应的村社新型带头人。

二是完善共建共治共享的基层治理共同体。扎实推进村民自治下沉自然村，健全以群众自治组织为主体、社会各方广泛参与的治理体系。在自然村党组织领导下，组建村民自治理事会，由村两委

---

① 关于大项目和大产业的关系，可以这样理解：大项目是大产业的一部分，不能因为所引进的大项目而将原有的产业集群破坏掉。大产业是有全球竞争力、有国内竞争力的产业在保存竞争优势情况下形成的产业链条，其中包括产业和企业之间的关联、企业之间的关联。

干部兼任理事长,选举老党员、退休教职工、退役军人、外来乡贤代表等担任副理事长,充分发挥村民理事会自治功能(自我管理、自我服务、自我教育、自我监督)[①],增强村庄正式治理制度和非正式治理制度的兼容性。充分发挥群众主体作用和首创精神,引导各类社会、经济组织进到乡村,发挥增加就业、激活经济等作用。

三是以村庄为载体传承保护好岭南传统文化。深入挖掘南海传统农业文明中的人物、历史、制度等,加大桑园围、古村落等历史文化遗产保护力度,提升资金投入、管理手段、发展模式、共享机制等,系统推进岭南广府文脉传承。顺应村庄形态的自然演变及村民需求变化,推动村庄从保护功能向文化功能拓展,突出岭南古村落的聚落、记忆、历史、寄托乡愁的功能。从龙舟、醒狮、武术等南海传统文化元素中挖掘、提炼、打造和提升基于南海本土文化的价值体系,发展相关文化产业,提升本土文化价值。把握城乡居民文化需求,找准传统文化与现代文化结合点,打响里水"梦里水乡"文化活动、九江夕阳音乐会、西樵大地艺术节等区域文化品牌。

四是以村庄为重点高标准推进绿美南海建设。实施乡村建设行动,做好村庄规划,抓好农村厕所革命、生活污水和垃圾治理、农村供水水质提升,开展"五美"专项行动,全面提升乡村人居环境、生态环境、全流域水环境,建设具有岭南特色的宜居宜业和美乡村。鼓励支持九江镇"乡村美学复兴计划"等探索,美化乡村外立面景观。依据自愿原则支持部分村庄盘活宅基地和农房改造,打造基础设施齐全、配套功能完备、生活质量显著提升的新型农民住宅小区示范点。

---

① 南海智库研究院. 九江镇建设南海区城乡融合发展先行区专题调研报告. 内部报告,2023-08-31.

三、以要素重组升级为核心的农业产业革命

南海推动现代农业发展，是对政治账、民生账、生态账的综合考虑。南海历来就是广佛乃至大湾区物流和供应体系的重要节点，稳产保供和保障粮食安全责任重大。农业领域还吸纳了南海数以万计的就业人员，仅淡水养殖户就超一万户。南海的农业还有构筑区域生态空间与屏障的重要功能。然而，南海创建全国一流农业现代化强区仍然面临农业龙头企业竞争力有待提升、现代农业经营体制不完善、农业产业链整合程度不高、农业要素组合效益有待优化、农业企业家和核心技术人才短缺等问题制约，农业整体效益和回报率距世界农业强国和农业发达地区还有一定差距。

南海下一步要坚持科技和改革双轮驱动，落实"6621"[①]农业现代化强区工程，以工业化思维、园区化理念顺势推进农业产业革命，集约各类资源，提高农业要素组合效率，依托水产、预制菜、花卉等特色优势产业集群建设现代农业产业体系，推动生产农业向科技农业和服务农业"两端延伸"，打造全国工农"双强"领军县（区）。

（一）培育壮大南海特色优势农业主导产业

一是提升水产养殖—预制菜全产业链竞争优势。建立"项目＋园区＋基地＋农户"的渔业产业模式，构建鱼花繁育—活鱼养殖—预制菜加工—预制菜装备制造—冷库和物流配送—渔文化旅游全产业链。支持部分养殖龙头企业向预制菜领域延伸，培育数字渔业、

[①] 南海提出实施"6621"农业现代化强区工程。"6个高要求"，即"聚焦高资金投入、高科技装备、高水平经营、高品质生产、高产值收益、高效率保障"；"6大任务"，即加快推进全面优化农业产业空间布局、农业产业园区平台升级、特色农业和预制菜产业全产业链高质量发展、农业龙头企业和农业品牌集群做大做强、三产融合示范引领绿色生态农业、"金科产"深度融合；"2条底线"，即持续抓好粮食和重要农产品稳产保供、农产品质量安全；"1"，即通过一系列举措，南海致力成为"一流强区"，奋力创建全国一流农业现代化强区。

渔业会展等细分优势产业发展，壮大现代水产养殖产业集群，打造"南海渔谷"产业平台、现代渔业总部基地。培育水产业相关智能制造装备产业，如预制菜生产设备、包装设备等，支持企业发展关键核心食品加工工艺、装备技术和高尖端设备国产化。联合预制菜装备企业、研究院所、省预制菜装备产业发展联合会等实现产学研用协同互补，不断壮大南海水产业链条。[①]

二是培育农业农村新业态，促进农文旅融合发展。深入挖掘南海岭南水乡农耕和渔业文化资源，重点发展创意农业、农业观光、农耕体验、休闲度假等新业态及农旅融合项目，促进都市农业与乡村旅游、创意休闲游结合。完善"水上南海"、桑园围、古村落等遗迹保护性开发，挖掘南海乡村特色风貌，依托各类休闲农业和乡村旅游示范镇（点）串点连线成片打造乡村特色旅游线路。基于美丽渔场建设湿地公园，发展美丽鱼塘观光文旅。明确规范化引导，发展共享房屋、共享庭院、共享村落等共享经济形式，推动乡村旅游、民俗休闲、生态康养市场繁荣。因地制宜推进城市公园融入"微农业"元素，打造都市农业公园。

三是强化农业"强芯"，将南海打造成为全国种业集群高地。深入实施种业振兴行动［《南海区种业＋发展规划（2022—2031年)》］，重点在"种业＋花卉""种业＋水产""种业＋功能性食品""种业＋畜禽""种业＋乡村振兴（农文旅）"等方面发力。依托高标准建设九江高品质水产养殖示范区和西樵水产良种育繁推一体化示范基地等平台，努力打造全省全国现代种业发展先行区、种业成果转化示范区。锚定国内淡水优质鱼苗育种样板地、淡水优质鱼苗创新资源聚集地、淡水优质鱼苗重要供应区三大定位，巩固扩大加州鲈等淡

---

① 南海智库研究院. 九江镇建设南海区城乡融合发展先行区专题调研报告. 内部报告, 2023-08-31.

水鱼育种优势。加快建设水产种质资源库，加快现代育种新技术应用，形成以市场为导向、企业为主体、育繁推一体化的现代种业产业体系。

（二）培育壮大南海特色的现代化农业经营主体

以企业作为农业经济活动的主体，连接农民合作社和农户，实现农业经营体制、农业市场化、农业服务化、农业标准化的组织革命。

一是完善新型农业经营体制。扶持粮食、水产、花卉、蔬果、畜禽等种养大户和家庭农场，引导和促进农民合作社规范发展，培育壮大农业产业化龙头企业，大力培养新型职业农民和专业养殖户。鼓励和支持工商资本投资现代农业，促进农商联盟等新型经营模式发展，以企业家-农民利益联结机制提高农业生产与市场需求的衔接度。

二是培育壮大新型农业经营主体。培育一批起点高、成长性好的家庭农场、农民合作社、农业企业等新型农业经营主体，建立多种农业经营组织模式，发展适度规模经营。集中支持一批国家级、省级农业龙头企业提升市场核心竞争力，定期评选南海区农业"专精特新""隐形冠军"企业名录并进行奖励。引导资金、技术、人才等各类创新要素向新型农业经营主体集聚，推动各类农业主体在农产品生产、加工和销售方面的有机结合，带动农民生产组织化程度提高。

三是完善现代农业服务体系建设。鼓励科研机构、行业协会、龙头企业和具有资质的经营性服务组织从事农业生产服务，培育多种形式的现代农业服务组织。支持建设仓储、冷链物流等基础设施，鼓励建设农业社会化综合服务平台，提供专业化服务。加快建设南海数智渔业综合服务平台及水产数字平台，推进预制菜生产、国际预制菜交易与结算中心平台、数字展示投资运营等项目落地。完善区-镇两级农产品检测体系建设，扩大检测项目，提升区内可追溯农产品覆盖率，确保农产品质量安全。完善基层农技推广体系，培育壮大专业服务公司、专业技术协会、农民经纪人等各类社会化服务主体，提升农技服务水平。

四是大力培育南海特色的农产品品牌。进一步提升推广"中国淡水鱼苗之乡""中国加州鲈之乡"2个水产公共品牌的国际影响力。学习借鉴浙江省丽水等地经验[①]，培育一批在水产、花卉、蔬果、畜禽等方面具有较高知名度的区域公共品牌（如"南海淡水鱼"），制定相应标准，明确准入门槛，统一品牌标志，以政府主导的集体商标为产品背书。积极组织申报全国名特优新农产品名录等全国性品牌、"粤字号"省级农业类品牌、地理标志证明商标。推广南海预制菜品牌和标准，突出粤菜的文化意义与地域特色，以南海饮食文化赋予标准流水线产品个性，在市场竞争中与其他地方的鱼产品预制菜相区分，将南海预制菜打造为粤菜新旗帜、新标杆。

（三）提升农业要素组合效率，建设有竞争力的农业

在城乡融合阶段，南海要不断挖掘与满足市场对农业的多元化需求，改变单一数量型发展理念，强化农业科技支撑，丰富农产品供给结构，拓展农业多样化功能，提升农业综合价值，探索高科技高效率高附加值的农业现代化路径，找到发展现代农业的路径，打造强大的现代化农业，实现农业创造的利益与工业、城市产业创造的利益可竞争。

一是突破对农业内涵的窄化认识，坚定发展高附加值现代化农业目标。南海打造强大的现代化农业必须锚定三个标准：第一，农

---

① 浙江丽水打造市域茶叶品牌"丽水香茶"、民宿区域公用品牌"丽水山居"。

业的附加值要提高，农业中创造 GDP 的产业主要是高价值农业，要在全国、在世界有竞争力；第二，农业的劳动生产率要提高，农业所创造的生产总值与就业人口之间的比例要匹配；第三，农业的土地利用效率、土地亩均收入要提高。通过提高农业的附加值、劳动生产率和土地利用效率、土地亩均收入，实现农业创造的利益与工业、城市产业创造的利益可竞争。

二是以标准化促进农业分工与专业化。以生产标准化、信息透明化完善产前、产中、产后管理，实现农业标准化。对主要农产品、水产品、花卉等实行严格的质量检测与追溯，建设农产品质量安全信息系统，加强农产品质量安全监管，提高优质产品辨识度。推动农产品生产和产品标准化，组织编制蝴蝶兰、番薯、蓝莓等农产品种植规程及种养标准，制定一系列鱼苗、养殖（团体）标准，推动"菜篮子"基地开展农业标准化生产，培育一批农业技术领域隐形冠军。向外输出南海渔业技术标准体系，占领产业发展制高点。

三是完善农产品市场体系建设。推进"互联网＋""绿色＋"与农产品流通相结合，大力培育农业电商企业和平台，推动本地农业企业、农业园区、农民专业合作社等与知名电商平台对接，引导优质水产、优稀花卉、反季节蔬菜等与网购市场对接。

四是完善现代农业技术创新体系，提升技术要素贡献率。积极争取国家和省级现代农业科技实验室落户南海，建设现代农业产业科技创新中心，重点攻关水产育种、农机装备、智能农业、生态环保等领域关键核心技术。搭建种业科研创新平台，加快种源关键核心技术研究，持续推进良种科研联合攻关，培育一批重大突破性新品种。建设以农民专业合作社、家庭农场等新型农业经营主体为核心的推广体系，提升农业科技创新成果转化效率。

五是优化农业招商引资。树立"农业也要招商"的理念，出台农业招商扶持政策,形成区级统筹主导、镇级落实载体的农业招商新格局,重点引育水产、花卉、种业、预制菜项目,实现"一园一特色、一镇一优品"。抢抓《区域全面经济伙伴关系协定》(RCEP)机遇,出台农产品跨境电商扶持配套政策,加快里水镇省农产品跨境电商综合示范区等建设。完善现代农业产业园体系,谋划建设南海农业产业城,区镇两级分工做好政策服务、基础设施配套、农业企业家等人才引育等工作。

四、构建城乡融合发展政策体系

与其他农业县相比,南海的乡村汇聚了资本、人才、土地、信息、技术等各类要素,城乡要素对流渠道顺畅,城乡二元体制影响较小。南海下一步推进城乡融合,要坚持继续赋予乡村与城市平等的发展权,推动城市向乡村全面开放,鼓励城乡要素双向自由流动,构建一整套促进城乡融合发展的政策体系,包括城乡一元的人口管理制度、城乡平等的社会保障制度、城乡统一的土地市场、城乡统一的发展规划等,畅通城乡要素流动,促进乡村与城市两个空间共同发展、共同繁荣。

(一)改革生产要素配置制度,促进城乡要素双向自由流动

南海下一步要继续完善乡村振兴体制机制和城乡融合发展政策体系,破除妨碍城乡要素平等交换、双向流动的制度壁垒,从根本上调整工农关系和城乡关系,全面激发区、镇、村等主体发展活力,强化以工补农、以城带乡,以更大力度推动人才、土地、资本、技术、数据等资源要素从城市向乡村流动。

一是创新城乡人才双向流动机制。大力推进"新南海人"的市民化,构建城乡公共服务一体化均等化格局。畅通智力、技术、管理下乡通道,把有志于农业农村发展的各类人才"引回来",在振兴

乡村中大展身手。完善人才下乡保障和激励机制，以现代农业技术专家、驻镇帮扶人员、农村电商经营者、各类"新乡贤"、参加"三支一扶"的高校毕业生等为主体加强乡村振兴人才队伍建设。顺应城乡互动格局的到来，通过集体制度改革打开乡村封闭性，构建乡村资源与资本的组合与合作制度，培养契约精神，完善乡村产业和资本下乡政策，引导城市居民、企业家及社会资本下乡，提高乡村生产要素配置效率。

二是建立健全土地要素城乡平等交换机制。加快全域综合土地整治，适度合并零散村庄、空心村，把零星分散的宅基地、废弃村学校用地等整合盘活，打通集体经营性建设用地与宅基地的利用通道，向县城、中心镇、中心村集中，支持乡村新产业新业态，充分释放农村土地制度改革红利。改革规划制度，保障乡村发展空间。按照城乡融合的空间形态，在用地类型、标准、规划编制等方面保证多功能、新产业、新业态、新形态在乡村落地。根据乡村分化与集聚、人口流动趋势，以生态韧性为重点，编制乡村振兴规划。构建城乡统一的规划体系。重视乡村在区域经济发展中的功能和定位，以城乡融合的尺度做好区域规划，引导人口、资本和土地等要素在城乡之间的双向互动。

三是促进城乡资本双向流动打开新局面。强化涉农财政资金统筹力度和金融支农力度，创新金融服务现代农业发展体制机制，采取贴息、奖励、补助等方式，大力促进土地、鱼塘规模化流转，为城市资本和农业龙头进入乡村、服务农业农村现代化创造条件。支持村社集体经济组织探索产业开发、资产租赁、服务创收、混合经营、要素投资、资产信托等新型农村集体经济实践模式，积极推进"资源变资产、资金变股金、农民变股东"改革，盘活农村集体资产存量。创新农村金融供给产品，强化农村信用体系和数字金融基础建设，推广水产养殖保险等金融创新产品及金融服务农业全产业链模式。

(二) 统一城乡土地权利体系，促进城乡融合发展

一是明确土地功能规划，优化土地利用结构。按充分发挥城、镇、村、业这四大板块的功能所需的比例来系统规划、配置城市用地、工业用地、乡村用地、农业用地规模、空间布局和优先顺序，推动土地利用结构进一步优化。针对南海城乡融合状态下用地结构和需求，提前研判三类用地结构：集体土地和国有土地的比例；工业用地、商业和住宅用地、基础设施用地三类功能性用地之间的比例；工业用地中集体土地和国有土地的比例。在全域土地综合整治中探索单独片区公共基础设施用地、商业和住宅用地、工业用地这三者大概各占三分之一的用地模式，提升用地空间布局科学性。

二是进一步推动土地制度改革从以权属为主转向以利益平衡为主，实现城、镇、村、业的土地利益均衡。一方面确保城市用地利益、镇工业用地利益、乡村集体土地利益、农业发展利益四者之间要达到均衡，另一方面实现城市、工业、乡村、农业在分享土地级差利益上的均衡。加大城中村等重点区域地区的土地制度创新，利用土地价值增值捕获实现城市更新中的资本平衡、公共土地的获得以及土地所有权利益。

三是推进土地市场化再改革，形成统一的土地市场体系。将以用途为主和行政为主的土地配置方式，转向以市场为主统一的土地配置市场体系。推进不同主体通过市场的方式、透明的规则、统一的交易平台、统一的税收和责任分担，在统一的土地市场上获得土地。

四是统筹土地制度综合改革，重点突围宅基地制度改革。以全域土地综合整治为抓手，统筹"工改工""工改居""毛地入市""国集混合""开发权转让""三券交易"等多种土地制度创新模式，提

升土地制度改革促进城乡融合的效能。探索建立集体建设用地用于工业、公益事业的补偿机制。完善吸引社会资本、金融资本参与集体建设用地开发利用的政策措施，探索集体建设用地使用权抵押融资的有效途径。探索宅基地向集体经营性建设用地转化的途径。

（三）构建城、镇、村、业缺一不可的城乡融合文明形态

一是以城乡融合思维取代城市化思维。当前，南海的城市化率已超过95%，南海下一步要转换单向提高城市化水平的发展思路，将城乡融合本身作为城市文明和乡村文明融合的一种文明形态，聚焦城乡的产业、文化和人的改造的提升。推动以城、镇、村、业来构建南海的空间形态、制度形态和文化形态，以城、镇、村、业之间的全面融合达到城市文明和乡村文明的共荣共生。

二是构建城、镇、村、业这四大板块融合发展的形态。在南海城乡融合文明形态的构建中，城、镇、村、业四大板块缺一不可。未来的南海就是强的现代化农业、农民分享产业和土地利益的村庄、有全球竞争力的以镇为单位的产业、有创新活力的以桂城为中心的城市，这四者之间形成城、镇、村、业之间的发展平衡。其中，城的板块，要以桂城为中心打造整个南海的城市增长极，激发创新活力，集聚文化、人才、财富以及高端产业等等，实现更高品质的发展。镇的板块，要在承担城市服务功能的同时做大产业功能，承担产业发展和产业升级的核心区功能，以支撑南海的实体经济、产业发展。村的板块，要在城乡融合文明形态下匹配它的功能作用、利益分配和治理体系，而不是各村各自为政，要通过集体土地的改革，支撑乡村的产业多样化发展，保障农民的土地增值收益，保护优秀乡村文明文化。农业的板块，要以西方发达经济体农业经营效益指标为对标，依托农业现代产业园体系和农业龙头企业，提高要素组合效率，进一步畅通农产品市场化渠道，全面提高农业回报率。

参考文献

Abd El Karim, A., et al., "Mapping of GIS-Land use suitability in the rural-urban continuum between Ar Riyadh and Al Kharj Cities, KSA based on the integrating GIS multi criteria decision analysis and analytic hierarchy process", *Environments*, 2020, 7 (10): 75–105.

Allen, A., "Environmental planning and management of the peri-urban interface: perspectives on an emerging field", *Environment and Urbanization*, 2003, 15 (01): 135–148.

Azadi, H., et al., "Food systems: New-Ruralism versus New-Urbanism", *Journal of the Science of Food and Agriculture*, 2012, 92 (11): 2224–2226.

Bassett, D. L., "Ruralism", *Iowa Law Review*, 2003, 88 (02), 273–342.

Beers, H. W., "Rural-urban differences: some evidence from public opinion polls", *Rural Sociology*, 1953, 18 (01): 1–11.

Bell, M. M., "The fruit of difference: the rural-urban continuum as a system of identity", *Rural Sociology*, 1992, 57 (01): 65-82.

Benet, F., "Sociology uncertain: the ideology of the rural-urban continuum", *Comparative Studies in Society & History*, 1963, 6 (01): 1-23.

Bezemer, D. & D. Headey, "Agriculture, development, and urban bias", *World Development*, 2008, 36 (08): 1342-1364.

Bomans, K., et al., "Underrated transformations in the open space: the case of an urbanized and multifunctional area", *Landscape and Urban Planning*, 2010, 94 (03-04): 196-205.

Bouwman, M. E. & H. Voogd, "Mobility and the urban-rural continuum", *Global Built Environment Review*, 2005, 4 (03): 60-69.

Brown, D. L. & N. Glasgow, *Rural Retirement Migration*, Springer Science & Business Media, 2008.

Champion, T., "Urbanization, suburbanization, counterurbanization and reurbanization" //Ronan Paddison (ed.), *Handbook of Urban Studies*, SAGE, 2001.

Chi, G. & D. W. Marcouiller, "Natural amenities and their effects on migration along the urban-rural continuum", *The Annals of Regional Science*, 2013, 50 (03): 861-883.

Dadashpoor, H. & S. Ahani, "A conceptual typology of the spatial territories of the peripheral areas of metropolises", *Habitat International*, 2019, 90: 102-105.

Dahly, D. L. & L. S. Adair, "Quantifying the urban environment: a scale measure of urbanicity outperforms the urban-rural dichotomy", *Social Science & Medicine*, 2007, 64 (07): 1407-1419.

Davoudi, S. & D. Stead, "Urban-rural relationships: an introduction and brief history", *Built Environment*, 2002, 28 (04): 269-277.

Dewey, R., "The rural-urban continuum: real but relatively unimportant", *American Journal of Sociology*, 1960, 66 (01): 60-66.

Easterlin, R. A., et al., "The impact of modern economic growth on urban-rural differences in subjective well-being", *World Development*, 2011, 39 (12): 2187-2198.

Ellis, C., "The New Urbanism: critiques and rebuttals", *Journal of Urban Design*, 2002, 7 (03): 261-291.

Fisher, M. & B. A. Weber, "Does economic vulnerability depend on place of residence? asset poverty across the rural-urban continuum", Oregon State University, Rural Poverty Research Center (RPRC), 2004.

Gao, L., J. Yan and Y. Du, "Identifying the turning point of the urban-rural relationship: evidence from macro data", *China & World Economy*, 2018, 26 (01): 21.

Glass, R., "Urban sociology in great britain: a trend report", *Current Sociology*, 1955, 4 (04): 5-19.

Golding, S. A. & R. L. Winkler, "Tracking urbanization and exurbs: migration across the rural-urban continuum, 1990-2016", *Population Research and Policy Review*, 2020, 39 (05): 835-859.

Gross, N., "Sociological variation in contemporary rural life", *Rural Sociology*, 1948, 13 (03): 256.

Haer, J. L., "Conservatism-radicalism and the rural-urban continuum", *Rural Sociology*, 1952, 17 (01): 343.

Hesse, M. & S. Siedentop, "Suburbanisation and suburbanisms: making sense of continental european developments", *Raum-*

forschung und Raumordnung-Spatial Research and Planning, 2018, 76 (02): 97 – 108.

Iaquinta, D. L. & A. W. Drescher, "Defining the peri-urban: rural-urban linkages and institutional connections", *Land Reform*, 2000 (02): 8 – 27.

Jones, G. A. & S. Corbridge, "The continuing debate about urban bias: the thesis, its critics, its influence and its implications for poverty-reduction strategies", *Progress in Development Studies*, 2010, 10 (01): 1 – 18.

Kandel, W. & E. A. Parrad, "Restructuring of the US meat processing industry and new Hispanic migrant destinations", *Population and Development Review*, 2005, 31 (03): 447 – 471.

Lefebvre, H., *Writings on Cities*, Oxford: Blackwell, 1996.

LeGates, R. T. & F. Stout, *The City Reader*, Routledge, 1996.

Lichter, D. T. & D. L. Brown, "Rural America in an urban society: changing spatial and social boundaries", *Annual Review of Sociology*, 2011, 37 (01): 565 – 592.

Lichter, D. T. & J. P. Ziliak, "The rural-urban interface: new patterns of spatial interdependence and inequality in America", *The ANNALS of the American Academy of Political and Social Science*, 2017, 672 (01): 6 – 25.

Lipton, M., "Urban bias revisited", *The Journal of Development Studies*, 1984, 20 (03): 139 – 166.

Liu, S., R. Wang and G. Shi, "Historical transformation of China's agriculture: productivity changes and other key features", *China & World Economy*, 2018, 26 (01): 42 – 65.

London, B. & D. A. Smith, "Urban bias, dependence, and economic stagnation in noncore nations", *American Sociological Review*, 1988, 454-463.

Lupri, B., "The rural-urban variable reconsidered: the cross-cultural perspective 1", *Sociologia Ruralis*, 1967, 7 (01): 1-20.

Mieszkowski, P. & E. S. Mills, "The causes of metropolitan suburbanization", *Journal of Economic Perspectives*, 1993, 7 (03): 135-147.

Millward, H. & J. Spinney, "Time use, travel behavior, and the rural-urban continuum: results from the Halifax STAR project", *Journal of Transport Geography*, 2011, 19 (01): 51-58.

Mitchell, Don, *The Right to the City: Social Justice and the Fight for Public Space*, New York and London: The Guilford Press, 2003.

Moore, M., "Political economy and the rural-urban divide, 1767-1981", *The Journal of Development Studies*, 1984, 20 (03): 5-27.

Newman, G. & J. Saginor, "Priorities for advancing the concept of New Ruralism", *Sustainability*, 2016, 8 (03): 269.

North, Douglass C., *Structure and Change in Economic History*, New York: W. W. Norton, 1981.

OECD, "Declaration on policies for building better futures for regions, cities and rural areas", OECD, 2019.

Pagliacci, F., "Measuring EU urban-rural continuum through fuzzy logic", *Tijdschrift voor economische en sociale geografie*, 2017, 108.

Pahl, R. E., "The rural-urban continuum 1", *Sociologia Ruralis*,

1966, 6 (03): 299-329.

Partridge, M. D., "The duelling models: NEG vs amenity migration in explaining US engines of growth", *Papers in Regional Science*, 2010, 89 (03): 513-536.

Pateman, T., "Rural and urban areas: comparing lives using rural/urban classifications", *Regional Trends*, 2011, 43 (01): 11-86.

Perkins, Dwight H., *Agricultural Development in China, 1368-1968*, Chicago: Aldine, 1969.

Phillips, M., "Rural gentrification and the processes of class colonisation", *Journal of Rural Studies*, 1993, 9 (02): 123-140.

Rajagopalan, C., "The rural-urban continuum: a critical evaluation", *Sociological Bulletin*, 1961, 10 (01): 61-74.

Redfield, R., "The folk society", *American Journal of Sociology*, 1947, 52 (04): 293-308.

Requena, F., "Rural-urban living and level of economic development as factors in subjective well-being", *Social Indicators Research*, 2016, 128 (02): 693-708.

Rerat, P., "The new demographic growth of cities: the case of reurbanisation in Switzerland", *Urban Studies*, 2012, 49 (05): 1107-1125.

Scala, D. J. & K. M. Johnson, "Political polarization along the rural-urban continuum? the geography of the presidential vote, 2000-2016", *The ANNALS of the American Academy of Political and Social Science*, 2017, 672 (01): 162-184.

Shaw, B. J., et al., "The peri-urbanization of Europe: a systematic review of a multifaceted process", *Landscape and Urban Planning*, 2020, 196: 1-11.

Shucksmith, M. , et al. , "Urban-rural differences in quality of life across the European Union", *Regional Studies*, 2009, 43 (10): 1275 – 1289.

Sorokin, P. & C. C. Zimmerman, *Principles of Rural-Urban Sociology*, Henry Holt and Company, 1920.

Sotte, F. , et al. , "The evolution of rurality in the experience of the 'Third Italy'", workshop European governance and the problems of peripheral countries (WWWforEurope Project), Vienna: WIFO, 2012.

Spaulding, I. A. , "Serendipity and the rural-urban continuum", *Rural Sociology*, 1951, 16 (01): 29.

Tacoli, C. , "Bridging the divide: rural-urban interactions and livelihood strategies", 1998 - IIED, 1998, 43 (06): 98 – 101.

Thiede, B. C. , et al. , "Income inequality across the rural-urban continuum in the United States, 1970 – 2016", *Rural Sociology*, 2020, 85 (04): 899 – 937.

Theodore W. Schultz, *Transforming Traditional Agriculture*, New Haven: Yale University Press, 1964.

Van Vliet, J. , et al. , "Beyond the urban-rural dichotomy: towards a more nuanced analysis of changes in built-up land", *Computers, Environment and Urban Systems*, 2019, 74: 41 – 49.

Vlahov, D. & S. Gale, "Urbanization, urbanicity, and health", *Journal of Urban Health*, 2002, 79 (01): S1 – S12.

Von Braun, J. , "Rural-urban linkages for growth, employment, and poverty reduction", International Food Policy Research Institute, Washington, DC, USA. Ethiopian Economic Association Fifth International Conference on the Ethiopian Economy, 2007.

Walker, R., "Industry builds the city: the suburbanization of manufacturing in the San Francisco Bay Area, 1850-1940", *Journal of Historical Geography*, 2001, 27 (01): 36-57.

Wandl, D. A., et al., "Beyond urban-rural classifications: characterising and mapping territories-in-between across Europe", *Landscape & Urban Planning*, 2014, 130: 50-63.

White, M. J., "Firm suburbanization and urban subcenters", *Journal of Urban Economics*, 1976, 3 (04): 323-343.

Williams, Jr., J. A. & H. A. Moore, "The rural-urban continuum and environmental concerns", *Great Plains Research*, 1991, 195-214.

Wirth, L., "Urbanism as a way of life", *American Journal of Sociology*, 1938, 44 (01): 1-24.

Woods, M., "Rural geography: blurring boundaries and making connections", *Urban Insight*, 2019, 33 (06): 849-858.

Yuan, D. Y., "The rural-urban continuum: a case study of Taiwan", *Rural Sociology*, 1964, 29 (03): 247.

Zhao, Y., "Labor migration and earnings differences: the case of rural China", *Economic Development and Cultural Change*, 1999, 47 (04): 767-782.

Zhao, Y., "Rural-to-urban labor migration in China: the past and the present" // L. West and Y. Zhao, *Rural Labor Flows in China*, 2000: 15-33.

安格斯·麦迪森. 中国经济的长期表现：公元960—2030年. 上海：上海人民出版社，2008.

阿尔文·托夫勒. 第三次浪潮. 北京：中信出版社，2006.

陈斌开，林毅夫. 发展战略、城市化与中国城乡收入差距. 中国社会科学，2013（04）：81-102.

陈明星，叶超，周义. 城市化速度曲线及其政策启示：对诺瑟姆曲线的讨论与发展. 地理研究，2011，30（08）：1499-1507.

陈晓律. 战后发展理论研究. 成都：四川人民出版社，1995.

戴建国. 宋代的民田典卖与"一田两主制". 历史研究，2011（06）：99-117.

但俊，吴军，闫永涛. 珠三角半城市化地区土地利用困境与策略：基于佛山市南海区、深圳市土地整备实践研究. 城市发展研究，2020（01）：118-124.

邓智平. 城乡转型与中国式现代化. 广东省社会科学院工作论文，2022.

费孝通. 中国士绅：城乡关系论集. 北京：外语教学与研究出版社，2011.

傅衣凌. 清代永安农村赔田约的研究//傅衣凌. 明清农村社会经济. 北京：生活·读书·新知三联书店，1961.

佛山市南海区发展规划和统计局. 2017年佛山市南海区国民经济和社会发展统计公报. 南海区人民政府官网，2018-06-06.

佛山市南海区城乡统筹办公室. 南海区农村股份权能改革研究报告，2017.

郭炎，李志刚，王国恩，等. 集体土地资本化中的"乡乡公平"及其对城市包容性的影响：珠三角南海模式的再认识. 城市发展研究，2016（04）：67-73.

郭炎，项振海，袁奇峰，等. 半城市化地区存量更新的演化特征、困境及策略：基于佛山南海区"三旧"改造实践. 现代城市研究，2018（09）：101-108.

郭炎，袁奇峰，邱加盛. 非农化村庄整体改造中的把持陷阱与规划应对：以珠三角地区为例. 国际城市规划，2016（05）：95-101.

郭炎，朱介鸣，袁奇峰. 福利型村社体制约束与集体建设用地改造突围：以珠三角南海区为例. 现代城市研究，2016（12）：69-76.

何嘉明. "三旧"改造中的跨项目利益平衡机制探索：以佛山市南海区联动改造政策为例. 新型城镇化，2023（07）：107-110.

黄利华，李汉飞，焦政. 集体土地主导权下的城市更新路径研究：以佛山市南海区为例. 规划师，2022（10）：74-79.

韩少功. 观察中国乡村的两个坐标. 天涯，2018（01）：4-10.

黄茜，周怀峰，陈晔. 空心化村庄的合作何以可能？：基于湖南HL村的个案研究. 南方农村，2015，31（01）：57-63.

黄轶彤，刘成，李翠姗，等. 南海区大沥镇万象更新 擘画发展新图景. 佛山日报，2022-10-13.

黄宗智. 长江三角洲小农家庭与乡村发展. 北京：中华书局，2000.

黄宗智. 发展还是内卷？十八世纪英国与中国：评彭慕兰《大分岔：欧洲，中国及现代世界经济的发展》. 历史研究，2002（04）：149-176.

黄宗智. 华北的小农经济与社会变迁. 北京：中华书局，1986.

黄宗智. "家庭农场"是中国农业的发展出路吗？. 开放时代，2014（02）：175-194.

黄宗智. 中国的隐性农业革命. 北京：法律出版社，2010.

黄宗智. 中国革命中的农村阶级斗争//黄宗智. 中国乡村研究：第二辑. 北京：商务印书馆，2003.

纪竞垚，刘守英. 代际革命与农民的城市权利. 学术月刊，2019，51（07）：43-55.

蒋省三，韩俊. 土地资本化与农村工业化：南海发展模式与制度创新. 太原：山西经济出版社，2005.

科斯，等. 财产权利与制度变迁：产权学派与新制度学派译文集. 上海：格致出版社，上海三联书店，上海人民出版社，2014.

孔善广. 征地补偿、耕地保护与农民利益的现实困境：从佛山市南海农村"返还地"说起. 学习与实践，2008（04）：22-29.

李金红. 广东南海"地改"破解"土地碎片化利用"之困. 经济参考报，2021-11-16.

李培林. 村落的终结：羊城村的故事. 北京：商务印书馆，2004.

李其森，刘庄. 南海县搞活流通的主要经验. 南方经济，1984（05）：31-32.

李强，张莹，陈振华. 就地城镇化模式研究. 江苏行政学院学报，2016（01）：52-60.

梁慧恩，程虹. 打造中国式现代化城乡区域协调发展南海样板. 珠江日报. 2023-05-05.

梁雄飞，蔡立玞，何继红，等. 集体产业用地碎片化困境与空间治理转型：基于南海建设广东省城乡融合发展改革创新实验区的经验."实施乡村振兴战略的规划路径"论坛，2022：221-227.

梁治平. 清代习惯法：社会与国家. 北京：中国政法大学出版社，1996.

廖炳光. 农村土地股份制改革的思考：以佛山市南海区为例. 社会建设研究，2018（02）：66-83.

廖炳光. 中国特色的新型城镇化之路：南海"双轨城市化"模式的启示. 广东省社会科学院工作论文，2022.

M. 列维. 现代化与社会结构//谢立中，孙立平. 二十世纪西方现代化理论文选. 上海：三联书店，2002.

林毅夫，蔡昉，李周. 中国的奇迹：发展战略与经济改革. 上海：上海三联书店，上海人民出版社，1994.

刘达，郭炎，栾晓帆，等. 中部大城市流动人口的回流意愿及其影响因素：以武汉市为例. 地理研究，2021，40（08）：2220-2234.

刘守英. 实现农业现代化：共同性与独特性. 光明日报，2023-04-18.

刘守英. 中国土地制度改革：上半程及下半程. 国际经济评论，2017（05）：29-56.

刘守英，王一鸽. 从乡土中国到城乡中国：中国转型的乡村变迁视角. 管理世界，2018（10）：128-146.

刘守英，熊雪锋. 二元土地制度与双轨城市化. 城市规划学刊，2018（01）：31-40.

刘宪法. "南海模式"的形成、演变与结局//张曙光，刘守英. 中国制度变迁的案例研究（土地卷·第八集）. 北京：中国财政经济出版社，2011.

陆铭，陈钊. 城市化、城市倾向的经济政策与城乡收入差距. 经济研究，2004，39（06）：50-58.

罗斯托. 经济成长的阶段：非共产党宣言. 北京：商务印书馆，1962.

毛丹，王萍. 英语学术界的乡村转型研究. 社会学研究，2014（01）：194-216.

毛蕾. 新机制破解土地碎片化之困. 佛山日报. 2023-07-04.

毛蕾，刘浩斌. 巧用三张券 跨越三道坎. 佛山日报. 2022-08-22.

H. 孟德拉斯. 农民的终结. 北京：中国社会科学出版社，1991.

南海区财政局. 2019—2020年南海区地方债券存续期公开信息.

南海区人民政府官网. 2021-06-25.

南海市统计局. 南海巨变 改革开放二十年（1978—1998）. 内部资料，1999.

南海智库研究院. 九江镇建设南海区城乡融合发展先行区专题调研报告. 内部报告，2023-08-31.

南海区政府. 现代农业迎丰收！南海乡村产业振兴跑出加速度！. 南海发布，2020-10-15.

诺思. 经济史中的结构与变迁. 上海：上海三联书店，上海人民出版社，1994.

彭美慈，李丹丹. 以科技的主动赢得发展的主动. 珠江时报，2023-05-05.

钱文荣，黄祖辉. 转型时期的中国农民工：长江三角洲十六城市农民工市民化问题调查. 北京：中国社会科学出版社，2007.

施坚雅. 中华帝国晚期的城市. 北京：中华书局，2000.

王飞虎，陈满光，刘丽绮. 城乡融合发展试验区存在问题及应对策略. 规划师，2021（05）：12-18.

吴彩容. 农村集体经营性建设用地整备制度的实践效果及优化建议：以广东南海为例. 中国集体经济，2021（17）：3-4.

吴滔. 清代江南的一田两主制和主佃关系的新格局：以苏州地区为中心. 近代史研究，2004（05）：137-163.

吴维平，王汉生. 寄居大都市：京沪两地流动人口住房现状分析. 社会学研究，2002，17（03）：92-110.

沈坤荣，张璟. 中国农村公共支出及其绩效分析：基于农民收入增长和城乡收入差距的经验研究. 管理世界，2007（01）：30-40.

施梅. 土地管理法新修正：农村"三块地"改革的意义与乡村振兴. 区域治理，2020（02）：43-45.

孙景锋. 土地大连片 城乡更融合. 南方日报，2021-08-17.

孙景锋. 工业大区如何念好"农业经". 南方日报，2023-05-12.

孙景锋. 传统圩镇复兴记. 南方日报，2023-05-26.

孙秋鹏. 集体经营性建设用地：入市与地方政府行为. 上海经济研究，2020（11）：5-18.

王桂新. 中国人口流动与城镇化新动向的考察：基于第七次人口普查公布数据的初步解读. 人口与经济，2021（05）：36-55.

王瑞民. 顺德村级工业园改造：利益再平衡和多元化模式创新. 团结，2022（06）：48-52.

沃思. 城市社区研究书目提要//帕克，伯吉斯，麦肯齐. 城市社会学：芝加哥学派城市研究文集. 北京：华夏出版社，1987.

习近平. 在十八届中央政治局第九次集体学习时的讲话（2013年9月30日）//中共中央文献研究室. 习近平关于科技创新论述摘编. 北京：中央文献出版社，2016.

西里尔·E. 布莱克. 比较现代化. 上海：上海译文出版社，1996.

项寅，李琳歆，张佳玥，等. 速度特征视角的长三角县域高质量发展动态测评. 华东经济管理，2022（01）：21-30.

萧公权. 中国乡村：论十九世纪的帝国控制. 北京：中国人民大学出版社，2014.

肖乃花，邹文征. 广东佛山南海区"三券"制度助推土地腾挪归并. 中国自然资源报，2022-09-27.

熊程. 数字化：9000亿工业强区的星辰大海. 南方+网站，2023-09-20.

许倬云. 汉代农业：早期中国农业经济的形成. 南京：江苏人

民出版社，1998.

杨廉，袁奇峰. 基于村庄集体土地开发的农村城市化模式研究：佛山市南海区为例. 城市规划学刊，2012（06）：34-41.

杨廉，袁奇峰，邱加盛，等. 珠江三角洲"城中村"（旧村）改造难易度初探. 现代城市研究，2012（11）：25-31.

姚新立. 城市权利：从大卫·哈维到中国城镇化问题. 价值工程，2016（29）：237-239.

叶红玲. 探索集体经营性建设用地入市新模式：广东南海农村土地制度改革试点观察. 中国土地，2018（07）：4-9.

叶欠，李翔宇，刘春雨，等. 我国县域常住人口发展趋势. 宏观经济管理，2021（11）：33+48.

袁奇峰，陈嘉悦，赵杨，等. 都市区乡村发展权的不均衡及对策研究：以南海区里水镇为例. 现代城市研究，2022（03）：21-28.

袁奇峰，郭炎. 城市化转型与土地资本化：珠江三角洲"二次"城市化中的南海模式. 北京：科学出版社，2021.

袁奇峰，钱天乐，杨廉. 多重利益博弈下的"三旧"改造存量规划：以珠江三角洲集体建设用地改造为例. 城市与区域规划研究，2015（03）：148-165.

袁奇峰，杨廉，邱加盛，等. 城乡统筹中的集体建设用地问题研究：以佛山市南海区为例. 规划师，2009（04）：5-13.

袁帅. 佛山南海：以"新地改"撬动营商环境优化. 小康，2022（10）：62-65.

张博为. 如何参与农村集体经营性建设用地的开发：解读集体经营性建设用地入市的机遇与挑战. 住宅与房地产，2020（11）：40-43.

张宏. 土改探索之一：广东南海土地股份合作制. 中国报道，2014（02）：18-19.

张清勇. 改革开放四十年征地制度的演进与展望. 财经智库, 2018（06）：44-63+142.

张新华, 刘锐强, 陈恩林. 城镇化农村集体经济组织改造思路初探：以佛山市为例. 南方农村, 2004（03）：31-35.

赵冈. 永佃制研究. 北京：中国农业出版社, 2005.

赵杨. "三旧"改造中土地发展权的博弈：以佛山市南海区为例. 广州：华南理工大学, 2022.

周飞舟. 生财有道：土地开发和转让中的政府和农民. 社会学研究, 2007（01）：49-82.

周茂, 陆毅, 杜艳, 等. 开发区设立与地区制造业升级. 中国工业经济, 2018（03）：62-79.

周其仁. 中国农村改革：国家和所有权关系的变化（上）：一个经济制度变迁史的回顾. 管理世界, 1995（03）：178-189.

周其仁. 中国农村改革：国家和所有权关系的变化（下）：一个经济制度变迁史的回顾. 管理世界, 1995（04）：147-155.

周一星, 曹广忠. 改革开放20年来的中国城市化进程. 城市规划, 1999（12）：8-13.

图书在版编目（CIP）数据

迈向城乡融合文明新形态：南海案例/刘守英等著
. -- 北京：中国人民大学出版社，2024.1
ISBN 978-7-300-32388-6

Ⅰ.①迈… Ⅱ.①刘… Ⅲ.①社会主义精神文明建设-案例-南海区 Ⅳ.①D648.3

中国国家版本馆CIP数据核字（2023）第227938号

迈向城乡融合文明新形态：南海案例
刘守英 等 著
Maixiang Chengxiang Ronghe Wenming Xinxingtai: Nanhai Anli

出版发行	中国人民大学出版社		
社　　址	北京中关村大街31号	邮政编码	100080
电　　话	010-62511242（总编室）		010-62511770（质管部）
	010-82501766（邮购部）		010-62514148（门市部）
	010-62515195（发行公司）		010-62515275（盗版举报）
网　　址	http://www.crup.com.cn		
经　　销	新华书店		
印　　刷	涿州市星河印刷有限公司		
开　　本	720 mm×1000 mm　1/16	版　次	2024年1月第1版
印　　张	24.25 插页3	印　次	2024年1月第1次印刷
字　　数	290 000	定　价	148.00元

版权所有　侵权必究　印装差错　负责调换